高等工科学校教材

机 械 创 新 设 计

主　编　刘　静　宋晓华

副主编　黄桥高　潘　光　师志峰

参　编　徐子旦　唐昌柯　王林峰

　　　　庞瑞琨　李鑫斌　丁士钊

主　审　秦　伟

机 械 工 业 出 版 社

本书是一本介绍创新思维和机械创新设计方法的教材。全书从体系上分为三篇：第一篇为创新思维概述，阐述机械创新设计涉及的思维基础和技术理论，这也是创新人才必备的基本素质，主要内容包括创新设计的概念、创新思维与创造原理、TRIZ 理论与创新设计。第二篇为机构创新设计，主要包括机械创新设计的技术基础、机械原理方案的创新设计、机构的演化、变异与组合及创新设计、机械结构的创新设计、反求工程及创新设计、机械系统运动方案与创新设计。第三篇为多学科综合创新设计，主要内容包括新材料概述、机械控制系统概述、计算机发展概述、传感器概述、仿生原理与创新设计。本书在每一章的结束部分还设置了知识拓展的内容，尽可能地将工程案例和新的科研成果融入教材。

本书可作为高等学校机械类各专业的教学用书，也可作为非机械类学生及有关工程技术人员的参考书。

图书在版编目（CIP）数据

机械创新设计/刘静，宋晓华主编. —北京：机械工业出版社，2021.10
（2023.4 重印）

高等工科学校教材

ISBN 978-7-111-69282-9

Ⅰ. ①机… Ⅱ. ①刘… ②宋… Ⅲ. ①机械设计-高等学校-教材
Ⅳ. ①TH122

中国版本图书馆 CIP 数据核字（2021）第 203591 号

机械工业出版社（北京市百万庄大街22号 邮政编码100037）
策划编辑：余 皞 责任编辑：余 皞
责任校对：李 杉 封面设计：张 静
责任印制：李 昂
北京中科印刷有限公司印刷
2023 年 4 月第 1 版第 2 次印刷
184mm×260mm · 13.75 印张 · 339 千字
标准书号：ISBN 978-7-111-69282-9
定价：45.00 元

电话服务　　　　　　　　　网络服务
客服电话：010-88361066　　机　工　官　网：www.cmpbook.com
　　　　　010-88379833　　机　工　官　博：weibo.com/cmp1952
　　　　　010-68326294　　金　书　网：www.golden-book.com
封底无防伪标均为盗版　机工教育服务网：www.cmpedu.com

前　言

创新，是一个民族进步的灵魂，是一个国家兴旺发达的不竭源泉。目前全球创新进入空前密集活跃的时期，新一轮科技革命和产业变革深入发展，正在重构全球创新版图，重塑全球经济结构。科学技术从来没有像今天这样深刻地影响着国家的前途命运，从来没有像今天这样深刻地影响着人民的生活福祉。不断的科技创新推动了新产业、新业态、新模式的巨大发展，带来了人们生产方式、生活方式、思维方式的显著变化，带动了国际力量对比和国际秩序的不断演变和调整。创新特别是科技创新在国家综合国力的塑造过程中日益重要，已经成为世界各国的发展共识。所以，作为创新人才培养的核心单位的高等院校开展创新教育势在必行。

为了适应新时代知识经济和高科技的发展，需要更新教育思想和转变教育观念，探索新的人才培养模式，加强课程与学科前沿和工程实际的联系，从传授和继承知识为主的培养模式转向加强素质教育、拓宽专业口径，着重培养学生主动获取和运用知识的能力，特别是独立思维和创新能力，融传授知识、培养创新能力、鼓励个性发展、全面提高学生素质为一体。"培养创新能力、鼓励个性发展、全面提高学生素质"的基本教育思想必须通过各种教学环节予以落实，开设机械创新课程就是其中的重要措施之一。

本书的第一篇为创新思维概述，阐述机械创新设计涉及的思维基础和技术理论，这也是创新人才必备的基本素质，主要内容包括创新设计的概念、创新思维与创造原理、TRIZ 理论与创新设计。第二篇为机构创新设计，主要包括机械创新设计的技术基础、机械原理方案的创新设计、机构的演化、变异与组合及创新设计、机械结构的创新设计、反求工程及创新设计、机械系统运动方案与创新设计。第三篇为多学科综合创新设计，主要内容包括新材料概述、机械控制系统概述、计算机发展概述、传感器概述、仿生原理与创新设计。本书在每一章的结束部分还设置了知识拓展的内容，尽可能地将工程案例和新的科研成果融入教材。

本书的编写人员有刘静（西北工业大学）、宋晓华（西安工业大学）、黄桥高、潘光、师志峰、徐子旦、唐昌柯、王林峰、庞瑞琨、李鑫斌、丁士钊，由刘静和宋晓华任主编，负责全书的统稿工作。

本书由秦伟教授主审。秦伟教授对全书进行了认真仔细的阅读，并提出了许多宝贵意见，对提高本书的水平和编写质量给予了重要的帮助，在此致以衷心的感谢！

本书基于全体编者多年教学科研积累，并参考了部分学校的教学实践，但限于编者水平，且机械创新设计的理论与方法还在不断发展和完善过程中，所以本书仍存在不少可改进之处，衷心希望广大同仁提出宝贵意见。

编　者

于西北工业大学

目　　录

第三篇　多学科综合创新设计

第一篇

创新思维概述

第一章
CHAPTER 1

绪论

本章主要内容包括发明、发现、创造与创新的基本概念；传统设计、现代设计、创新设计的概念与区别；创新思维与方法；创新教育中的智力和非智力因素的培养。

第一节　创新与创新设计

一、创新的概念

发明与创造是人类文明进步的原动力，在人类社会发展与进步过程中发挥了极其重要的作用。例如，创造原始工具使原始人类进入劳动状态，使用原始工具的劳动创造了人类自身；火的发现与利用改变了原始人类茹毛饮血的野蛮生活，熟食提高了原始人类的智商，为人类进化提供了良好的物质基础；简单机械的发明提高了劳动生产率。人类在农业、手工操作等领域的创造逐渐把人类带入初级文明社会。可见，发明与创造不但对人类科学世界观的形成和发展产生了巨大而深远的影响，而且使科学成为推动社会变革的有力杠杆，促进了人类社会的发展进程。随着科学技术的迅速发展和人类社会的高度进步，以知识及其产品生产、流通和消费为主导的经济时代已经到来。20 世纪末期，世界进入知识经济时代。知识经济发展的两大要素为科学方法到技术创新的因果循环速度和技术创新的数量与质量。"创新"开始频繁出现，并超过了"发明"与"创造"的使用频率。创新的概念最早由美国经济学家舒彼特（J. A. Schumpter）在 1912 年出版的《经济发展理论》一书中提出，他把创新的具体内容概括为以下几个方面：采用新技术，生产新产品，研制新材料，开辟新市场，采用新的组织模式或管理模式。同时，他还提出"创新"是一种生产函数的转移。在世界进入知识经济的时代，创新更是一个国家经济发展的基石。当今世界中，创新能力的大小已经成为一个国家综合国力强弱的重要因素。在国际竞争中，国防、工业、农业等领域内的竞争越来越表现为科学技术能力和人才竞争，特别是表现为创新性人才竞争。所以，培养具有创新意识和创新能力的人才是高等学校的重要任务。

为了进一步理解创新的含义，把与之相近的概念，诸如发现、发明、创造等概念从哲学观点予以对比说明。

"发现"是指原本早已客观存在的事物，经过人们不断努力和探索后被人们认知的具体结果。不断出现的新发现，可以帮助人类更加深入地认识世界和改造世界。如人类在太空探索过程中，不断发现新的星体，尽管这些星体早已在太空存在，但对它们的新发现对人类认识宇宙有很好的推动作用。人类发现了自然界由于雷电作用引起的火并应用到食物烤制和冬季取暖，这是一种由"发现"而产生的应用创新。在以后使用火的过程中，人类逐渐学会了钻木取火，这就是发明或创造。门捷列夫发现了化学元素周期表，但科学家人工合成的新元素则是一种创造。一般说来，发现新事物，可帮助人类认识世界，把发现的结果应用到人类社会的实践活动中，就完成了由发现到应用的创新过程。但并不是所有的发现都能导致应用创新。

发明是指人们提出或完成原本不存在的、经过不断努力和探索后提出或完成的具体结果。如美国发明家爱迪生发明的电灯、留声机和电报等都是伟大的发明。中国古代的造纸术、活字排版印刷术、指南针和火药等也是伟大的发明。近代电子计算机的发明则奠定了现代高科技的发展基础。

综上所述，发明与发现有着明显的区别。

创造也是一种完成新成果的过程，但这种新成果可能有一定的参照物，而不强调原本不存在的事物。创造往往是借助一种现实去实现另一种目的的过程。如人们常说的劳动创造了世界，劳动创造了人。如借助已经出现的蒸汽机，安装在陆地车辆上，则创造出机车，安装在船上，则创造出轮船。现实生活中，人们常把发明与创造联系在一起。实际上，严格区别二者的差异也没有工程意义。但在哲学范畴中，二者是有一定差别的。

创新与创造也没有本质差别，创新是创造的具体实现。但创新更强调创造成果的新颖性、独特性和实用性。所以创新是指提出或完成具有独特性、新颖性和实用性的理论或产品的过程。

从创新的内容看，一般把创新分为知识创新（也称理论创新）、技术创新和应用创新。知识创新是指人们认识世界、改造世界的基本理论的总结。一般以理论、思想、规则、方法、定律的形式指导人们的行动。知识创新的难度最大，如哲学中的"辩证唯物主义"，物理学中的"相对论"和机械原理中的"三心定理"等都是知识创新。知识创新是人们改造世界的指导理论。

技术创新是指针对具体的事物，提出并完成具有新颖性、独特性和实用性的新产品的过程。如计算机、机器人、加工中心、航天飞机、宇宙飞船等许多的高科技产品都是技术创新的具体体现。

应用创新是指把已存在的事物应用到某个新领域，并产生很大的社会与经济效益的具体实现过程。如把军用激光技术应用到民用的舞台灯光、医疗手术等，把曲柄滑块机构应用到内燃机的主体机构，把平行四边形机构应用到升降装置中等都是典型的应用创新。

社会实践中，有两种创新方式。其一是由无到有的创新，其二是由有到新的创新。从无到有的创新都有一个较长时间的过渡期，这种创新的过程就是发明的过程，是知识的积累和思维的爆发相结合的产物。如人类社会先有牲畜驱动的车辆，发明内燃机后，将内燃机安置在车辆上，并进行多次实验改进后才发明了汽车，实现了从无到有的突破。原始的汽车经过多年的不断改进，其安全性、舒适性、可靠性、实用性等性能不断提高。这是经过从有到新的不断创新的结果。

创新的概念并不神秘，创新的成果却来之不易。勤奋的工作，持之以恒的努力，坚实的基础知识和思维灵感的结合，是实现创新的途径。

二、创新设计的概念

首先，回顾设计的概念。设计一词源于拉丁语 designare，其中 de 表示"记下"，signare 表示"符号和图形"，合在一起的意思是记下符号和图形。后来发展到英文单词 design，其含义也更加完善。设计的含义是指根据社会或市场的需要，利用已有的知识和经验，依靠人们的思维和劳动，借助各种平台（数学方法、实验设备、计算机等）进行反复判断、决策、量化，最终实现把人、物、信息资源转化为产品的过程。这里的产品是广义概念，含装置、设备、设施、软件以及社会系统等。

创新设计是指在设计领域中的创新。一般是指在设计领域中，提出的新设计理念、新设计理论或设计方法，从而得到具有独特性和新颖性的产品，达到提高设计的质量、缩短设计时间的目的。

机械创新设计则是指机械工程领域内的创新设计，它涉及机械设计理论与方法的创新、制造工艺的创新、材料及其处理的创新、机械结构的创新、机械产品维护及管理等许多领域的创新。

三、创造性思维与创造能力

创造性思维活动是创新设计的主体，创造性思维活动过程包括创造性思维与潜创造能力和创新的涌动力。

1. 创造性思维与潜创造能力

思维方式分为逻辑思维和灵感思维，逻辑思维又包括抽象逻辑思维和形象逻辑思维。

逻辑思维是一种严格遵循人们在总结事物活动经验和规律的基础上概括获得的逻辑规律，进行系统的思考，由此及彼的联动推理。逻辑思维有纵向推理、横向推理和逆向推理等几种方式。纵向推理是针对某一现象进行纵深思考，探求其原因和本质而得到新的启示。横向推理是根据某一现象联想与其特点相似或相关的事物，进行"特征转移"而进入新的领域。逆向推理是根据某一现象、问题或解法，分析其相反的方面，寻找新的途径。

灵感思维的基本特征是其产生的突然性、过程的突发性和成果的突破性。在灵感思维的过程中，不仅是意识起作用，而且潜意识也在发挥着重要的作用。

创造性思维是逻辑思维和灵感思维的综合，这两种包括渐变和突变的复杂思维过程互相融合、补充和促进，使设计人员的创造性思维得到更加全面的开发。

知识就是潜在的创造力。人的知识来源于教育和社会实践。受教育的程度和社会实践经验的不同，导致了人们知识结构的差异。凡是具有知识的人都具有潜在的创造力，只不过随着知识结构的差异，其潜在创造力的大小不同而已。知识的积累过程就是潜创造力的培养过程。知识越丰富，潜创造力就越强。

创造性思维与潜创造能力是创新的源泉和基础。

2. 创新的涌动力

存在于人类自身的潜创造能力，只有在一定压力和一定条件下才会释放出能量。这种压力来自社会因素和自身因素。社会因素主要指周边环境的内外压力，自身因素主要指强烈的事业心。社会因素和自身因素的有机结合，才能构成创新的涌动力。没有创新涌动力就没有创新成果的出现。

创新的过程一般可归纳为：知识（潜创造力）+创新涌动力+灵感思维=>创新成果。

第二节　常规设计、现代设计与创新设计

机械设计方法对机械产品的性能有决定作用。一般说来，可把设计方法分为正向设计和反向设计。正向设计的过程是首先明确设计目标，然后拟定设计方案，进行产品设计、样机制造和实验，最后投产的全过程。正向设计方法可分为常规设计方法（又称传统设计方法）、现代设计方法和创新设计方法。它们之间有区别，也有共同性。反向设计也称反求设计。反向设计的过程是首先引进待设计的产品，以此为基础，进行仿造设计、改进设计或创新设计的过程。

一、常规设计

常规机械设计是指以力学和数学建立的理论公式或经验公式为先导，以实践经验为基础，运用图表和手册等技术资料，进行设计计算、绘图和编写设计说明书的设计过程。一个完整的常规机械设计的主要阶段包括：

1）市场需求分析。本阶段的标志是完成市场调研报告。

2）明确产品的功能目标。本阶段的标志是明确设计任务书。

3）方案设计。拟定设计方案，通过对设计方案的选择与评价，最后决策确定出一个相对最优方案是本阶段的工作标志。

4）技术设计阶段。技术设计是机械设计过程中的主体工作，该阶段的工作任务主要包括机构设计、机构系统设计（含运动协调设计）、结构设计、总装设计等，该阶段的工作标志是完成设计说明书和全部设计图的绘制工作。

5）制造样机。制造样机并对样机的各项性能进行测试与分析，完善和改进产品的设计，为产品的正式投产提供有力的证据。

常规机械设计方法是应用最为广泛的设计方法，也是相关教科书中重点讲授的内容。如机械原理中的连杆机构综合方法、凸轮轮廓线设计方法、齿轮几何尺寸的计算方法、平衡设计方法、飞轮设计方法以及其他常用机构的设计方法等都是常规的设计方法。

常规设计是以成熟技术为基础，运用公式、图表、经验等常规方法进行产品设计，其设计过程有章可循，目前的机械设计大都采用常规的设计方法。常规设计方法是机械设计的主体。

在常规机械设计过程中，也包含了设计人员的大量创造性成果，例如，在方案设计阶段和结构设计阶段中，都含有设计人员的许多创造性设计过程。

二、现代设计

相对于常规设计，现代设计则是一种新型设计方法，其在机械设计过程中的优越性日渐突出，应用日益广泛。

现代设计是以计算机为工具，以工程设计与分析软件为基础，运用现代设计理念的新型设计方法。与常规设计方法的最大区别是强调运用计算机、工程设计与分析软件和现代设计理念，其特点是产品开发的高效性和高可靠性。

现代设计的内容极其广泛，可运用的学科繁多。计算机辅助设计、优化设计、可靠性设计、有限元设计、并行设计、虚拟设计等都是经常运用的现代设计方法。

现代设计方法具有很大的通用性。例如，优化设计的基本理论不仅可用于机构的优化设计、机械零件的优化设计，而且可用于电子工程、建筑工程等许多领域中。因此，通用的现代设计方法和专门的现代设计方法发展比较快。例如，优化设计与机械优化设计、可靠性设计与机械可靠性设计、计算机辅助设计与机构的计算机辅助设计等并行发展，设计优势明显，应用范围日益扩大。

现代设计方法在强调运用计算机、工程设计与分析软件和现代设计理念的同时，其基本的设计过程仍然是运用常规设计的基本内容。所以在强调现代设计方法的时候，切不可忽视常规设计方法的重要性。

NASTRAN、ANSYS、ABAQUS、ADINA、I-DEAS、Pro-E、UG、Solid Edge、Solid works、ADAMS 等都是常用的工程设计分析应用软件。

三、机械创新设计

常规设计是以运用公式、图表为先导，以成熟技术为基础，借助设计经验等常规方法进行产品设计，其特点是设计方法的有序性和成熟性。

现代设计强调以计算机为工具，以工程软件为基础，运用现代设计理念的设计过程，其特点是产品开发的高效性和高可靠性。

创新设计是指设计人员在设计中发挥创造性，提出新方案，探索新的设计思路，提供具有社会价值的、新颖的而且成果独特的设计成果。其特点是运用创造性思维，强调产品的独特性和新颖性。

机械创新设计是指充分发挥设计者的创造力，利用人类已有的相关科学技术知识进行创新构思，设计出具有新颖性、创造性及实用性的机构或机械产品（装置）的一种实践活动。它包含两个部分：从无到有和从有到新的设计。

机械创新设计是相对常规设计而言的，它特别强调人在设计过程中，特别是在总体方案、结构设计中的主导性及创造性作用。

一般说来，创新设计时很难找出固定的创新方法。创新成果是知识、智慧、勤奋和灵感的结合，现有的创新设计方法大都是根据对大量机械装置的组成、工作原理以及设计过程进行分析后，再进一步归纳整理，找出形成新机械的方法，用于指导新机械的设计中。

机械是机器和机构的总称，而机构又是机器中执行机械运动的主体，所以机械创新的实质内容是机构的创新。机构中的构件结构创新也是机械创新设计的组成部分，本书主要讨论机构的创新设计方法。

实践源于人类的生产活动，理论来源于对实践活动的总结，由实践活动中产生理论，然后理论又可指导实践。创新设计方法的诞生也符合人类的认知规律。本书介绍的机构创新方法也是设计活动的总结和提高。常见机构创新设计方法主要有：利用机构的组合、机构的演化与变异和运动链的再生原理进行创新设计。

四、不同设计方法的设计实例分析

常规设计和现代设计是最常用的工程设计方法，创新设计是近年来最提倡的设计方法。不同的设计方法对设计结果影响较大。下面以典型的设计实例说明不同设计方法产生的不同结果。

薯条加工机的设计

（1）常规设计方法

第一道工序：清洗→设计清洗机。

第二道工序：削皮→设计削皮机。马铃薯固定，刀旋转，完成削皮的任务。

第三道工序：切片后再切条→完成切条的任务。

缺点是需要清洗、削皮、切条三套设备。而且由于马铃薯形状和大小差异很大，控制削皮的厚度较难，导致马铃薯浪费严重，生产率也低。图1-1所示为薯条去皮加工过程示意图。

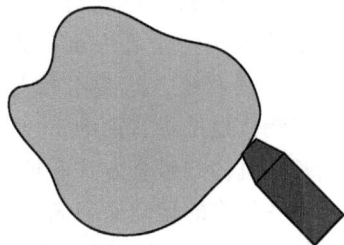

图1-1 薯条去皮加工过程

（2）现代设计方法 采用计算机仿真、优化设计等现代设计方法，可减少消耗、提高产量，但产品的工序基本同常规设计，生产机械的本质没有变化。

（3）创新设计方法 用创新的理念和思维设计的薯条加工机与上述结果有较大的不同。

第一道工序：清洗→设计清洗机。

第二道工序：粉碎、过滤去皮、沉淀制浆、通过型板压制成条状。

很明显，利用创新方法设计的加工机具有更大的市场应用前景。因此，大力提倡创新设计，就必须进行创新意识和创新能力的培养。学习一些创新技法也就显得非常必要了。

第三节　机械创新设计的内容

一、有关机构的几个名词术语

在机构创新设计过程中，机构、最简机构、基本机构、常用机构、机构的组合是使用最多的术语，以下分别进行说明。

（1）机构 机器中执行机械运动的装置统称为机构。

（2）最简机构 把由两个构件和一个运动副组成的开链机构称为最简单的机构，简称最简机构。其要素是组成机构的最少构件为二且为开链机构。图1-2所示机构为最简机构的两种形式。其中，电动机、鼓风机、发电机等定轴旋转机械的机构简图常用如图1-2a所示的最简机构表示；往复移动的电磁铁机构和液压缸机构等常用如图1-2b所示的最简机构表示。

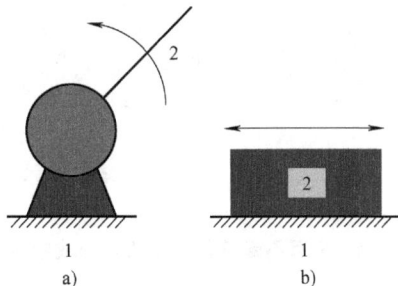

图1-2 最简机构示意图

机构学中，如图1-2a所示的最简机构应用比较广泛，机械的原动机常用最简机构表示。

（3）基本机构 含有三个构件以上、不能再进行拆分的闭链机构称为基本机构。其要素是闭链且不可拆分。如各类四杆机构、五杆机构、三构件高副机构（凸轮机构、齿轮机构、摩擦轮机构、瞬心线机构）、三构件间歇运动机构和螺旋机构、三构件的带传动机构和链传动机构等都是基本机构。任何复杂的机构系统都是由基本机构组合而成的。这些基本机构可以进行串联、并联、叠加连接和封闭连接，组成各种各样的机械，完成各种各样的动作。所以，研究基本机构的运动规律以及它们之间的组合方法，是研究机构创新设计的本质。

如图 1-3 所示的单自由度铰链四杆机构（图 1-3a）和二自由度的五杆机构（图 1-3b）都是基本机构，它们都是闭链且具有不可拆分性。

（4）基本机构的组合　各基本机构通过某些方法组合在一起，形成一个较复杂的机械系统，这类机械是工程中应用最广泛，也是最普遍的。

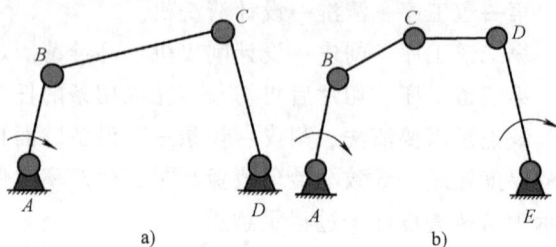

图 1-3　基本机构示例

基本机构的组合方式有两类。其一是各基本机构之间没有互相连接，而是各自单独动作，但各机构的运动必须满足一定协调关系的机构系统。

如图 1-4 所示的自动输送机械系统中，液压机构 1 把物料 1 从传送带 1 上自左往右推送到传送带 2 上，液压机构 2 把物料从传送带 2 上自下往上推送到指定位置。两套液压机构互不连接地单独工作，其运动的协调由控制系统完成，实现既定的工作目标。这类机械系统的应用很广泛，设计中的主要问题是机构的选型设计与运动的协调设计。目前，采用自动控制的方法进行运动协调设计的机械装置越来越多。

其二是各基本机构通过某些连接方式组成一个机构系统，机构之间的连接方式主要有串联组合、并联组合、叠加组合和封闭组合四种。其中，串联组合是应用最普遍的组合。如图 1-5 所示的机械系统中，带传动机构、蜗杆机构、摆动滚子从动件凸轮机构、铰链四杆机构和正切机构互相串联，形成一个复杂的机械系统，实现物料的分拣功能。实际机械装置中，各种基本机构采用不同的连接方法进行机构的组合设计，可得到许许多多的新型机械。这类机械是应用最广泛的机械，也是机械创新设计课程要讲述的主要内容。

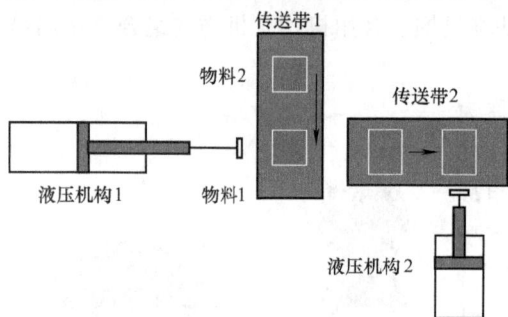

图 1-4　由互不连接的基本机构组成的机构系统

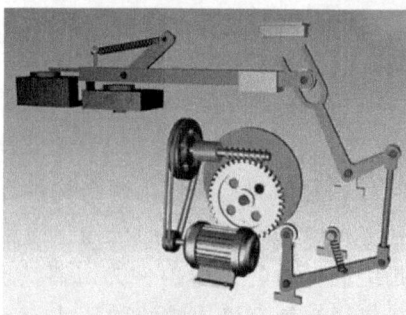

图 1-5　连接基本机构组成的机构系统

掌握基本机构的运动规律和运动特性，再考虑机械系统的具体工作要求，选择适当的基本机构类型和数量，对其进行组合设计，是创造性设计新机构的一条较佳途径。

二、机构创新设计的内容

机构创新设计的内容可分为三大类，即机构的创新设计、机构的应用创新设计和机构组合的创新设计。

1. 机构的创新设计

机构的创新设计是指利用各种机构的综合方法，设计出能实现特定运动规律、特定运动轨迹或特定运动要求的新产品的过程。

机械原理课程中的许多内容富有创造性，各种典型机构的综合就含有设计人员的创造性。如设计实现特定运动轨迹、特定运动规律的连杆机构，设计实现特定运动规律的凸轮机构或其他类型的机构都属于机构的创新设计。这类机构的设计方法在机械原理课程中已有阐述，本书不做进一步的探讨。

每一种新机构的问世，都会带来巨大的经济和社会效益，并促进人类社会的发展。如瓦特机构、斯蒂芬森机构促进了蒸汽机车的发展，斯特瓦特机构引发了新型航天运动模拟器、车辆运动模拟器和并联机床的诞生。图1-6所示为斯特瓦特机构的应用。所以每创新出一种新机构，都会促进生产发展和科学技术进步。

2. 机构的应用创新设计

机构的应用创新设计是指在不改变机构类型的条件下，通过机构中的机架变换、构件形状变异、运动副的形状变异、运动副自由度的等效替换等手段，设计出满足生产需要的新产品的过程。

一个很简单的机构，通过一些变换，可以设计出各种不同形状的机械装置，满足各种机械的工作需要。

图1-6 斯特瓦特机构的应用

图1-7a所示为一个常见的曲柄滑块机构，经过运动副B的销钉扩大后，可演化出如图1-7b所示的偏心盘机构。该机构可广泛应用在短曲柄的冲压装置中。对运动副B和C进行变异后，可获得如图1-7c所示的泵机构；如对转动副B和C、移动副及其构件形状同时进行变异，可获得如图1-7d所示的剪床机构。相同机构采用不同的变异方式，可获得许多机构简图相同，但其机械结构和用途不同的机械装置。这类设计称为机构的应用创新设计。

由于机构的类型有限，只有通过应用创新才能不断扩大其应用范围。

3. 机构组合的创新设计

机构组合的创新设计通常有两种模式。其一是各种基本机构单独工作，通过机械手段和控制手段实现它们之间的

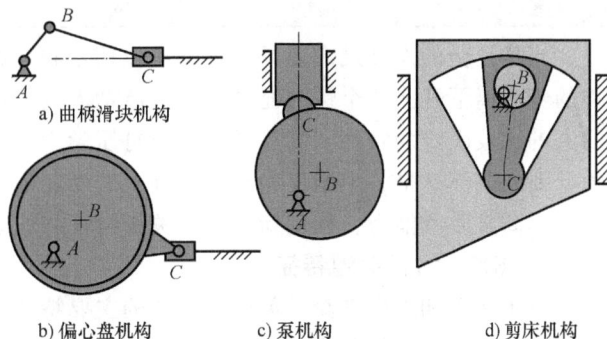

a) 曲柄滑块机构

b) 偏心盘机构　　c) 泵机构　　d) 剪床机构

图1-7 曲柄滑块机构应用示意图

运动协调，形成一个完整的机构系统，完成特定的工作任务。其二是各种基本机构或杆组通过特定的连接方式，组合成一个能完成特定工作要求的机构系统，从而完成特定的工作任务。

实际机械中，很少使用单个机构，大都使用较复杂的机构系统，因此研究机构组合设计的理论与方法很有必要。

机械原理与机械设计课程中内容为机构创新提供了良好的基础，本书重点将讨论机构的应用创新和机构的组合创新设计。

第四节　创新教育与人才培养

各类企业与研究所是创新的主体执行单位，高等学校是培养创造型人才的摇篮，机械创新设计课程是机械工程专业培养创造性人才的重要环节。

一、创新教育是改革的主旋律

我国各高等学校的在校大学生中，基础知识与专业知识学习得很好，但是具有创造性的知识学习较少。据统计，我国每年约培养出几百万大学生，但他们之中涌现出来的发明家或创造性人才却很少。这种情况说明了我国的高等工程教育中，对创造与发明能力的培养还比较薄弱。

我国高等工程教育在计划经济时代形成的传统教育体制下，用一个相对统一的培养模式塑造全体大学生，已经难以适应改革开放后的社会主义市场经济的发展，也不足以适应科学技术发展的新趋势和新特点，难以培养出在国际竞争中处于主动地位的人才。为适应 21 世纪的知识经济和高科学技术的发展需要，必须更新教育思想和转变教育观念，探索新的人才培养模式，加强高等学校与社会、理论与实际的联系，从传授和继承知识为主的培养模式转向加强素质教育、拓宽专业口径，着重培养学生主动获取和运用知识的能力，独立思维和创新能力，融传授知识、培养创新能力、鼓励个性发展、全面提高学生素质为一体的，具有时代特征的人才培养模式将是当前高等学校改革的主旋律。"培养创新能力、鼓励个性发展、全面提高学生素质"的基本教育思想必须通过各种教学环节予以落实，开设机械创新课程就是其中措施之一。

二、创新能力是人才培养的核心

当代社会的发展最需要具有主动进取精神和创新精神的人才，而主动进取精神和创新精神的养成离不开人的个性的充分发展。所谓人的个性是指在一定社会条件和教育影响下形成的人的比较固定的特性。高等学校不应打压学生个性的发展，相反应把鼓励学生个性发展作为重要的改革举措，为激发和充分发挥人的潜能创造必要的环境和条件，使学生在各自的基础上提高素质和能力，使创新人才的关键特征和非智力因素的培养成为现实。

1. 创新人才的关键特征

勇于探索和善于创新是创造型人才的主要特征。美国犹他州大学管理学院教授赫茨伯格通过分析几十年各行各业涌现的大量创新人才的实例后，总结出了创新人才的关键特征，为创新人才的培养提供了很好的借鉴作用。

（1）智商高，但并非天才　智商高是创新的先决条件之一，但并不一定是天才。过高的智商有时会有害于创新，因为在常规教育中成绩超群，有时会妨碍寻求更多的新知识。

（2）善出难题，不谋权威　善于给自己出难题，而不谋求自我形象和权威地位是创造型人才可持续成功的重要特征，驻足于以往的成就，不思进取是发挥创新作用的主要障碍。创新人才也必须依赖不断学习与进取维持创新道路上的青春常在。

（3）标新立异，不循陈规　创新人才不靠传统做法建功立业，而惯于在陈规范围内工作的人员往往把精力消磨在大量重复性的劳动中，难以取得突破；而创新事业往往是不循陈规、标新立异的结果。

（4）甘认不知，善求答案　承认自己"不知道"是创新的起点，"不知道"或"不清楚"会给追求答案带来压力，压力转换为动力，是创新力量的源泉。

（5）清心寡欲，以工作为乐　在工作中追求幸福与快乐，在工作中享受生命是创新型人才共有的特征。

（6）积极解忧，不信天命　挫折与失败经常伴随着创新的全过程，困难面前排忧解难勇往向前是创造型人才的基本特征。

（7）才思敏捷，激情迸发　敏锐的思维和热情奔放的工作激情是生命的最充分延伸，是创新人才工作进入佳境的条件，也是在成功道路上前进的标志。

针对创新人才的关键特征，组织有针对性的教育，对人才培养会产生积极作用。

2. 注重非智力因素的培养

非智力因素在创新能力的培养中有着重要作用。一般说来，智力因素是由人的认识活动产生的，主要表现在注意力、观察力、想象力、思维力和记忆力五个方面。非智力因素是由人的意向活动产生的，从广义来说，凡智力因素以外的心理活动因素都可以称为非智力因素。从狭义来说，非智力因素主要表现为人的兴趣、情感、意志和性格。在创新教育过程中，除智力能力的培养外，还应注意非智力因素的培养。

（1）兴趣　兴趣是人们在探索某种事物或某种活动时的意识倾向，是心理活动的意向运动，是个性中具有决定性作用的因素。兴趣可以使人的感官或大脑处于最活跃的状态，使人在最佳状态接受教育信息，有效地诱发学习动机和激发求知欲。所以，兴趣是人们寻求知识的强大推动力。注重创新教育过程中的兴趣培养是个性化教育的具体体现。

兴趣是引起和保持注意力的源泉，使受教育者自觉地把注意力集中在某一领域，促进了智力因素的提高。兴趣能激发人的积极思维活动，从而促进人们寻找分析问题和解决问题的办法，促进创造活动的积极开展和深入进行。

兴趣能推动人们广泛接触新鲜事物，引导他们参加各种实践活动，开阔眼界，丰富心理生活，为观察打下坚实的基础，使想象更加丰富，促使人们的知识领域向更高的层次发展。兴趣不仅关系到人们的学习质量和工作质量的提高，而且关系到他们的潜在素质和创新能力的提高与发展。所以，科学家爱因斯坦说，"兴趣是最好的老师"。

（2）情感　情感是人的需要是否得到满足时所产生的一种对事物的态度和内心的体验。任何创造性活动都离不开情感。情感是想象的翅膀，丰富的情感可以使想象更加活跃。抛弃旧技术，发现新技术，离不开想象。想象可以充分发挥人的创造精神，没有想象，就没有创造，就没有科学的进步和发展。

情感影响人的思维品质。情感高涨时求知欲强烈，人的思维活动更加活跃，效率更高，更容易突破定势思维，形成创造性思维，提出创造性的见解。所以，情感是思维展开的风帆。

情感影响人的记忆力。记忆的基本功能是保存过去的知识与经验，没有记忆就没有继承和发展，就不可能认识客观事物。强烈的兴趣和饱满的情绪可以产生良好的记忆。情感的变化必将影响牢固的记忆。有了浓厚的兴趣、良好的情感，才能产生敏锐的观察力，随之产生的可靠记忆和丰富的想象，都会促成创造性成果的产生。

（3）意志　意志是为达到既定的目标而自觉努力的心理状态，在智力的形成与发展中起着重要的作用。坚强的意志才能保证人们在探索与实践的道路上百折不挠。意志是一种精神力量。任何意志总是包含有理智成分和情绪成分,认识越深刻,行动越坚强。意志能使人精神饱满,不屈不挠,为达到理想境界坚持不懈地斗争。

情感伴随着认识活动而出现,情感中蕴藏着意志力量,也是意志的推动力。反过来,意志控制和调节情感。人在认识世界和改造世界的过程中,总是会遇到各种各样的困难。没有困难,就没有意志的产生。所以在人的实践活动中,明确的奋斗目标是意志产生的先决条件。

(4)性格 性格是人在行为方式中所表现出来的心理特点。性格影响人的智力形成与发展。良好的性格是事业成功与否的重要条件。性格和意志是可以通过教育转化的,如勤劳与懒惰、坚强与软弱、踏实与浮躁、谦虚与自负等都可以互相转化。

通过对这些非智力因素的培养,充分发挥每个人的主观能动性,使他们始终处于主动学习和主动进取的状态,不仅对促进智力因素的培养发展有很好的作用,同时也是素质教育的重要组成部分。高等学校在人才培养过程中,往往注重智力因素的培养,忽视诸如兴趣、情感、意志和性格等非智力因素的培养,这会影响创新人才,特别是拔尖人才的培养。

为适应当前高科技的快速发展和全球竞争的日益激烈化,高等学校的传统人才培养模式也必将发生变革。本课程的设置目的就是改善机械工程类专业大学生的知识结构,为以后的发明与创造打下理论基础和实践基础。

知识拓展　现代机械文明与知识经济

现代机械是由古代的工具逐步发展起来的。其性能也是从低级幼稚阶段逐渐发展为高级先进阶段。尤其是电子计算机的发明与自动控制手段的发展,迎来了现代的机械文明。但伴随着机械文明的到来,必须要注意防止使用机械带来的不利因素。例如,机械文明中的空气污染、噪声污染、水污染、人机工程以及能源等问题。消除机械文明中的空气污染、水污染、噪声污染,寻求新能源、新型复合材料,是关系到全人类生存与发展的头等大事,也是发展 21 世纪的知识经济中的重要课题。

回顾人类发展的历史,创新在人类进步过程中发挥了极其重要的作用。它不但对人类科学世界观的形成和发展起了重大而深远的影响,而且使科学成为一种推动社会发展与变革的有力杠杆,极大地促进了人类文明的发展进程,可以说,人类文明的每一次重大进步都离不开发明与创造。从中国古代的造纸术、印刷术、火药、指南针、冶金技术与光学镜片的制造,到欧洲的纺织机、蒸汽机、内燃机、发电机、电动机等机械的制造,再到当代的信息科学技术、新材料技术等高精尖科学领域的知识与技术,人类在不断拓展自己的知识领域,改造自己的生活与生存环境,使人类社会不断前进。

我国正在建立一个国家创新系统。国家创新系统可分为知识创新系统、技术创新系统、知识传播系统和知识应用系统。其中,知识创新系统的核心部分是国家科研机构和教学科研型大学,技术创新系统的核心部分是企业,知识传播系统是指高等教育系统和职业培训系统,知识应用系统的主体是企业和社会,主要功能是知识和技术的应用。

我们的祖先对人类社会的发展做出过巨大的贡献,相信我们中国人在即将到来的知识经济大潮中,会对全人类的进步、发展与繁荣做出更大的贡献。

第二章

CHAPTER 2

创新思维与创造原理

思维方法是创新设计的重要组成部分，与创新理论和创新技法结合互补，使机械创新设计的内容更加完善。本章主要介绍思维特性、思维种类、创造性思维方法、创新设计过程以及它们之间的关系，都是开展机械创新设计的必备知识。

第一节　思　维　概　述

思维是抽象范围内的概念，观察的角度不同，思维的含义就不同，哲学、心理学和思维科学等不同学科对思维的定义也不尽相同。所谓思维，是指人脑对所接受和已储存的来自客观世界的信息进行有意识或无意识、直接或间接的加工，从而产生新信息的过程。这些新信息可能是客观实体的表象，也可能是客观事物的本质属性或内部联系，还可能是人脑产生出的新的客观实体，如文学艺术的新创作、工程技术领域的新成果、自然规律或科学理论的新发现等。思维的主要特性如下。

一、思维的间接性和概括性

感觉与知觉具有直接性，感知的事物比较容易为人们所接受，但世界上的事物何止万千，客观事物的本质属性与内部联系错综复杂，人们不可能一一去感知它们，这就需要借助思维的间接性和概括性予以实现。

思维的间接性是指凭借其他信息的触发，借助于已有的知识和信息，认识那些没有直接感知过的或根本不能感知的事物，以及预见和推知事物的发展过程。思维的概括性是指它能够去除不同类型事物的具体差异，而抽取其共同的本质或特征加以反映。

二、思维的多层性

思维有高级和低级、简单和复杂之分，也就是说，思维具有层次性。对同一事物，小孩与成人、男人与女人、中国人与外国人的看法可能截然不同。有人的认识，只是事物的表象，而有人则能对事物的本质及内部规律有深刻的理解。所以同样看到苹果从树上掉到地上，有的人想，这是因为苹果熟了，才掉在地上，而牛顿则认识到这是地球引力作用的结果。

三、思维的自觉性与创造性

思维的自觉性与创造性，是人类思维最可贵的特性。从人对事物的感知实践可知，经适度激发，人的大脑神经网络和生理机能会对外部环境和事物产生自觉的反映，因此许多苦思冥想不得要领的难题，可能在睡梦中或在漫步时豁然开朗。人类思维的自觉性使人类在思维和解决问题时常常会出现顿悟现象。顿悟是思维自觉运行的结果，是思维过程中出现的质量上飞跃。也有人把思维的自觉性称为灵感思维，其最大的特征是爆发性与瞬间性，只有善于捕捉这一短暂的灵感思维，才会发生量变到质变的创造成果。美国发明家爱迪生曾经说过，勤奋加灵感等于天才。因此，思维的结果可产生出从未有过的新信息，所以思维具有创造性。良好的思维方式是发明创造的前提。

第二节　思维的类型

做任何事情都有绝招或窍门，进行思维活动时同样也存在许多技巧和窍门，只要人们掌握了有关思维的一般方法，发挥创造性思维的作用，那么在解决问题的时候，许多难点就会迎刃而解。在产品设计与开发中，运用不同的思维方式，可以开发出不同的新产品。心理学家认为，创造力是个人的认识能力、工作态度和个性特征的综合表现。认识能力是理解事物复杂性的能力。创新思维能力是创造力的核心，它的产生是人的左脑和右脑同时作用和默契配合的结果。思维具有流畅性、灵活性、独创性、精细性、敏感性和知觉性的特征，根据思维在运作过程中的作用地位，思维的主要类型包括很多种。

一、形象思维

形象思维又称为具体思维或具体形象的思维。它是人脑对客观事物或现象的外部特点和具体形象的反映活动。这种思维形式表现为表象、联想和想象。形象思维是人们认识世界的基础思维，也是人们经常使用的思维方式。所以形象思维是每个人都具有的最一般思维方式。

表象是指物体的形状、颜色等特征在大脑中的印记，如视觉看到的狗、猫或汽车的综合形象信息在人脑中留下的印象。表象是形象思维的具体结果。

联想是将不同的表象联系起来的思维过程。例如，你看过一眼邻家的威武漂亮的苏格兰牧羊犬，头脑中便建立了牧羊犬的表象。在你再次见到时，不用语言表达，就会认出这是我见过的邻家的牧羊犬。联想是表象的思维延续，在一定的条件刺激下就会产生联想。

想象则是将一系列有关表象融合起来，构成一副新表象的过程，是创造思维的重要形式。例如，建筑师进行建筑物设计时，根据客户的具体要求，并将他记忆中众多的建筑式样、风格融合起来加以想象、构思并最终设计出新的建筑物，这一过程主要依靠人们的形象思维。训练人的观察力是加强形象思维的较佳途径。

二、抽象思维

抽象思维又称为逻辑思维。它是凭借概念、判断、推理而进行的反映客观现实的思维活动。抽象思维涉及语言、推理、定理、公式、数字、符号等不能感观的抽象事物，是一个建立概念、不断推理、反复判断的思维过程。

概念是客观事物本质属性的反映，是一类具有共同特性的事物或现象的总称，它是单个存在的。例如，"犬"是一个抽象的概念，而猎犬、牧羊犬、警犬、缉毒犬、宠物犬等则是具体的犬。这些具体的犬都有四条腿、锋利的牙齿，喜食肉，善奔跑，睡眠时常以耳贴地，有极其灵敏的嗅觉和听觉等共同特性，将这些共同特性概括起来，便可得到"犬"的抽象概念。从抽象到具体，再从具体到抽象，这种反复转换的思维方式是人们进行各类活动的常用思维方式。

判断是两个或几个概念的联系，推理则是两个或几个判断的联系。如在齿轮传动中，能保证瞬时传动比的一对互相啮合的齿廓曲线必须为共轭曲线（概念），因为渐开线满足共轭曲线的条件，所以，以渐开线为齿廓的齿轮必能保证其瞬时传动比为恒定值（判断），这就是一种推理的过程。概念、判断和推理构成了抽象思维的主体。

三、发散思维

发散思维又称辐射思维、扩散思维、求异思维、开放思维等。它是以少求多的思维形式，其特点是从给定的信息输入中产生出众多的信息输出。其思维过程为：以要解决的问题为中心，运用横向、纵向、逆向、分合、颠倒、质疑和对称等思维方法，考虑所有因素的后果，找出尽可能多的答案，并从许多答案中寻求最佳值。以便有效地解决问题。例如，日本经营空调器的厂商都有研究和测算气象的专门机构。他们收集了大量的数据，得出了气温变化与产品销售额浮动之间的关系：在盛夏30℃以上温度的天气，每延续一天，空调的销售量就能增加4万台。可见发散性思维在进行创新活动中具有极其重要的作用。

四、收敛思维

收敛思维又称集中思维、求同思维等，是一种寻求某种正确答案的思维形式。它以某种研究对象为中心，将众多的思路和信息汇集于这一中心，通过比较、筛选、组合、论证，得出现有条件下解决问题的最佳方案。其着眼点是从现有信息产生直接的、独有的、为已有信息和习俗所接受的更好结果。

在创造过程中，只用发散思维并不能使问题直接获得有效的解决。因为问题的解决最终选择方案只能是唯一的或是少数的，这就需要集聚，采用收敛思维能使问题的解决方案趋向于正确目标。发散思维与收敛思维是矛盾的对立与统一现象，二者的有效结合，才能组成创造活动的一个循环。

五、动态思维

动态思维是一种运动的、不断调整的、不断优化的思维活动。其特点是根据不断变化的环境和条件不断改变自己的思维顺序和思维方向，对思维进行调整与控制，从而达到优化的思维目标。它是人们在日常工作和学习中经常应用的思维形式。

动态思维是美国心理学家德波诺提出的，他认为人在思考时要将事物放在一个动态的环境或开放的系统中来加以把握，分析事物在发展过程中存在的各种变化或可能性，以便从中选择出对解决问题有用的信息、材料和方案。动态思维的特点是要随机而变、灵活，与古板、教条的思维方式相对立。生活中人们常说的"一根筋"现象，就是与动态思维相对立的典型思维方式，是不应提倡的思维方式。

六、有序思维

有序思维是一种按一定规则和秩序进行的有目的的思维方式，它是许多创造方法的基础。如十二变通法、归纳法、逻辑演绎法、信息交合法和物-场分析法等都是有序思维的产物。常规机械设计过程中，经常用到有序思维。例如，齿轮设计过程，按载荷大小计算齿轮的模数后，再将其标准化、按传动比选择齿数，进行几何尺寸计算，强度校核等过程，都是典型的有序思维过程。

七、直接思维

直接思维是创造性思维的主要表现形式。直接思维是一种非逻辑抽象思维，是人基于有限的信息，调动已有的知识积累，摆脱惯常的思维规律，对新事物、新现象、新问题进行的一种直接、迅速、敏锐的洞察和跳跃式的判断。它在确定研究方向、选择研究课题、识别线索、预见事物发展过程、提出假设、寻找解决问题的有效途径、决定行动方案等方面有着重要的作用。与直觉思维相关的思维方法有：想象思维法、笛卡儿连接法、模糊估量法等。在人类创造性活动中，直接思维扮演了极为重要的角色。

八、创造性思维

创造性思维是一种最高层次的思维活动，它是建立在前述各类思维基础上的人脑机能在外界信息激励下，自觉综合主观和客观信息产生的新客观实体，例如，创作文学艺术新作品、工艺技术领域的新成果、自然规律与科学理论的新发现等思维活动和思维过程。

创造性思维的特点是：综合性、跳跃性、新颖性、潜意识中的自觉性和顿悟性，这都是创造性思维比较明显的特点。

九、质疑思维

质疑是人类思维的精髓，善于质疑就是凡事问几个为什么。用怀疑和批判的眼光看待一切事物，即敢于否定。对每一种事物都提出疑问，是许多新事物、新观念产生的开端，也是创新思维的最基本方式之一。

实际上，创新思维是以发现问题为起点的。爱因斯坦说过，系统地提出一个问题，往往比解决问题重要得多，因为解决这个问题或许只需要数学计算或实验技巧。当年哥白尼看出了地心说的问题才有日心说的产生。爱因斯坦找出了牛顿力学的局限性才诱发了相对论的思考。所有科学家、思想家可以说都是"提出问题和发现问题的天才"。一个人若没有一双发现问题的眼睛就意味着思维的钝化。因此，外国许多科研机构都非常重视培养研究人员提出问题、发现问题的能力，常常拿出三分之一以上的时间训练其提出问题的技巧。

十、灵感思维

灵感思维是一种特殊的思维现象，是一个人长时间思考某个问题得不到答案，中断了对它的思考以后，却又会在某个场合突然产生对这个问题解答的顿悟。

灵感包含多种因素、多种功能，多侧面的本质属性和多样化的表现形态。灵感也是人脑对信息加工的产物，是认识的一种质变和飞跃，但是由于信息加工的形式、途径和手段的特殊性，以及思维成果表现形态的特殊性，使灵感成为了一种令人难识真面目的极其复杂而又神奇的特殊思维现象。它具有如下特性。

（1）突发性　灵感的产生往往具有不期而至，突如其来的特点。

（2）兴奋性　灵感的出现是意识活动的爆发式的质变、飞跃，是令人豁然开朗，是思想火花的瞬间出现，是神经活动突然进入的一种高度兴奋状态。因此，灵感出现以后必然出现情绪高涨，身心舒畅，甚至如醉如痴的状态。

（3）不受控制性　灵感的出现时间和场合不可能预先准确地做出规定和安排。

（4）瞬时性　灵感是潜思维将其思维成果突然在瞬间输送给显思维，灵感的来去是无影无踪的，它出现在人脑中只有很短的时间，也许只有半秒钟或者几秒钟。它经常只是使你稍有所悟，当你没有清晰地反应过来的时候它便已经离开你了。

（5）粗糙性　灵感提供的思维成果，并不都是完整成熟的、精确清晰的。

（6）不可重现性　即使遇到了相同的情景，也难以再现各个细节都完全相同的同一个灵感。

通常情况下灵感有如下的种类。

（1）自发灵感　自发灵感是指对问题进行较长时间思考的执着探索过程中，随时留心和警觉所思考问题的答案或者启示，有可能某一时刻在头脑中突然闪现的成果。要做到善于抓住头脑中的自发灵感，不仅要对灵感出现有一种敏感的警觉，而且还要有意识地让潜思维尽量发挥作用。人们在对一个问题进行反复思考时，潜思维也在启动状态，如果对问题的解答不是急于求成，而是有紧有松，有张有弛，在休息的时候就停止思考，转做其他的事情或进行娱乐活动，这样就能为头脑中的潜思维加强活动创造有利条件，提供良好的环境。

（2）诱发灵感　诱发灵感是指思考者根据自身的生理、爱好和习惯等诸方面的特点，采用某种方式或选择某种场合，有意识地促使所思考的问题的某种答案或启示在头脑中出现。

（3）触发灵感　触发灵感是指在对问题已经进行较长时间思考而未能得到解决的过程中，接触到某些相关或不相关的事物或感官刺激，从而引发了所思考问题的某种答案或启示在头脑中的突然出现。

（4）逼发灵感　逼发灵感是指在紧张的情况下，通过冷静的思考，或者在情急中产生解决面临问题的某种答案或解决问题的某种启示，此时有可能在头脑中突然闪现答案或启示。

第三节　创造性思维的形成与发展

一、创造性思维的形成过程

创造性思维的形成大致可分为三个阶段。

1. 酝酿准备阶段

酝酿准备是明确问题，收集相关信息与资料，使问题与信息在头脑及神经网络中留下印记的过程。大脑的信息存储和积累是激发创造性思维的前提条件，存储信息量越大，激发出的创造性思维活动也越多。在此阶段，创造者已明确了自己要解决的问题。在收集信息的过程中，力图使问题更概括化和系统化，形成自己的认识，弄清问题的本质，抓住问题疑难的关键所在，同时尝试和寻求解决问题的方案。任何发明创造和创新结果都有准备阶段，有的时间长些，有的时间短些。

2. 潜心加工阶段

在拥有一定数量的与问题相关的信息之后，创造主题就进入了尝试解决问题的创造过程。人脑的特殊神经网络结构使其思维能进行高级的抽象思维和创造性思维活动。在围绕问题进行积极思索时，人脑对神经网络中的受体不断地进行能量积累，为生产新的信息积极运作。在此阶段，人脑将人的知觉、感受和表象提供的信息进行融会综合，创造和再生新的信息，具有超前性和自觉性。相对而言，人的大脑皮层的各种感觉区、感觉联系区、运动区只是人脑神经网络中的低层次构成要素，通过特殊的神经网络结构进行高级的思维，从而使创造性思维成为一种受控的思维活动。潜意识的参与是这一阶段思维的主要特点。一般来说，创造不可能一蹴而就，但每一次挫折都是成功创造的思维积累。有时候，由于某一关键性问题久思不解，从而暂时地被搁置在一边，但这并不是创造活动的终止，事实上人的大脑神经细胞在潜意识指导下仍在继续朝着最佳目标进行思维，也就是说创造性思维仍在进行。

潜心加工阶段还是使创造目标进一步具体化和完善的过程。创造准备阶段确定下来的某些分目标可能被修正或被改换，有时可能会发现更有意义的创造目标，从而使创造性思维向更为新颖和有意义的目标前进。

3. 顿悟阶段

顿悟是指人脑有意无意地突现某些新形象、新思想、新创意，使一些长期悬而未决的问题一念之下得以解决的现象。顿悟其实并不神秘，它是人类高级思维的特性之一。从大脑生理机制来看，顿悟是大脑神经网络中的递质与受体、神经元素的突触之间的一种由于某种信息激发出的由量变到质变的状态及神经网络中新增的一条通路。进入此阶段，创造主体突然间被特定情景下的某一特定启发唤醒，创造性的新意识莽然闪现，多日的困扰一朝排解，问题得以顺利解决。这种喜悦难以名状，只有身在其中的创造者才有幸体验。顿悟是创造性思维的重要阶段，客观上它有赖于在大量信息积累基础上的长期思索和重要信息启示，主观上是由于创造主体在一段时间里没有对目标进行专注思索，从而使无意识思维处于积极活动状态，这时思维的范围扩大，多神经元间的联系范围扩散，多种信息相互联系并相互影响，从而为"新通道"的产生创造了条件。

笛卡儿坐标系的发明就是"顿悟"成果的具体实例。笛卡儿是法国 17 世纪著名的哲学家、数学家。长期以来几何学与代数学是两条路上跑的车，互不相干。笛卡儿精心分析了几何学与代数学各自的优缺点，认为几何学虽然形象直观、推理严谨，但证明过于繁琐，往往需要高度的技巧。代数学虽然有较大的灵活性和普遍性，但演算过程缺乏条理，影响思维的发挥。由此他想建立一种能把几何和代数结合起来的数学体系，这需要建立一个数与形灵活转换的平台，这一平台的研究耗费了他大量的时间，没有找到理想的方法。笛卡儿生病时，遵照医生的嘱咐，他躺在床上休息，此时他仍在思索用代数解决几何问题的方法，显然问题的关键是如何把几何中的点与代数中的数字建立必要的联系，突然间笛卡儿眼中闪现出喜悦的光彩，原来在天花板上一只爬来爬去忙于织网的蜘蛛引起了他的注意，这只蜘蛛忽而沿着墙面爬上爬下，忽而顺着吐出丝的方向在空中缓缓移动，这只悬在半空中，能自由自在占据其所织网结中任意位置的蜘蛛令笛卡儿豁然开朗，能否用两面墙与天花板相交的三条汇交于墙角点的直线系来确定它的位置呢？著名的笛卡儿坐标就这样在顿悟中诞生了，解析几何学也由此诞生和发展，成为数学在思想方法上的一次大革命。

二、创造性思维的培养与发展

虽然每个人均具有创造性思维的生理机能，但一般人的这种思维能力经常处于休眠状态。生活中经常可以看到，在相似的主客观条件下，一部分人积极进取，勤奋创造，成果累累，一部分人惰性十足，碌碌无为。学源于思，业精于勤。创造的欲望和冲动是创造的动因，创造性思维是创造中攻城略地的利器，两者都需要有意识地培养和训练，需要营造适当的外部环境刺激予以激发。

第四节　思维方式与创新方法

思维方式与创新密切相关。从思维的角度来看，主要的几种创新方法如下。

一、群体集智法

群体集智法是针对某一特定的问题，运用群体智慧进行的创新活动。群体集智法主要有三种具体的途径：会议集智法、书面集智法和函询集智法。

会议集智法又称智慧激励法，是美国创造学家奥斯本发明的，通常也称为奥斯本法。技术开发部门在工程设计中，经常运用智慧激励法解决工程技术问题。

书面集智法是会议集智法的改进形式，在运用奥斯本法的过程中，人们发现表现力和控制力强的人会影响他人提出的有价值的设想，因此提出了运用书面形式表达思想的改进型技法。书面集智法最常用的是"635 法"模式，即每次会议六个人，每人在卡片上写三个设想，每轮限定时间 5min。

函询集智法又称德尔菲法，其基本原理是借助信息反馈，反复征求专家书面意见获得创意。视情况需要，这种函询可进行数轮，以期得到更多有价值的设想。

二、系统分析法

任何产品不可能一开始就是完美的，人们对产品的未来期望也不可能在原创产品问世时就一并实现，而大量的创新设计是在做完善产品的工作，因此对一原有产品从系统论的角度进行分析是较为实用的创造技法。系统分析法主要有三种：设问探求法、缺点列举法和希望点列举法。

设问能促使人们思考，但大多数人往往不善于提出问题，有了设问探求法，人们就可以克服不愿提问或不善于提问的心理障碍，从而为进一步分析问题和解决问题奠定基础，因为提问题本身就是创造。设问探求法在创造学中被誉为"创造技法之母"，其主要原因在于：它是一种强制性思考，有利于突破不愿提问的心理障碍；也是一种多角度发散性的思考过程，是广思、深思与精思的过程，有利于创造实践。

缺点列举法是指任何事物总是有缺点的，找到这些缺点并设法克服这些缺点，事物就能日益完善。卓越的心理素质是运用缺点列举法的思想基础。

希望是人们对某种目的的心理期待，是人类需求心理的反映。设计者从社会希望或个人愿望出发，通过列举希望点来形成创造目标或课题，在创新技法中称为希望点列举法。它与缺点列举法在形式上是相似的，都是将思维收敛于某"点"而后又发散思考，最后又聚集于某种创意。

三、联想法

联想是由于现实生活中的某人或事物的触发而想到与之相关的人或事物的心理活动或思维方式。联想思维由此及彼，由表及里，形象生动，奥妙无穷，是科技创造活动中最常见的一种思维活动。发明创造离不开联想思维。

联想是对输入人头脑中的各种信息进行加工、转换、连接后输出的思维活动。联想并不是不着边际的胡思乱想，足够的知识与经验积累是联想思维纵横驰骋的保证。

1. 相似联想

相似联想是从某一思维对象想到与它具有某种相似特征的另一对象的思维方式。这种相似可以是形态上的，也可以是功能、时间与空间意义上的。把表面差别很大，但意义相似的事物联想起来，更有助于建设性创造思维的形成。

2. 接近联想

接近联想是从某一思维对象想到与之相接近的思维对象上去的联想思维。这种接近可以是时间与空间上的，也可以是功能、用途或者是结构和形态上的。

3. 对比联想

客观事物间广泛存在着对比关系，远近、上下、宽窄、凹凸、冷热、软硬等，由对比引起联想，对于发散思维，启动创意，具有特别的意义。

4. 强制联想

强制联想是指将完全无关或关系相当偏远的多个事物或想法牵强附会地联系起来，进行逻辑型的联想，以此达到创造目的的创新技法。强制联想实际上是使思维强制发散的思维方式，它有利于克服思维定式，因此往往能产生许多非常奇妙的、出人意料的创意。

四、类比法

比较分析多个事物之间的某种相同或相似之处，找出共同的优点，从而提出新设想的方法称为类比法。按照比较对象的情况，类比法可分为4种。

1. 拟人类比

以人为比较对象，将人作为创造对象的一个因素，从人与人的关系中，设身处地地考虑问题，在创造物的时候，充分考虑人的情感，将创造对象拟人，把非生命对象生命化，体验问题，引起共鸣，是拟人类比创新技法的特点。比如，刚开始采用自动报站时播音员只报到站和下一站的站名，后来在转弯处又加上了"请拉好扶手"，有老人和孕妇时又会播出"请给他们让个座"等，这种播音系统的设计是以消费者情感为类比的例证之一。

拟人类比创新思想被广泛应用于自动控制系统开发中，如适应现代建筑物业管理的楼宇智能控制系统、机器人、计算机软件系统的开发等都利用了拟人类比进行创新设计。

2. 直接类比

在创新设计时，将创造对象与相类似的事物或现象进行比较，称为直接类比。直接类比的特点是简单、快速，可以避免盲目思考。类比对象的本质特性越接近，则成功创新的可能性就越高。

3. 象征类比

象征类比是指借助实物形象和象征符号代表某种抽象的概念或思维感情。象征类比依靠知觉感知，并使问题关键显现、简化。文化创作与创意中经常运用这种创造技法。

4. 因果类比

两事物有某种共同属性，根据一事物的因果关系推知另一事物的因果关系的思维方法，称为因果类比法。

五、仿生法

师法自然，特别是自然界，以此获得创造灵感，甚至直接仿照生物原型进行创造发明，就是仿生法。仿生法是相似创造原理的具体应用。仿生法具有启发、诱导、拓展创造思路的显著功效。仿生法不是简单地再现自然现象，而是将模仿与现代科技有机结合起来，设计出具有新功能的仿生系统，这种仿生创造思维的产物是对自然的超越。

六、组合创新法

在发明创新活动中，按照所采用的技术来源分为两类：一类是采用全新技术原理取得的成果，属突破型发明；另一类是采用已有的技术进行重新组合的成果，属组合再生型发明。从人类发明史看，初期以突破为主，随后，这类发明的数量呈减少趋势。特别是在 19 世纪 50 年代以后，在发明总量中，突破型发明的比重在大大下降，而组合型发明的比重急剧增加。在组合中求发展，在组合中实现创新，这已经成为现代科技创新活动的一种趋势。

组合创新技法在工程中应用极其广泛。人类在数千年的发展历程中积累了大量的技术，这些技术在其应用领域中逐渐发展成熟，有的已达到相当完善的程度，这是人类极其珍贵的巨大财富。由于组合的技术要素比较成熟，因此组合创新一开始就站在一个比较高的起点上，不需要花费较多的时间、人力与物力去开发专门技术，不要求创造者对所应用的技术要素都有较深的造诣，所以进行创造发明的难度明显较低，成功的可能性当然要大得多。

组合创新运用的是已有的成熟技术，但这并不意味着其创造的是落后或低级的产品。实际上适当的组合，不但可以产生全新的功能，甚至可以是重大发明。航天飞船飞离地球，将机遇号与勇气号火星探测器送上火星，是人类伟大的发明创造；火星之旅运用的成熟技术数不胜数，如缺少其中的某项成熟技术，登陆火星和成功地勘测都无疑将以失败告终。组合创新技法实际上是加法创造原理的应用。根据组合的性质，它可以分为如下 4 种。

1. 功能组合

人们生产商品的目的是为了应用。一些商品的功能已为人们普遍接受，通过组合，可以使产品同时具有人们所需要的多种功能，以满足人类不断增长的消费需求。手表原来只有计时功能，别出心裁的设计者将指南针与温度计的功能组合在手表上，使人们可以随时监测环境的温度或判别方位，满足了部分消费者的特殊需要。功能组合在国防科技发明中有巨大的潜能。

2. 材料组合

很多场合要求材料具有多种功能特性，而实际上单一材料很难同时兼具需求的所有性能。通过特殊的制造工艺将多种材料加以适当组合，可以制造出满足特殊需要的材料，如塑钢门窗就是铝材和塑料的组合。

3. 同类组合

将同一种功能或结构在一种产品上重复组合，以满足人们对此功能的更高要求是一种常用的创新方法。例如，使用多个气缸的汽车、使用多个发动机的飞机、多节火箭，这些采用同类组合的运载工具，目的都是为了获得更大的动力。

4. 异类组合

创新的目的是获得具有新功能的产品，不同的商品往往有着不同的功能，如果能将这些本属于不同商品的相异功能组合在一起，组合而成的新产品实际上就具有了能满足人们需求的新功能，这就是异类组合。

有些商品有某些相同的成分，将这些不同的商品加以组合，使其共用这些相同的成分，可以使总体结构简单，价格更便宜，使用也更方便。将具有相似传动箱的车床、钻床、铣床组合而成的多功能机床可以完成多种机械加工工作。

此外，技术组合和信息组合等也是常用的组合创新技法。技术组合是指将现有的不同技术、工艺、设备等加以组合而形成发明的方法。信息组合则是将有待组合的信息元素制成表格，表格的交叉点即为可供选择的一组合方案。前者特别适用于大型项目创新设计和关键技术的应用推广。后者操作简便，是信息社会中能有效提高效率的创新技法。

七、反求设计法

反求设计是典型的逆向思维运用。反求工程是针对消化吸收先进技术的一系列工作方法和技术的综合工程，通过反求设计，在掌握先进技术中创新，也是创新设计的重要途径之一。

在现代化社会中，科技成果的应用已成为推动生产力发展的重要手段。把别的国家的科技成果加以引进，消化吸收，改进提高，再进行创新设计，进而发展自己的新技术，是发展民族经济的捷径。这一过程称为反求工程。

人的思维方式习惯于从形象思维开始，用抽象思维去思考。这种思维方式符合大部分人所习惯的形象→抽象→形象的思维方式。由于对实物有了进一步的了解，并以此为参考，发扬其优点，克服其缺点，再凭借基础知识、思维、洞察力、灵感与丰富的经验，为创新设计提供了良好的环境。因此，反求设计是创新的重要方法之一。

八、功能设计法

功能设计是典型的正向思维运用。

功能设计法是传统的常规设计方法，又称为正向设计法。这种设计方法步骤明确、思路清晰，有详细的公式、图表作为设计依据，是设计人员经常采用的方法。设计过程一般为根据给定产品的功能要求，制订多个原理方案，从中进行优化设计，选择最佳方案。对原理方案进行结构设计，并考虑材料、强度、刚度、制造工艺、使用、维修、成本、社会经济效益等多种因素，最后设计出满足人类要求的新产品。

正向设计过程符合人们学习过程的思维方式，其创新程度主要表现在原理方案的新颖程度，以及结构的合理性与可靠性等，所以正向设计也是创新的重要设计方法。

第五节　创　造　原　理

据不完全统计，创新过程中人们采用的具体方法（创新技法）有数百种之多，最常用的方法也有数十种之多。仔细研究这些方法可以发现，这些方法从理论上均源于一定的创造原理。就是说：任何创造技法的产生均有一定的创造理论基础，而创造理论与实践结合产生出来的可操作的程式、步骤和方法，就是创新技法。因此，创造原理是指导人们开展创新实践活动的重要理论基础，也是指导人们创造新技法的基本理论基础。创造原理主要包括如下几种。

一、组合原理

组合现象十分普通，也十分复杂，如组合机构、组合机床，生活中如组合音响、组合家具。将各种技术专长的人组合在一起共同发挥作用，可形成企业、公司，能产生新技术、新产品。将几片透镜组合在一起可组成望远镜、显微镜。将碳原子以不同的晶格形式进行组合可形成金刚石或石墨。阿波罗登月计划的负责人讲，阿波罗宇宙飞船没有任何一项技术是有新突破的技术，都是现有技术精确无误的组合结果。组合方式大致可分为以下几种类型。

1. 同类组合

它指两个或两个以上相同或相似事物的组合。例如，双旋翼直升机，多翼、多发动机的飞机都可以看成是单旋翼、单翼和单发动机等同类事物组合创造的。双体船、双人自行车、捆绑式火箭等都是同类组合在生活中的创造发明。

2. 异类组合

它指两种或两种以上不同类事物的组合。如带百年日历的电话、能玩游戏的手机等。汽车可以看成是发动机、离合器和传动装置等各种不同机件的组合，航天飞机可以看成是飞机与火箭的组合。

3. 附加组合

它指在原有事物中补充加入新内容的组合。例如，现代汽车的发展并不是一蹴而就的，它是经过不断地完善，逐步附加雨刮器、转弯灯、后视镜、收音机、电视机、空调、电话而变得越来越现代化的。

4. 重组组合

它指将一个事物在不同层次上分解后，将分解的结果按新方式重新聚合的组合。如螺旋桨飞机的螺旋桨一般在机首，稳定翼在机尾。美国飞机设计师卡里格·卡图根据空气动力学原理对飞机进行重新组合设计，将螺旋桨放在机尾，而将稳定翼放在机首。重组后的飞机具有更加合理的流线型机身，提高了飞行速度，排除了失速和旋冲的可能性，大大提高了飞行的安全性。

5. 综合组合

综合是一种分析、归纳的创造性过程。综合组合不是简单叠加，而是在将研究对象进行分析的基础上，有选择地进行重组。如爱因斯坦综合了万有引力定理和狭义相对论中的有关理论，提出了广义相对论。同样地，生物力学、生物化学都不是生物学和力学或化学的简单叠加，而是两门学科有关内容的有机结合。日本能创造出许多世界上一流的新技术和新产品，最主要的原因是善于运用别国的先进技术进行综合组合。

不论是哪种形式和内容的组合，大量的创新成果表明：随着科技的迅猛发展，组合型的创新成果占全部创新成果的比例越来越大，由组合原理产生出来的组合型的创新技法已成为当今创新活动的主要技术方法。

二、还原原理

任何发明创造都有其创造的起点和创造的原点。创造原点即事物的基本功能要求，是唯一的。而创造起点即为满足功能要求的手段与方法，是无穷的。创造原点可以作为创造起点，但创造起点却不能作为创造原点。研究已有事物的创造起点，并追根溯源深入到它的创造原点，或从原点上解决问题，或从创造原点出发另辟新路，用新思想、新技术重新创造该事物，这就是创造原理的还原原理。

例如，船舶通常用锚将自己定位在水面上，过去人们也创造了很多形式的锚，但不管什么锚都是沿着"用重物的重力拉住船只"的思考方向进行创造的。根据创造的还原原理，人们发现锚的创造原点应该是"能够将船舶定位在水面上的一切物质和方法"。于是人们研制成功了完全新颖的冷冻锚。冷冻锚是一块约 $2m^2$ 的特殊铁板，该铁板通电 1min 即可冻结在海底上，冻结 10min 后连接力可达 100 万 N。起锚时只要断电很快便可使冰解冻，因此，冷冻锚成为现代远洋船舶的一种新型锚。

三、逆反原理

创造的逆反原理与创新思维中的逆向思维密切相关。创造的逆反原理是从事物构成要素中对立的另一面去分析，将通常思考问题的思路反转过来，有意识地按相反视角去观察事物，用完全颠倒的顺序和方法来处理问题的一种创造原理。

二战期间，船舶建造工艺一般都是从下向上焊接船体。有人打破常规，提出自上而下焊接，结果，因为大量的电焊工在焊接船体时不用再仰头工作，从而大大提高了工作效率和工作质量，缩短了建船周期。

应用逆反创造原理，人们创造了不少的新产品。如无土栽培、不用针头的注射器、无创外科手术、不用纸的电纸书、不用胶卷的相机、导电塑料、缓释胶囊药物、不粘锅、人造器官、器官移植等。当今世界上大量的新技术、新成果都是人们利用逆反原理不断探索创造出来的，是用传统思想方法所无法想象的。逆反创造原理正是要告诉人们：在创新的过程中，要走前人没有走过的路、做前人不敢做的事，打破常规、向传统宣战、解放思想、异想天开、别出心裁，甚至倒行逆施。世界上的事不怕做不到，只怕想不到，只要想到了，才有可能做到。

四、变性原理

一个事物的属性是多种多样的，逆反原理强调利用事物相反的属性。事实上，对事物非对称的属性如形状、尺寸、结构、材料等进行变化，也会产生发明创造，这种创造原理被称为变性原理。

例如，拆除废旧建筑物常采用定向爆破的方法，但爆破时不是同时将所有的炸药引爆，而是根据需要将安装在建筑物各处的炸药依次延时引爆,这种引爆时间的改变,既可以使建筑物按预先设定的方向倒塌,又能避免爆破物的飞溅。

机械原理课程中也讲过很多机构变异方法,都是通过改变构件形状、运动副元素的形状、构件的尺寸、运动副的数量和类型达到改变机构性质的目的。

任何一个事物、一个产品都有许许多多的属性,巧妙地利用其中一些属性,或用一定的方法在一定范围内改变其属性,就有可能获得创新。

五、移植原理

移植就是把已知对象中的概念、原理、结构、方法等内容运用或迁移到另一个待研究的对象中。移植在大多数情况下是在类比分析前提下完成的。通过类比,找出事物的关键属性,从而研究怎样把关键属性应用于待研究的对象中——实现移植。类比特别需要联想,在移植过程中联想思维起着十分重要的作用。"联想发明法""移植发明法"都源于移植创造原理。

例如,轴承是一种常用的机械零件,提高轴承寿命一般采用加强润滑减少轴承中零件的摩擦来实现。有人将电磁学中同性电荷相斥的原理移植到轴承的结构中,开发出轴承与轴不接触的悬浮轴承,大大提高了轴承寿命与品质。

人们常说的"换元"实际也是一种移植。例如,以纸代木、以塑代钢的创造发明实际上是材料移植。模拟实验实际上是把真实实验对象缩小到实验室进行创造研究的移植。陶瓷耐高温、耐腐蚀、价格低廉,用陶瓷材料代替贵重金属材料制作发动机中的燃气涡轮叶片、燃烧室等部件,不仅可以在发动机中使用廉价燃料、省去了水循环冷却系统、减轻了发动机的重量,而且降低了成本、节省了能耗。这种材料换元的成功给动力机械和汽车工业带来了巨大的经济效益,是技术领域内的一项重大突破性的发明创造。

六、迂回原理

在创造活动中常会遇到棘手的难题,此时不妨暂时停止在该问题上的僵持,转入对下一步问题的思考,或从事另外的活动,或试着改变一下观点,或研究问题的另一个侧面,让思考带着未解决的问题前进。也许,当其他问题得到解决时,该问题就迎刃而解了,这就是创造中的迂回原理。人们常说"欲速则不达",其中就包涵着迂回原理的道理。创新活动具有首创性,遇到困难是常事,创造者应当学会善于在困难中作"战略转移",甚至"战略后退",在迂回中创造条件,在迂回中前进,逐步逼近成功的目标。

例如,为了开发利用核聚变能,需要用氢原子猛烈地撞击氢原子,很多科学家都认为:这需要将氢密封在一个高压小室中才能实现。科学家们围绕这种构想耗时 20 多年,终因技术要求条件太高而无所获。正在这项研究受阻时,美国一家小企业放弃了高压封闭小室的方法,迂回地采用激光技术,成功地找到使氢原子间发生剧烈碰撞的方法,从而为人类利用核聚变能开辟了一条崭新的途径。

七、群体原理

俗话说:"三个臭皮匠,顶个诸葛亮",意思是说群体可以形成智慧,可以形成创造力。现代社会中人们到处都可体会到群体的创造力量。每一个成功的公司、企业、集团的辉煌成就无不饱含着这些公司、企业、集团里大量人才的智慧。随着科学技术的不断进步,个人创造在离开了群体的支持后，将会遇到很大的困难，甚至一事无成。控制论的创始人维纳说得好，由个人完成重大发明的时代已经一去不复返了。美国在研制原子弹时曾动员了15万人。1960年完成登月计划中，则动员了42万科技人员、2万家公司和120所大学，所有这些高水平的创造发明都是庞大的知识群体共同努力的结果。

在一个研究群体中，人与人往往彼此相互影响、相互促进。共同研究探讨对于提高个人的创造力、共同完成创造发明是非常重要的。但是群体原理并不意味着一个课题组人数越多越好。研究表明恰恰相反，一个效率很高的课题组人数最好尽量控制在小规模上，这样做有利于发挥每个组员的创造才能，人数过多往往会使一些人处于从属地位和被动地位，出现"人浮于事"的现象而使集体的创造力降低。苏联学者 E. A. 米宁研究表明，在一定条件下，科研人员增加到原来人数的 n 倍，其创造效率仅增 $\sqrt{n}$ 加倍。由此可见，最佳创造群体有个最佳人数和最佳知识结构组成问题。

八、完满原理

完满原理又可称为完全充分利用原理。凡是理论上未被充分利用的，都可以成为创造的目标。创造学中的"缺点列举法""希望点列举法""设问探求法"都是在力求完满的基础上产生出来的。人们平常所说的"让效率更高，让产品更耐用更安全，让生活更方便，让日子更舒服，让产品标准化、通用化，物尽其用，更上一层楼"，都是在追求一种完满。充分利用事物的一切属性是完满创造原理追求的最终目标，也是创造的起点。

任何一个事物或产品的属性是多方面的，创造学中"请列出某某事物尽可能多的用途"的训练，正是基于对事物属性尽可能全面利用而提出来的。然而，实际上要全面利用事物的属性是非常困难的，但追求完满的理想使人从来没有停止过这种努力。完满作为一种创新原理可以引导人们对于某一事物或产品的整体属性加以系统的分析，从各个方面检查还有哪些属性可以被再利用，引导人们从某种事物和产品中获取最大、最多的用途，充分提高它们的利用率。

在创造原理中，人们也普遍地采用分离原理、强化原理，即通过将产品的结构进行分解，或加强其中某一方面的性能来创新产品或改进产品的性能。事实上，这些都是充分利用事物或产品的部分属性的一种完满创造原理。

知识拓展　搅拌摩擦焊——舰船制造新工艺

摩擦焊（FSW）是英国焊接研究所于1991年发明的一种新型固相连接技术，其优点在于焊接过程不存在被焊接材料的熔化、不需要填丝和保护气，焊接过程无弧光、辐射、烟尘和有毒气体，机械自动化程度高，生产效率高。

基于搅拌摩擦焊方法的诸多优点，在欧美等发达国家，FSW 已成功应用到航空、航天、造船、高速列车及汽车等工业领域。在船舶制造工业领域，尤其在欧洲挪威和日本，搅拌摩擦焊已经成为轻质、高速、铝合金船舶的主导制造工艺。基于 FSW 优质、高效和低成本的优点，这种连接技术甚至逐渐向军用舰船转移，得到了越来越广泛的应用。在我国，通过中国搅拌摩擦焊中心的宣传推广，以及广大造船工业同仁的一起努力，搅拌摩擦焊正在船舶制造工业中扩大应用。

目前，搅拌摩擦焊在造船工业中主要应用于：船甲板、侧板、船底外板、舷墙、防水壁板、地板、船体外壳和上层建筑主要结构件、直升机降落平台、帆船桅杆及结构件、渔船用冷冻中空板等，其应用范围仍然在不断扩展。其中利用搅拌摩擦焊技术制造大型船舶铝合金预成形结构件，实现了船舶结构合理化、轻量化和流水线制造，在降低船舶制造成本的同时大大提高了船舶制造效率。

搅拌摩擦焊是利用一种非损耗的特殊形状的搅拌头，旋转着插入被焊零件，然后沿着待焊零件的连接界面移动，通过搅拌头对材料的搅拌、摩擦、转移和挤压，在搅拌头后方形成固相焊接接头。其焊接原理如图 2-1 所示。

船舶制造中，搅拌摩擦焊主要应用于铝质船舶平直结构件的批量化制造，尤其是大壁板铝合金结构件的制造，并且利用搅拌摩擦焊把小尺寸的铝合金型材连接成船舶制造所需要的大型预成形壁板构件，已经成为轻合金船舶制造的主要手段。该设计和制造方法已经应用于大型军用驱逐舰的上层建筑、导弹快艇、抢险救生快艇、私人游艇及大型豪华巡航游艇等铝合金构件制造。

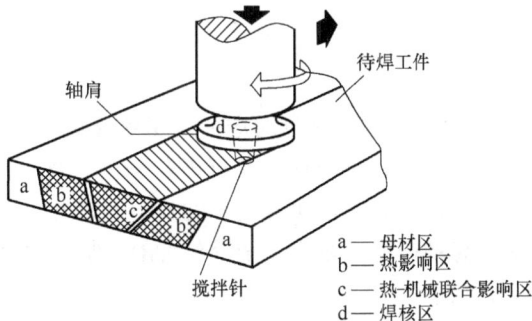

图 2-1　搅拌摩擦焊原理

- a—母材区
- b—热影响区
- c—热-机械联合影响区
- d—焊核区

在质量控制方面，船舶制造的搅拌摩擦焊已经得到发达国家船级社的认证，如挪威 DNV、英国 LG、法国 BV、德国 CL、意大利 RIN 和美国 ABS。

在欧洲挪威 Hydro Marine 已经面向世界范围造船厂提供标准尺寸的铝合金搅拌摩擦焊型材壁板，这种型材预制板的批量化生产大大降低了制造成本，缩短了造船周期。造船厂只需要批量化定购型材，然后在车间对型材按照设计尺寸进行裁剪组装，减少了工序、缩短了时间，实现了船舶的流水线制造。图 2-2 所示为用搅拌摩擦焊制造的大型豪华铝合金游船。

目前，船舶制造用铝合金结构件主要有两种形式，一种是先挤压出一定设计形状的铝合金型材，然后用搅拌摩擦焊连接，这种方法适用于型材大批量的制造和使用；另外一种是直接利用铝合金工业板材，通过剪切和折弯成形制造加强肋条，然后采用搅拌摩擦焊把肋条和板材焊接在一起。这种方法适用于小批量、多品种的铝合金结构快速制造，尤其适合武器装备的快速响应和制造。

图 2-2　用搅拌摩擦焊制造的大型豪华铝合金游船

搅拌摩擦焊用于船舶制造具有下列明显优点：FSW 预制板材产品成熟并且环保；FSW 过程全机械自动化，搅拌摩擦焊预制板材的质量稳定，尺寸公差变化小；FSW 生产效率高，工作周期缩短；FSW 预制结构容易装配，因此节省了大量人力成本；另外，FSW 焊接后的工件矫形和修整焊缝的工作量较少，这大大节省了成本和时间。解决铝合金结构的连接问题，FSW 是较完美的方案，因此随着铝合金材料的用量在船舶制造上的不断增加，FSW 将会得到更深入、更广泛的应用。

第三章
CHAPTER 3

TRIZ理论与创新设计 ◀

TRIZ 为俄文字母对应的拉丁字母缩写，含义为发明问题的解决理论，也有人将其译为技术冲突的解决原理。其英语名词为：Theory of Inventive Problem Solving。TRIZ 理论认为发明问题的核心是解决冲突，在设计过程中，不断发现冲突，利用发明原理解决冲突，才能获得理想的产品。本章主要介绍 TRIZ 理论的基本内容以及利用 TRIZ 理论进行发明创造的基本方法。

第一节　TRIZ 理论概述

人类进入工业化社会以来产生了无数的发明创造，设计制造了各种各样的机器设备，这些发明创新的过程是否具有可以遵循的通用规律呢？如果存在这样的规律，人们又能如何运用这些规律帮助进行创新设计呢？

1946 年，当时苏联里海海军专利局的发明家阿奇舒勒（G. S. Altshuller），在研究和整理世界各国著名的发明专利时，发现任何领域的产品改进、技术的变革、创新和生物系统一样，都存在产生、生长、成熟、衰老、消亡的过程，是有规律可循的。当人们进行发明创新、解决技术难题时，是有特定的科学方法和规律的。人们如果掌握了这些规律，就能主动地进行产品设计并能预测产品的未来发展趋势。

阿奇舒勒（G. S. Altshuller）领导的研究机构，每年组织 1500 人，在研究分析了世界上250 多万件高水平发明专利的基础上，并综合多学科领域的原理和法则后得出结论：许多技术问题可以利用解决其他领域中相似问题的原理和方法轻而易举地得到解决。阿奇舒勒成功地提出了一套全新的创新设计理论体系——发明问题解决理论（TRIZ），并应用这些研究成果解决了众多不同的问题，成功地在实践中验证了该理论的有效性苏联在此理论的指导下，军事工业取得了突飞猛进的发展。随后 TRIZ 也传入了西方国家。美国的 TRIZ 专家们开发了基于 TRIZ 的计算机辅助创新软件，帮助研究设计人员在工作中更好地应用 TRIZ，并取得了可观的创新成果和显著的经济效益。

一、解决产品设计面临的方法

人们进行机械产品设计通常面临两类需要解决的问题：一类是知道一般的解决方法，另一类是不知道解决方法。

对于知道一般的解决方法的问题，人们通常可以通过查找书籍、技术文献或相关专家提供信息来解决。假定设计一种车床，只要低于100r/min速度的电动机就够了，但大多数的交流电动机的速度都高于1400r/min，那么问题就是如何降低电动机的速度，解决方案是用变速器，于是就设计特定尺寸、质量、转速、转矩的变速器解决问题。

另一类问题是没有解决方法的，这被称为发明问题。早在4世纪时，埃及的科学家就提出要建立一种启发式科学解决发明问题。在现代，发明问题的解决被归入与洞察力和创新能力相关的心理学，通常用到的方法就是头脑风暴、尝试法。随着社会进步和科学技术的迅猛发展，人类对于产品功能的要求越来越高，创新时遇到的问题变得非常复杂，创新所涉及的科学领域越来越多。如果解决方法是某一领域的经验的话，则可以通过少量的尝试达到目的，但是如果在某一领域找不到问题的解决方法，则发明者就要到其他领域去寻找，那么这种尝试就变得非常困难。由于存在被称为心理惯性的现象，发明被局限于某种经验，在新概念设计时设计者本身很难考虑到多种解决方法。如果要克服心理惯性，就必须博览科学和技术知识。但经过研究发现好的发明方法往往超出了发明家的知识范畴。例如，一个材料工程师要找一种防潮材料时，他往往只会去寻找橡胶材料。

在阿奇舒勒看来，解决发明问题过程中所寻求的科学原理和法则是客观存在的，大量发明面临的基本问题和冲突（技术冲突和物理冲突）也是相同的，同样的技术创新原理和相应的解决问题方案，会在后来的一次次发明中被反复应用，只是被使用的技术领域不同而已。因此，将那些已有的知识进行提炼和重组，形成一套系统化的理论，就可以用来指导后来的发明创造、创新和开发。

TRIZ理论具有普遍性，其解决方案为创造性解决问题提供了积极和准确的参考，与通常采用的头脑风暴法相比，TRIZ更加易于操作、系统化、流程化，不过度地依赖设计者的灵感、个人知识以及经验进行创新。

二、发明的级别与应用前提

1. 发明的级别

阿奇舒勒将发明问题的解决方法分为五级，见表3-1。

表3-1　发明级别与知识的关系

级别	发明程度	解决方法占比	知识来源	考虑的问题
1	方法明显	32%	个人知识	10
2	小的改进	45%	公司知识	100
3	大的改进	18%	行业知识	1000
4	新概念	4%	行业以外知识	10000
5	新发现	1%	所有的知识	100000

2. TRIZ的理论前提

TRIZ的理论前提和基本认识包括：①产品或技术系统的进化有规律可循。②生产实践中遇到的工程冲突重复出现。③彻底解决工程冲突的发明原理容易掌握。④其他领域的科学原理可解决本领域技术问题。

TRIZ 正是这些规律的综合，它可以加快人们创造发明的进程，而且能得到高质量的创新产品。借助 TRIZ 理论，设计者能够系统地分析问题，快速发现问题本质或者冲突，打破思维定式、拓宽思路，正确地发现产品或流程设计中需要解决的问题，以新的视角分析问题，根据技术进化规律预测未来发展趋势，找到具有创新性的解决方案，从而提高发明的成功率，缩短发明的周期，也使发明具有可预见性。

技术系统进化原理认为技术系统一直处于进化之中，解决冲突是其进化的推动力。进化速度随技术系统一般冲突的解决而降低，使其产生突变的唯一方法是解决阻碍其进化的深层次冲突。

三、TRIZ 解决发明问题的方法

TRIZ 的核心是技术系统进化原理及冲突解决原理，并建立了基于知识消除冲突的逻辑方法，用通用解的方法解决特殊问题或冲突。这些原理和方法包括技术系统进化法则、发明原理、发明问题解决算法。

图 3-1 所示是应用 TRIZ 解决发明问题的方法简图。在利用 TRIZ 解决发明问题的过程中，设计者首先使用物-场分析等方法将待设计的物理产品等特定问题表达成为通用问题，其次利用 TRIZ 中的原理和工具，如发明原理等，求出该通用问题的通用解决方法。然后，根据通用解决方法的提示，参考各种已有的知识，设计特定问题的创新解决方法。

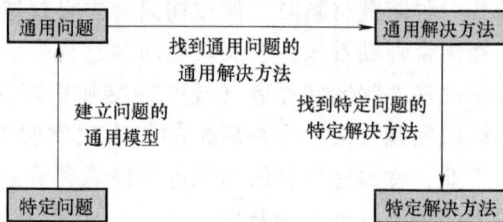

图 3-1　应用 TRIZ 解决发明问题的方法简图

经过半个多世纪的发展，TRIZ 理论和方法已经发展成为一套解决新产品开发实际问题的成熟的理论和方法体系，并经过了实践的检验，为众多知名企业取得了重大的经济效益和社会效益。

TRIZ 理论引入我国的时间较短，应用还不十分普及，但进入 21 世纪以后，我国已经出现了全面介绍 TRIZ 理论的书籍，在我国的工程领域也逐渐开始了应用 TRIZ 理论进行发明创造的尝试，也取得了一定的效果。

第二节　技术系统及其进化法则

阿奇舒勒在分析大量专利的过程中发现，产品及其技术的发展遵循一定的客观规律，而且这种规律适用各种不同的产品技术领域。任何领域的产品改进、技术的变革过程，都有共同的规律可循。人们如果掌握了这些规律，就能主动地进行产品设计并能预测产品的未来发展趋势。

一、产品的进化分析

过去几十年来键盘的主要发展演变脉络是：从常见的一体化刚性键盘到美国海军陆战队配备的折叠式键盘，到柔性的键盘，到液晶触摸屏，再到最新的虚拟激光键盘。如果将键盘

核心技术的这种演变过程抽象出来，会发现它是按照从刚性、铰链式、完全柔性、气体（液体）一直到场的发展路线。轴承从开始的单排球轴承，到多排球轴承，到微球轴承，到气体（液体）轴承，再到磁悬浮轴承。又如切割技术，从原始的锯条切割，到砂轮切割到高压水射流切割，再到激光切割等。它们在本质上基本都是沿着和键盘同样的演变路线在不断进步和发展。

显然，一旦掌握了这些规律，就可以在此基础上，确认目前产品所处的发展状态，发现产品存在的缺陷和问题，并预测其未来发展趋势，制订产品开发战略和规划，开发下一代新产品。

表示产品从诞生到退出市场这样一个生命周期的基本发展过程曲线，称为产品进化曲线。图 3-2 所示为产品进化曲线的示意图，TRIZ 理论将进化曲线分为四个阶段，即婴儿期、成长期、成熟期和衰退期。

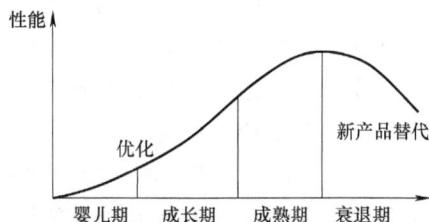

图 3-2 产品进化曲线

1. 婴儿期

婴儿期代表产品处于原理实现阶段。此时，新的技术系统刚刚诞生，虽然它能提供些新的功能，但是系统本身存在着效率低、可靠性差等一系列的问题。同时，由于大多数人对系统的未来发展并没有什么信心，缺乏人力和物力的投入。因此，在这一阶段系统发展十分缓慢。

2. 成长期

成长期代表产品处于性能优化和商品化开发阶段。在这一阶段，社会已经认识到新系统的价值和市场潜力，为系统的发展投入了大量的人力、物力和财力。因此，系统中存在的各种问题被很好地解决，效率和性能都有很大程度的提高，系统的市场前景很好，能吸引更多的投资，促进了系统的高速发展。

3. 成熟期

成熟期说明该产品技术发展已经比较成熟。系统发展到这一阶段，大量人力和财力的投入，使技术系统日趋完善，性能水平达到最高，所获得的利润达到最大并有下降的趋势。实际上，此时大量投入所产生的研究成果，多是较低水平的系统优化和性能改进。

4. 衰退期

衰退期表明应用于系统的技术已经发展到极限，很难得到进一步的突破。技术系统可能不再有需求或者将被新开发的技术系统所取代，新系统开始其新的生命周期。

因此，基于技术进化法则，可以使产品开发具有可预见性，对于提高产品创新的成功率，缩短发明周期，都具有重要意义和价值。

二、技术系统及其进化法则

1. 技术系统

技术系统由多个子系统组成，并通过子系统间的相互作用实现一定的功能，简称为系统。子系统本身也是系统，是由元件和操作构成的。系统的更高级系统称为超系统。例如，汽车作为一个技术系统，轮胎、发动机、变速箱、万向轴、转向盘等都是汽车的子系统；而每辆汽车都是整个交通系统的组成部分，因此对于汽车而言，交通系统是汽车的超系统。

2. 技术系统进化法则

技术系统进化法则主要包含：提高理想度法则，完备性法则，能量传递法则，提高柔性、移动性和可控性法则，子系统非一致性进化法则，向超系统升迁法则，向微观级升迁法则，协调性法则等。这些技术系统进化法则基本涵盖了各种产品核心技术的进化规律，每条法则又包含了多种具体进化路线和模式。

（1）完备性法则　要实现某项功能，一个完整的技术系统必须包含动力装置、传输装置、执行装置和控制装置。例如，汽车这个完整的技术系统，包括了动力总成、传动总成、底盘总成和操作总成等，完备性法则有助于确定实现所需技术功能的方法并可节约资源，其可对效率低下的技术系统进行简化。

（2）能量传递法则　技术系统要实现其功能，必须保证能量能够从能量源流向技术系统的所有元件。如果技术系统中的某个元件不接收能量，它就不能发挥作用，那么整个技术系统就不能执行其有用功能，或者有用功能的作用不足。例如，收音机在金属屏蔽的环境（如汽车）中就不能正常收听高质量广播。尽管收音机内各子系统工作都正常，但电台传导的能量源（作为系统的组成部分）受阻，使整个系统不能正常工作，需要在汽车上增加车外天线解决问题。

技术系统的进化应该沿着使能量流动路径缩短的方向发展，以减少能量损失。如用手摇绞肉机代替菜刀剁肉馅、用刀片旋转运动代替刀的垂直运动等，匀使能量传递路径缩短，能量损失减少，提高了系统效率。能量传递法则有助于减少技术系统的能量损失，保证其在特定阶段提供最大效率。

（3）动态进化法则　技术系统应该沿着结构柔性、可移动性、可控性增加的方向发展，以适应环境状况和执行方式的变化。动态进化法则包括三个子法则。

1）提高系统柔性法则。提高系统柔性的进化过程为刚体→单铰链→多铰链→柔性体→液体/气体→场。例如，门锁进化过程为挂锁→链条锁→电子锁→指纹锁。

2）提高可移动性法则。技术系统的进化应该沿着提高系统整体可移动性增强的方向发展。如座椅进化过程为从四腿椅→转椅→滚轮椅。

3）提高可控性法则。技术系统的进化应沿着系统内各部件的可控性增加的方向发展。可控性的进化过程为直接控制→间接控制→反馈控制→智能控制。例如，照相机进化过程为手动调焦→电动调焦→自动调焦；车床进化过程为手动车床→机械半自动车床→数控车床→车削中心。

（4）提高理想度法则　最理想的技术系统应该是作为物理实体时并不存在也不消耗任何的资源，却能够实现所有必要的功能。例如，最理想的汽车制动系统应该不占用任何空间、不需要能量、没有磨损、不传递有害功能，但是却能够在任何需要的时间和场合实现其制动功能。

技术系统是沿着提高其理想度，向最理想系统的方向进化。提高理想度法则代表着所有技术系统进化法则的最终方向。例如，1973年诞生的第一部移动电话重800g，且功能仅有语音电话通信。而现代手机重仅数十克，功能超过百种，包括通话、短信、照相、游戏、闹钟、MP3、GPRS、录音、PDA等。

（5）子系统非一致性进化法则　每个技术系统都由多个实现不同功能的子系统组成。任何技术系统所包含的各个子系统都不会同步、均衡地进化，每个子系统都沿着自己的技术进化路径向前发展。这种不均衡的进化经常会导致子系统之间的冲突出现。整个技术系统的进化速度取决于系统中发展最慢的子系统的进化速度。找到关键的子系统,可以帮助人们及时发现并改进最不理想的子系统。例如,早在19世纪中期的自行车没有链条传动系统,脚蹬直接安装在前轮轴上,此时自行车的速度与前轮直径成正比。因此,人们采用增加前轮直径的方法提高自行车的速度。但是一味地增加前轮直径,会使前后轮尺寸相差太大,从而导致自行车在前进中的稳定性很差,容易摔倒。后来,人们开始研究自行车的传动系统,通过链条和链轮实现运动的传递并调节速度,用后轮的转动来推动车子的前进,且前后轮大小相同,以保持自行车的平衡和稳定。

(6)向超系统升迁法则 技术系统的进化是沿着单系统→双系统→多系统的方向发展。例如,多功能的瑞士军刀、单头牙刷→双头牙刷→多头牙刷→电动牙刷等。

技术系统进化到极限时,它实现某项功能的子系统会从系统中剥离,转移至超系统,作为超系统的一部分。在该子系统的功能得到增强改进的同时,也简化了原有的技术系统。例如,飞机长距离飞行时,需要在飞行中加油。最初副油箱是飞机的一个子系统,进化后副油箱脱离了飞机,进化至超系统,以空中加油机的形式给飞机加油。飞机系统得到了简化,不必再携带数百吨的燃油。

(7)向微观级升迁法则 技术系统的进化沿着减小其元件尺寸的方向发展,即元件从最初的尺寸向原子、基本粒子的尺寸进化,同时能够更好地实现相同的功能。例如,微机械系统(MEMS),电子元器件的进化过程是真空管→晶体管→集成电路。

(8)协调性法则 技术系统的进化是沿着各个子系统相互之间更协调的方向发展,即系统的各个部件在保持协调的前提下,充分发挥各自的功能。这也是整个技术系统能发挥其功能的必要条件,子系统间协调性可以表现在结构上的协调、各性能参数的协调和工作节奏的协调。例如,网球拍质量与力量的协调,较轻的球拍更灵活,较重的球拍能产生更大挥拍力量。因此,需要考虑两个性能参数的协调,设计师将球拍整体质量降低,提高了灵活性,同时增加球拍头部的质量,保证了挥拍力量。

第三节 TRIZ理论及其应用

产品是功能实现的载体,任何产品都包含一个或多个功能。为了实现这些功能,产品由具有相互关系的多个零部件组成。当改变某个零件、部件的设计,即提高产品某些方面的性能时,可能会影响到与这些被改进设计的零部件相关联的零部件,结果可能使某一方面的性能受到影响。如果这些影响是负面影响,则设计出现了冲突。例如,为了使轴上零件固定采用螺母固定,需在轴上加工螺纹,在达到了固定目的的同时,也削弱了轴的强度。

冲突是创新设计中经常要遇到的问题,也是最难解决的问题,可以说创新就是在解决冲突中产生的。当产品一个技术特征参数的改进对另一技术特征参数产生负面影响时,就产生了冲突。创新是通过消除冲突来解决问题,而那些不存在冲突的问题,或采用折中的方法解决的问题则不是创新。

TRIZ理论认为,发明问题的核心是解决冲突,未克服冲突的设计不是创新设计。产品进化过程就是不断解决产品所存在冲突的过程,一个冲突解决后,产品进化过程处于停顿状态。另一个冲突解决后，产品移到一个新的状态。设计人员在设计过程中不断地发现并解决冲突，是推动其向理想化方向进化的动力。

发明问题的核心就是解决冲突，而解决冲突所应遵循的规则是：在改进系统中的一个零部件或性能的同时，不能对系统或相邻系统中的其他零部件或性能造成负面影响。冲突可分为物理冲突和技术冲突。对于物理冲突可以采用分离原理寻找解决方案。对于技术冲突，则依据冲突矩阵找到相应的发明原理，找出解决冲突的方法。冲突解决流程如图 3-3 所示。

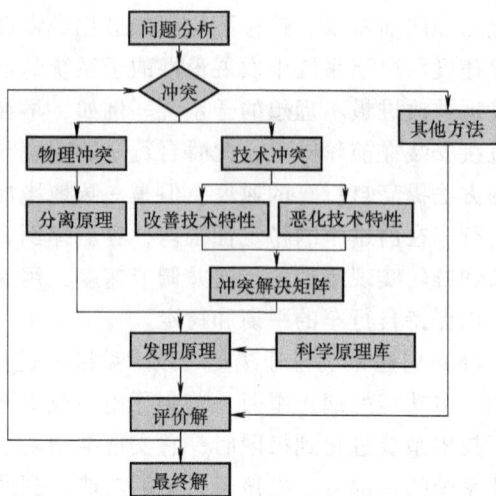

图 3-3　冲突解决流程图

一、发明原理

阿奇舒勒在对全世界专利进行分析研究的基础上，发现在以往不同领域的发明中所用到的规则并不多，不同时代的发明，不同领域的发明，这些规则被反复采用。阿奇舒勒提出了 40 条冲突解决原理即发明原理，见表 3-2。表 3-2 中列举了在产生新的工作原理的过程中所应遵循的规律。实践证明这些原理对于指导设计人员的发明创造具有重要的作用。

表 3-2　发明原理

序号	名称	说　明	实　例
1	分割	a. 把一个物体分成相互独立的部分 b. 把物体分成容易组装和拆卸的部分 c. 提高物体的可分性	组合音响,组合式家具,模块化计算机组件,可折叠木尺,活动百叶窗帘 花园里浇水的软管可以接起来以增加长度 为不同材料的再回收设置不同的回收箱
2	提炼	a. 从物体中提炼产生负面影响(即干扰)的部分或属性 b. 从物体中提炼必要的部分或属性	为了在机场驱鸟,使用录音机来放鸟的叫声,避雷针 用光纤分离主光源,增加照明点
3	改变局部	a. 从均匀的物体结构、外部环境或作用改变为不均匀的 b. 让物体不同的部分承担不同的功能 c. 将物体的每个部分处于各自动作的最佳位置	将恒定的系统温度、湿度等改为变化的 带橡皮头的铅笔、瑞士军刀 多格餐盒,带起钉器的榔头
4	不对称	a. 将对称物体变为不对称 b. 已经是不对称的物体,增强其不对称的程度	电源插头的接地线与其他线的几何形状不同 为改善密封性,将 O 形密封圈的截面由圆形改为椭圆形;为抵抗外来冲击,使轮胎一侧强度大于另一侧
5	组合	a. 在空间上将相同或相近的物体或操作加以组合 b. 在时间上将相关的物体或操作合并	并行计算机的多个 CPU 冷热水混水器
6	多用性	使物体具有复合功能以替代其他物体的功能	工具车上的后排座可以坐,靠背放倒后可躺,折叠起来可以装货
7	镶嵌	a. 把一个物体嵌入第二个物体,然后将这两个物体再嵌入第三个物体 b. 让一个物体穿过另一个物体的空腔	椅子可以一个个叠起来以利存放 活动铅笔笔杆里存放笔芯;伸缩式天线

（续）

序号	名称	说　　明	实　　例
8	质量补偿	a. 将某一物体与另一能提供上升力的物体组合，以补偿其质量 b. 通过与环境的相互作用(利用空气动力、流体动力、浮力等)实现质量补偿	用氢气球悬挂广告条幅 赛车上增加后翼以增大车辆的贴地力 船舶在水中的浮力
9	预先反作用	a. 预先施加反作用，用来消除不利影响 b. 如果一个物体处于或将处于受拉伸状态，预先施加压力	给树木刷渗透漆以阻止腐烂 预应力混凝土 预应力轴
10	预先作用	a. 预置必要的动作、功能 b. 把物体预先放置在一个合适的位置以让其能及时地发挥作用而不浪费时间	不干胶粘贴 建筑内通道里安置的灭火器； 机床上使用的莫氏锥柄，方便安装拆卸
11	预先防范	采用预先准备好的应急措施，补偿系统，以提高其可靠性	商品上加上磁性条以防盗；备用降落伞、汽车安全气囊
12	等势	在势场内避免位置的改变，如在重力场内，改变物体的工况，减少物体上升或下降的需要	汽车维修工人利用维护槽更换机油，可免用起重设备
13	逆向作用	a. 用与原来相反的动作达到相同的目的 b. 让物体可动部分不动，而让不动部分可动 c. 让物体(或过程)倒过来	采用冷却内层而不是加热外层的方法使嵌套的两个物体分开 跑步机 研磨物体时振动物体
14	曲面化	a. 用曲线或曲面替换直线或平面，用球体替代立方体 b. 使用圆柱体、球体或螺旋体 c. 利用离心力，用旋转运动来代替直线运动	两个表面之间的圆角 计算机鼠标用一个球体来传输 X 和 Y 两个轴方向的运动 洗衣机甩干
15	动态化	a. 在物体变化的每个阶段让物体或其环境自动调整到最优状态 b. 把物体的结构分成既可变化又可相互配合的若干组成部分 c. 使不动的物体可动或自适应	记忆合金 可以灵活转动灯头的手电筒、折叠椅 可弯曲的饮用吸管
16	近似化	如果效果不能100%的达到，稍微超过或小于预期效果，会使问题简化	要让金属粉末均匀地充满一个容器，可以让一系列漏斗排列在一起以达到近似均匀的效果
17	多维化	a. 将一维变为多维 b. 将单层变为多层 c. 将物体倾斜或侧向放置 d. 利用给定表面的反面	螺旋楼梯 多碟CD机 自动卸载车斗 电路板双面安装电子器件
18	机械振动	a. 使物体振动 b. 提高振动频率 c. 利用共振现象 d. 用压电振动代替机械振动 e. 超声振动和电磁场耦合	通过振动铸模来提高填充效果和铸件质量 超声波清洗，用超声刀来代替手术刀 石英钟 振动传输带
19	周期性作用	a. 变持续性作用为周期性(脉冲)作用 b. 如果作用已经是周期性的，就改变其频率 c. 在脉冲中嵌套其他作用以达到其他效果	冲击钻 用冲击扳手拧松锈蚀的螺母时，用的是脉冲力而不是持续力 脉冲闪烁报警灯比其他方式更有效
20	利用有效作用	a. 对一个物体所有部分施加持续有效的作用 b. 消除空闲和间歇性作用	带有切削刃的钻头可以进行正反向的切削 打印机打印头在来回运动时都打印
21	缩短有害作用	在高速中施加有害或危险的动作	在切断管壁很薄的塑料管时，为防止塑料管变形就要使用极高速运动的切割刀具，在塑料管未变形之前完成切割

（续）

序号	名称	说　明	实　例
22	变害为利	a. 利用有害因素,得到有利的结果 b. 将有害因素相结合,消除有害结果 c. 增大有害因素的幅度直至有害性消失	废物回收利用 用高频电流加热金属时,只有外层金属被加热,可用于表面热处理 风力灭火机
23	反馈	a. 引入反馈 b. 若已有反馈,改变其大小或作用	闭环自动控制系统 改变系统的灵敏度
24	中介物	a. 使用中介物实现所需动作 b. 临时将一个物体和一个易去除物体结合	机加工钻孔时用于为钻头定位的导套 在化学反应中加入催化剂
25	自服务	a. 使物体具有自补充和自恢复功能 b. 利用废弃物和剩余能量	电焊枪使用时的焊条自动进给 发电厂废气蒸汽取暖
26	复制	a. 使用简单、廉价的复制品来代替复杂、昂贵、易损、不易获得的物体 b. 用图像替换物体,并可进行放大和缩小 c. 用红外光或紫外光去替换可见光	模拟汽车、飞机驾驶训练装置 测量高的物体时,可以用测量其影子的方法 红外夜视仪
27	廉价替代品	用廉价、可丢弃的物体替换昂贵的物体	一次性餐具、打火机
28	替代机械系统	a. 用声学、光学、嗅觉系统替换机械系统 b. 使用与物体作用的电场、磁场或电磁场 c. 用动态场替代静态场,用确定场替代随机场 d. 利用铁磁粒子和作用场	机、光、电一体化系统 电磁门禁 磁流体
29	用气体或液体	用气体或液体替换物体的固体部分	在运输易碎产品时,需要使用充气泡材料;车辆液压悬挂
30	柔性壳体或薄膜	a. 用柔性壳体或薄片来替代传统结构 b. 用柔性壳体或薄片把物体从其环境中隔离开	为防止水从植物的叶片上蒸发,喷涂聚乙烯材料在叶片上,凝固后在叶片上形成一层保护膜
31	多孔材料	a. 使物体多孔或加入多孔物体 b. 利用物体的多孔结构引入有用的物质和功能	在物体上钻孔减轻质量 海绵吸水
32	改变颜色	a. 改变物体或其环境的颜色 b. 改变物体或其环境的透明度和可视性 c. 在难以看清的物体中使用有色添加剂或发光物质 d. 通过辐射加热改变物体的热辐射性	透明绷带可以不打开绷带检查伤口 变色眼镜 医学造影检查 太阳能收集装置
33	同质性	主要物体及与其相互作用的物体使用相同或相近的材料	使用化学特性相近的材料防止腐蚀
34	抛弃与修复	a. 采用溶解、蒸发、抛弃等手段废弃已完成功能的物体,或在过程中使之变化 b. 在工作过程中迅速补充消耗掉的部分	子弹弹壳、火箭助推器、可溶药物胶囊 自动铅笔
35	改变参数	a. 改变物体的物理状态 b. 改变物体的浓度、黏度 c. 改变物体的柔性 d. 改变物体的温度或体积等参数	制作酒心巧克力 液体肥皂和固体肥皂 连接脆性材料的螺钉需要弹性垫圈
36	相变	利用物体相变时产生的效应	使用把水凝固成冰的方法爆破
37	热膨胀	a. 使用热膨胀和热收缩材料 b. 组合使用不同热膨胀系数的材料	装配过盈配合的孔轴 热敏开关
38	加速氧化	a. 用压缩空气来替换普通空气 b. 用纯氧替换压缩空气 c. 将空气或氧气用电离辐射进行处理 d. 使用臭氧	潜水用压缩空气 利用氧气取代空气送入喷火器内,以获取更多热量

（续）

序号	名称	说　明	实　例
39	惰性环境	a. 用惰性环境来替换普通环境 b. 在物体中添加惰性或中性添加剂 c. 使用真空	为防止棉花在仓库中着火，向仓库中充惰性气体 食品真空包装
40	复合材料	用复合材料来替换单一材料	军用飞机机翼使用塑料和碳纤维组成的复合材料

在著名的波音 737 飞机的引擎改进设计中，设计人员遇到了一个技术难题：引擎的改进需要增大整流罩的面积以使其吸入更多的空气，即需要增大圆形整流罩的直径。但整流罩直径的增大将使它的下边缘与地面的距离变小，从而会使飞机在跑道上行驶时产生危险。这样就产生了技术上的冲突。经过分析后，采用了不对称原理，得到的解决方案为将整流罩由规则的圆形改为不规则的扁圆形，这样在增大发动机功率的时候就不会导致整流罩与地面的距离过小，从而消除了冲突。

二、分离原理

在总结解决物理冲突的各种方法的基础上，TRIZ 提出了分离原理解决方法。

1. 空间分离（从空间上分离相反的特性）

物体的一部分表现为一种特性，而另一部分则表现为另一种特性，将冲突双方在不同的空间分离，以降低解决问题的难度。当关键子系统冲突双方在某一空间只出现一方时，空间分离是可能的。

2. 时间分离（从时间上分离相反的特性）

物体在一时间段内表现为一种特性，而在另一时间段内则表现为另一种特性。将冲突双方在不同的时间段分离，以降低解决问题的难度。当关键子系统冲突双方在某一时间段只出现一方时，时间分离是可能的。

3. 基于条件的分离（从整体与部分上分离相反的特性）

整体具有一种特性，而部分具有相反的特性，可将冲突双方在不同条件下分离，以降低解决问题的难度。当关键子系统冲突双方在某一条件下只出现一方时，基于条件分离是可能的。

4. 整体与部分的分离（在同一种物质中相反的特性共存）

物质在特定的条件下表现为唯一的特性，在另一种条件下表现为另一种特性。整体与部分的分离原理是将冲突双方在不同的层次分离，以降低解决问题的难度。当冲突双方在关键子系统层次只出现一方，而该方在子系统、系统或超系统层次内不出现时，整体与部分的分离是可能的。

解决物理冲突的分离原理与解决技术冲突的发明原理之间存在关系，对于一条分离原理，可以有多条发明原理与之对应，分离原理与发明原理的对应关系见表 3-3。

表 3-3　分离原理与发明原理的对应关系

分离原理	发 明 原 理	分离原理	发 明 原 理
空间分离	1、2、3、4、7、13、17、24、26、30	整体与部分分离	12、28、31、32、35、36、38、39、40
时间分离	9、10、11、15、16、18、19、20、21、29、34、37	条件分离	1、7、25、27、5、22、23、33、6、8、14、25、35、13

注：数字为表 3-2 中的序号。

三、解决物理冲突

物理冲突是指系统中的某一部分同时表现出的两种相反的状态，或当一子系统具有与系统相反的要求时就发生了物理冲突。物理冲突是 TRIZ 要研究解决的关键问题之一。出现物理冲突的子系统称为关键子系统。常见的物理冲突见表 3-4。

表 3-4　常见的物理冲突

几何类	材料及能量类	功能类
长与短	多与少	喷射与卡住
对称与不对称	密度大与小	推与拉
平行与交叉	热导率高与低	冷与热
厚与薄	温度高与低	快与慢
圆与非圆	时间长与短	运动与静止
锋利与钝	黏度高与低	强与弱
窄与宽	功率大与小	软与硬
水平与垂直	摩擦系数大与小	成本高与低

例如，为了降低加速时的油耗，汽车的底盘应有较小的质量，但为了保证高速行驶时汽车的安全，底盘又应有较大的质量，这种要求底盘同时具有大质量和小质量的情况，对于汽车底盘的设计来说就是物理冲突，解决该冲突是汽车底盘设计的关键。

物理冲突的一般描述方法为：

1）为了实现关键功能，子系统要具有有用功能，但为了避免出现有害功能，子系统又不能具有该有用功能。

2）关键子系统的特性必须是以大值取得有用功能，但又必须是小值以避免出现有害功能。

3）关键子系统必须取得有用功能，但又不能避免出现有害功能。

物理冲突的解决一直是 TRIZ 理论研究的重要内容，阿奇舒勒采用分离原理提出了解决物理冲突的发明问题解决算法（Algorithm for Inventive-Problem Solving），这是 TRIZ 理论中的一个分析问题、解决问题的主要方法，其目标是解决问题的物理冲突。该算法主要针对问题情境复杂、存在冲突及其相关部件不明确的技术系统，通过对初始问题进行一系列分析及再定义等非计算性的逻辑过程，实现对问题的逐步深入分析和转化，最终解决问题。

首先，将系统中存在的问题最小化，原则是在系统能够实现其必要机能的前提下，尽可能不改变或少改变系统。其次，建立问题模型。然后，分析该问题模型，利用物-场分析法等方法分析系统中所包含的资源。最后，定义系统的最终理想解。通常为了获取系统的理想解，需要从宏观和微观上分别定义系统中所包含的物理冲突，即系统本身可能产生对立的两个物理特性。例如，冷/热、导电/绝缘、透明/不透明等，然后，需要定义系统内的物理冲突并消除冲突。消除冲突时，需要最大限度地利用系统内的资源并借助物理学、化学、几何学等科学原理。

四、解决技术冲突

技术冲突是指系统中一个部分性能的增强导致了有用及有害两种结果，也可指有益作用的引入或有害效应的消除，导致其他一个或几个子系统性能的恶化。技术冲突常表现为一个系统中两个子系统之间的冲突。技术冲突出现的几种情况如下。

1）在一个子系统中引入一个有用功能，导致另一子系统产生一个有害功能。

2）消除一个有害功能导致另一个子系统有用功能恶化。

3）有用功能的加强或有害功能的减少使另一个子系统或系统变得太复杂。

当改善系统某部分（或参数）时，不可避免地出现系统其他部分（或参数）恶化的情况。例如，要想提高轴的强度，就会增加其截面积，从而导致轴的质量增加。

不同领域中，人们所面临的创新问题不同，其中包含的冲突也千差万别。若想解决这些冲突，首先要对它们进行统一的描述。在 TRIZ 理论中，不同领域中相互冲突的特性经过高度概括，被抽象为 39 个技术特性参数，它们可对不同问题中所包含的各种冲突进行统一、明确的描述，见表 3-5。

表 3-5　技术特性参数

序号	参数	序号	参数	序号	参数
1	运动物体的质量	14	强度	27	可靠性
2	静止物体的质量	15	运动物体作用的时间	28	测试精度
3	运动物体的长度	16	静止物体作用的时间	29	制造精度
4	静止物体的长度	17	温度	30	外部有害因素作用的敏感性
5	运动物体的面积	18	光照度	31	物体产生的有害因素
6	静止物体的面积	19	运动物体的能量	32	可制造性
7	运动物体的体积	20	静止物体的能量	33	可操作性
8	静止物体的体积	21	功率	34	可维护性
9	速度	22	能量损失	35	适用性及多用性
10	力	23	物质损失	36	装置的复杂性
11	应力与压力	24	信息损失	37	监控与测试的困难程度
12	形状	25	时间损失	38	自动化程度
13	结构的稳定性	26	物质或事物的数量	39	可靠性

表 3-5 中的参数可以分为三类：通用物理与几何参数（1~12、17、18、21）；通用负向技术参数（15、16、19、20、22~26、30、31）；通用正向技术参数（13、14、27~29、32~39）。负向的含义是指这些参数若变大，系统性能变差；正向的含义是指这些参数若变大，系统的性能变好。

例如，要使饮料罐的壁厚减小的技术特性参数是 3 "运动物体的长度"，在 TRIZ 里通用技术特性参数的含义是非常多样的，在这里 "长度" 可以指任何线性的尺寸，如长度、宽度、高度，直径等。若减小壁厚就会引起罐体承载力的减小，这个技术特性参数就是 14 "强度"，那么技术冲突就是要减小 "运动物体的长度" 就会引起 "强度" 的降低。

39 项通用技术特性参数描述了问题的技术特性，40 条发明原理表明了问题的解决方法。TRIZ 理论研究人员通过长时间的分析与研究，提出了冲突解决矩阵的概念。冲突解决矩阵的行表示冲突中恶化的技术特性参数，列则表示改善的技术特性参数，单元格中列出了推荐的解决该问题的发明原理（用发明原理的序号表示）。冲突解决矩阵见表 3-6。

使用冲突矩阵解决设计中的实际问题时，首先应该确定问题中的冲突，并分析冲突中哪些是有利因素，哪些是不利因素。再将有利的因素与不利的因素转化为 39 个工程技术参数中的参数，然后利用矩阵找出相应的发明原理。一旦某一或某几个原理被选定后，必须根据特定的问题应用该原理以产生一个特定的解。对于复杂的问题一条原理是不够的，原理的作用是使原系统向着改进的方向发展。在改进的过程中，对问题的深入思考、创造性和经验都是必须的。

表 3-6　冲突解决矩阵

发明原理	改善的技术特性参数								
	1	2	3	4	5	6	7	...	39
1	/	—	15,8 29,34	—	29,17 38,34	—	29,2 40,28	...	35,3 24,37
2	—	/	—	10,1 29,35	—	35,30 13,7		...	1,28 15,35
3	8,15 29,34	—	/	—	15,17 4		7,17 4,35	...	14,4 28,29
4	—	35,28 40,29	—	/	—	17,7 10,40		...	30,14 7,26
5	2,17 29,4	—	14,15 18,4	—	/	—	7,14 17,4	...	10,26 34,2
6	—	30,2 14,18	—	26,7 9,39	—	/		...	10,15 17,7
7	2,26 29,40	—	1,7 4,35	—	1,7 4,17	—	/	...	10,6 2,34
8	—	35,10 19,14	19,14	35,8 2,14	—	—	—	...	35,37 10,2
9	2,28 13,38	—	13,14 8	—	29,30 34	—	7,29 34	...	
10	8,1 37,18	18,13 1,28	17,19 9,36	28,10	19,10 15	1,18 36,37	15,9 12,37	...	3,28 35,37
11	10,36 37,40	13,29 10,18	35,10 36	35,1 14,16	10,15 36,28	10,15 36,37	6,35 10	...	10,14 35,37
12	8,10 29,40	15,10 26,3	29,34 5,4	13,14 10,7	5,34 4,10	—	14,4 15,22	...	17,26 34,10
13	21,35 2,39	26,39 1,40	13,15 1,28	37	2,11 13	39	28,10 19,39	...	23,35 40,3
14	1,8 40,15	40,26 27,1	1,15 8,35	15,14 28,36	3,34 40,29	9,40 28	10,15 14,7	...	29,35 10,14
15	5,19 34,31	—	2,19 9	—	3,17 19	—	10,2 19,30	...	35,17 14,19
⋮	⋮	⋮	⋮	⋮	⋮	⋮	⋮	⋮	⋮
39	35,26 24,37	28,27 15,3	18,4 28,38	30,7 14,26	10,26 34,31	10,35 17,7	2,6 34,10	...	—

（左侧竖排：恶化的技术特性参数）

　　通常所选定的发明原理多于一个，这说明前人已用这几个原理解决了一些特定的技术冲突。这些原理仅仅表明解的可能方向，即应用这些原理可以过滤掉很多不太可能的解的方向。尽可能将选定的每条原理都用到待设计过程中去，对于推荐的任何原理都应该仔细思考。假如所有可能的解都不满足要求，则可以对冲突重新定义并求解。

　　例如，将卫星送入太空时希望卫星的质量越小越好，因为这将更加容易运载，同时成本也会降低。但若要减小卫星的质量，势必要缩小尺寸，卫星的性能就会受到影响。这样在使卫星更易于运载时，卫星的质量和尺寸之间就产生了冲突，卫星的质量参数和尺寸参数分别对应冲突解决矩阵中行参数 1 "运动物体的质量"（要改善的技术特性参数）和列参数 3 "运动物体的长度"（恶化的技术特性参数）。冲突解决矩阵在上述两特性的交叉处提供了四个发明原理供参考，分别为第 15、8、29 和 34 号发明原理。

TRIZ 理论对解决问题的创新思路有明确的方向指导性。但是，仅有解决问题思路和方向还是不够的，从问题解决思路到解决问题的具体方案之间，还有一个复杂的创新过程，即如何构建一个可行的、可操作的解决方案。

如何得到通用问题的通用解决方案，经过创新设计得到特定实际问题的实际解决方案，需要设计者具有大量的知识和经验。具体来说，这些知识和经验包括科学原理、技术知识、社会知识、实践经验、成功案例，甚至失败案例等。可以说，知识是创新的源泉。

第四节　计算机辅助创新设计简介

创新设计是新产品、新工艺开发过程中最能体现人类创造性的一环，它需要设计者有极强的综合分析能力和多领域的专业知识。虽然现有的许多 CAD/CAM 软件在产品的辅助设计、辅助计算、辅助绘图以及辅助制造方面发挥了很大的作用，但是，产品和工艺的妥协设计却依然比比皆是。因为新产品、新工艺开发更多、更重要的是非数据计算的，需要通过思考、推理和判断来解决的创新活动。只有创新才能从根本原理上进行产品革新，才能为社会提供品种更多、功能更丰富、价格更低、性能更有效的新产品，才能在产品的性能、质量、价格等方面产生质的飞跃。可以说现代设计的核心就是创新设计。

计算机辅助创新技术（Computer Aided Innovation, CAI）是新产品开发的一项关键技术，它是以近年来在欧美国家迅速发展的发明创造方法学（TRIZ）研究为基础，结合现代设计方法学、计算机技术、多领域学科知识综合而成的创新技术，不仅为产品研发、创新提供实时的指导，而且还能在产品研发过程中不断扩充和丰富，已成为企业新产品开发、实现技术创新的必备工具。

计算机辅助创新技术（CAI）作为工程领域又一个重要的计算机辅助技术而出现，得益于相关的先进创新理论、方法的发展及其和计算机技术的不断融合。传统的创新方法更多的是依赖心理因素，具有很大的随机性和偶然性，创新效果也很难保证。而 TRIZ 理论的出现则彻底改变了这种情况，它是一种在前人创新成果与创新方法基础上的提升和集成，成功地揭示了创造发明的内在规律和原理，它着力澄清和强调系统中存在的冲突，而不是逃避冲突，其目标是完全解决冲突，获得最终的理想解，而不是采取折中或者妥协的做法，而且它是基于技术的发展演化规律研究整个设计与开发过程，而不再是随机的行为。

世界上许多公司都致力于以 TRIZ 为核心原理开发计算机辅助创新软件，其中美国 Invention Machine 公司率先致力于以 TRIZ 为核心原理开发计算机辅助创新软件，其所开发的产品包括：Goldfire Innovator、Goldfire research、Goldfire Intelligence、Techoptimizer、Knowledgiest、CoBain 等，其中 Goldfire Innovator 是一套完整的实现计算机辅助创新的开发环境，同时也是一个强大的产品知识管理平台。以 DFSS（6δ 设计）为核心，以 TRIZ、ARIZ 为工具，内嵌有超过 9000 条各个领域的科学原理，外挂全球 70 多个专利库（>1500 万条），与全球 3000 多个专业技术网站相连，并且该环境还提供了功能强大的知识语义分析工具，为设计师、工艺师们提供了一个功能强大、使用方便，并与世界同步的创新平台。亿维讯公司（TWINT）根据 TRIZ 理论开发的 CAI 技术包括两大软件平台：计算机辅助创新设计平台（Pro Innovator, The Computer Aided Innovation Solution）和创新能力拓展平台（CBT NOVA, Computer Based Training for Innovation）。计算机辅助创新设计平台将 TRIZ 创新理论、本体论、多领域解决技术难题的技法、现代设计方法、自然语言处理系统和计算机软件技术融为一体，成为设计人员的创新工具。它含有问题分析、方案生成、方案评价、成果保护和成果共享五个内容，是快速、高效解决问题的良好软件平台。创新能力拓展平台含有基于创新理论、创新方法的创新能力拓展平台、培养创新能力的教学平台、创新能力测试平台和咨询机构的创新培训平台，可帮助使用者在短期内打破定势思维，学会主动创新。

知识拓展　"双环拱形分体轿箱垂直旋转式"新型立体车库设计

针对城市旅游风景区等区域停车难、与现有立体车库类型不相配问题，有人基于 TRIZ 理论，提出一种"双环拱形分体轿箱垂直旋转式"新型立体车库设计。

该设计为半地上半地下组装式垂直旋转式立体车库，在景观区建设一个外观貌似巨大摩天轮的新型立体车库，给风景区添加了一个壮观景象，再加以装饰，使之与自然浑然一体，实现停车景观两相宜。

该设计基于 TRIZ 理论的技术冲突解决原理分析存在的矛盾，得到一系列的发明原理，在这些原理的指导下可以找到改进创新的方向。综合考虑各影响因素的作用及查找到的发明原理给出的设计方向，设计出了该车库。

为了便于运输和安装，该立体车库创新性地采用了标准节结构形式，把内外环每个轿箱分别做成标准节。该车库为双环半地下式，主轴固定在轴承上，轴承安装在地面上的轴承座上。主轴的一边套有套筒，套筒内缘与主轴之间采用键连接，套筒外缘焊接法兰盘；主轴的另一边安装滑动轴承，滑动轴承的外套上焊接法兰盘，法兰盘上用高强螺栓连接用角钢做成的支臂，形成单侧轮辐支撑系统。各支臂之间设计为网架结构，增强其强度、刚度和稳定性。每个轿箱都连接于支臂上，轿箱与轿箱之间采用螺栓连接形成拱形结构。各标准节之间相互支撑力，从而减小整环对支臂的弯矩，其主要用于承受重力和传递动力。

载车台为重力自平衡式调节，两侧设有六组滚轮，每组两个滚轮，由于重力作用，载车台在随车库公转的同时也产生自转，实现载车台始终保持水平。为了增加载车台支撑点，标准节内设有三环 T 形钢弯成的环形轨道，采用 T 形钢可以使两轮子分布于腹板两侧，防止轮子脱离轨道。为降低驱动力、节约能源，内外环驱动安置在每环的外缘。拱形环的每个轿箱标准节外侧连接一定厚度的弧形板，使之形成一个圆环，在圆环周向安置与链条相啮合的弧形齿条或与柱销相配合的柱销孔。

该设计依据冲突分析和"动态化""机械系统的替代""参数变化""抛弃与修复""不对称""未达到的或超过的作用"等发明原理引导，综合考虑结构设计及周边环境因素，采用双环拱形分体轿箱垂直旋转式立体车库结构。该方案设计中存在许多关键技术，如增加泊车位、实现稳态驱动、实现快速停取车、实现组装式安装和设计支撑结构等。综合考虑各项技术要求与可操作性，基于 TRIZ 冲突分析理论，该设计采用了组装式双环双驱动垂直旋转立体车库，双环增加了泊车位，双驱动提高了停取车效率并节约能源，链传动或柱销传动实现其稳态驱动，组装式安装有利于设备的运输、安装与拆卸。该双环拱形分体式轿箱旋转立体车库采用轿箱标准节垂直旋转方式，结构、工艺、安装、维修均较简单，功能齐全，拆装方便，具有新颖性、实用性、安全性、环保性、节能性、景观性和经济性等优点。此外该新型车库还有以下几方面特点：

1）在车库外围建设防护罩，可防雨、防风、防晒。

2）据资料分析，平面自走式停车场，含场内车道每车位平均需要 $25\sim30m^2$；而该车库含场外车道每车位平均只需要 $6\sim8m^2$，大大减少了占地面积，提高了地面利用率。

3）该车库与现有存容量相当的立体车库相比，存取时间短。根据停车设备设计要求，最远存车位一次取车时间少于 2min。

4）该设计考虑到旅游旺季和淡季车位需求量的差距，采取拆装方便的标准节组装方式，总体框架也是采用大型型材组装而成，从而可根据需求不同进行拆装，避免了设备的长期闲置，节约资源，提高其利用率。

如图 3-4 所示，设计有原始的自主创新性，外形美观，占地面积小，存容量大，易于安装制造，存储自动化、效率高，对旅游风景区、已有或将建地下停车场的公共场所有着极大的经济、实用价值。该新型立体车库结构已申请发明专利和实用新型专利。该设计目前还存在一定的不足，其设计结构仍存在待优化部分，需进一步进行实验研究，从而完善其结构，进一步降低成本，提高安全性。

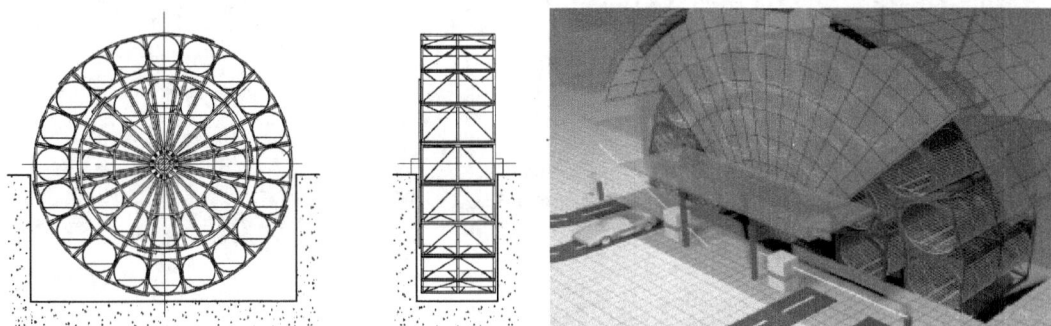

a) TRIZ技术进化理论在立体车库创新设计中的应用　　　　b) 效果图

图 3-4　新型立体车库设计分析

第二篇

机构创新设计

第四章
CHAPTER 4

机械创新设计的技术基础 ◀

进行机械创新设计除了要具备创新思维、良好的数学基础、计算机基础之外，还必须熟悉机械的基础知识。多门知识的综合应用，才能在机械工程领域的创新设计过程中发挥更好的作用。本章主要介绍与机械创新设计有关的机械技术基础知识。

第一节　机器的组成分析

一、机械及其分类

1. 机器及机械的概念

随着生产和科学技术的发展，机器的定义也在不断地发展和完善。现代机器应定义为：机器是执行机械运动的装置，用于变换或传递能量、物料与信息。而机构是执行机械运动的装置，从机械运动学的观点看二者没有差别，所以可将机构与机器统称为机械。

2. 机械的分类

机械的种类繁多，按不同的目的，可以有不同的分类方法。例如，按行业可分为：作业机械、交通运输机械、起重机械、印刷机械、纺织机械、水力机械、矿山机械、冶金机械、化工机械等；也可按轻工机械和重工机械划分。

在大多数机械中，能量流、物料流、信息流同时存在，只是主次不同而已。因此，机械分为动力机、工作机和信息机。

（1）动力机　一般也称原动机，是一种以能量转换为主的机械，按原动机转换能量的方式可分为三大类。

第一类有三相交流异步电动机、单相交流异步电动机、直流电动机、伺服电动机、步进电动机等，它们都是把电能转化为机械能的机器。

第二类有柴油机、汽油机、蒸汽机、燃气轮机、原子能发动机等，它们都是通过燃煤、油、铀获得热能再转化为机械能的机器。

第三类有水轮机、风力机、潮汐发动机、地热发动机、太阳能发动机等，它们都是把自然力转化为机械能的机器。

（2）工作机　工作机是指以物料转换为主的机械。如机床、包装机、收割机、搅拌机以及汽车、起重机、传送带等。由于工作机是完成各种复杂动作的机械，它不仅有运动精度的要求，也有强度、刚度、安全性、可靠性的要求。

（3）信息机　信息机是指以信息转换为主的机器，如打印机、绘图机、扫描仪、复印机、传真机、收音机等。

二、机器的组成

一般情况下，机器由原动机、传动机构、执行机构、控制系统组成，如图4-1所示。原动机相当于人的心脏，为系统提供能量和运动的驱动力。它接受控制系统发出的控制指令和信号，驱动传动机构和执行机构工作。

传动机构的功能反映驱动与执行机构间运动和动力的传递，包括运动形式、方向、大小的变化，传动机构有机械式、液气压式、电气式及它们的组合式。

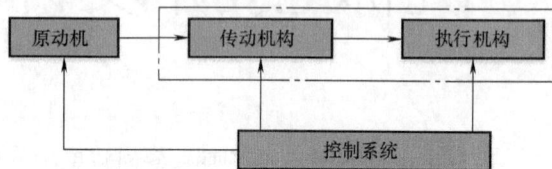

图 4-1　机器组成示意图

执行机构是指机器进行工作的机构。从机构学的角度看问题，传动机构和工作执行机构是相同的，二者又称机械运动系统。

控制系统可以是手柄、按钮式的简单装置或电路，也可以是集微型计算机、传感器、各类电子元件为一体的强、弱电相结合的自动化控制系统。控制系统可以对原动机直接进行控制，也可通过控制元件对传动机构或工作机构进行控制。

工程中，有些机械没有传动机构，而是由原动机直接驱动执行机构。如水力发电机组、电风扇、鼓风机以及一些用直流电动机驱动的机械，都没有传动机构。随着电动机调速技术的发展，无传动机构的机械有增加的趋势。

第二节　机构及其机械运动形态分析

一、机构及其运动形态

部分机械中有时很难分清传动机构和执行机构，故可将二者统称为机械运动系统。机械运动系统有齿轮机构、连杆机构、凸轮机构、螺旋机构、斜面机构、棘轮机构、槽轮机构、摩擦轮机构、挠性件机构、弹性件机构、液气传动机构、电气机构，以及利用以上一些常用机构进行组合而产生的组合机构。所以，研究实现各种运动形态的机构种类，为创新设计新机械提供了技术基础。

这里的机构指广义机构，它们能实现各种不同的运动形态。

1. 齿轮传动机构

齿轮传动机构的种类很多。外啮合的圆柱齿轮机构传递反向运动，内啮合的圆柱齿轮机构传递同向运动，锥齿轮机构传递相交轴之间的运动，蜗杆机构传递垂直交错轴之间的运动，图4-2所示为典型齿轮传动机构示意图。

齿轮传动机构的基本型为外啮合直齿圆柱齿轮传动机构，可演化为内啮合直齿圆柱齿轮

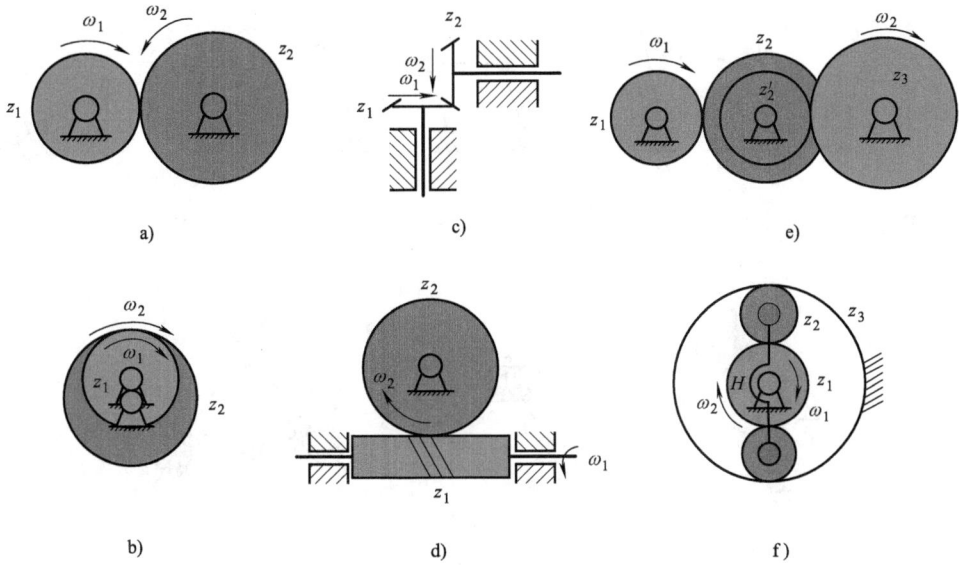

图 4-2　齿轮与轮系传动机构

传动机构、斜齿圆柱齿轮传动机构、人字齿圆柱齿轮传动机构，可用渐开线齿形，也可用摆线齿形和圆弧齿形，还可以演化为行星齿轮传动机构。圆柱齿轮传动机构的基本型如图 4-2a、b 所示。

锥齿轮传动机构的基本型为外啮合直齿锥齿轮传动机构，可演化为斜齿锥齿轮传动机构和弧齿锥齿轮传动机构。其基本型如图 4-2c 所示。蜗杆传动机构的基本型为阿基米德圆柱蜗杆传动机构，可演化为延伸渐开线圆柱蜗杆传动机构、渐开线圆柱蜗杆传动机构，其基本型如图 4-2d 所示。齿轮系可完成减速或增速运动。图 4-2e 所示为定轴轮系，图 4-2f 所示为行星轮系。

2. 连杆机构

连杆机构能实现转动到转动、摆动、移动的运动变换，其基本型为四杆机构。根据连接运动副的种类，四杆机构可分以下几种。

（1）全转动副四杆机构　全转动副四杆机构的基本型为曲柄摇杆机构，可演化为双曲柄机构、双摇杆机构。图 4-3a、图 4-3b 所示分别为曲柄摇杆机构和双曲柄机构的机构简图，其传动比为变量。图 4-3c 所示为双曲柄机构的一种特殊情况——平行四边形机构，可实现等速输出。为防止共线位置的运动不确定现象发生，一般要加装虚约束构件（如图 4-3c 中所示的 EF）。

（2）含有一个移动副四杆机构　含有一个移动副的四杆机构的基本型为曲柄滑块机构，可演化为转动导杆机构、移动导杆机构、曲柄摇块机构、摆动导杆机构。图 4-3d 所示为曲柄滑块机构的机构运动简图，图 4-3e 所示为转动导杆机构的机构运动简图。

（3）含有两个移动副的四杆机构　含有两个移动副的四杆机构的基本型为正弦机构，可演化为正切机构、双转块机构、双滑块机构。图 4-3f 所示为正弦机构的机构简图，图 4-3g 所示为双转块机构的机构简图。

双曲柄机构、转动导杆机构都有运动急回特征，在要求有周期性快、慢动作的机械中有

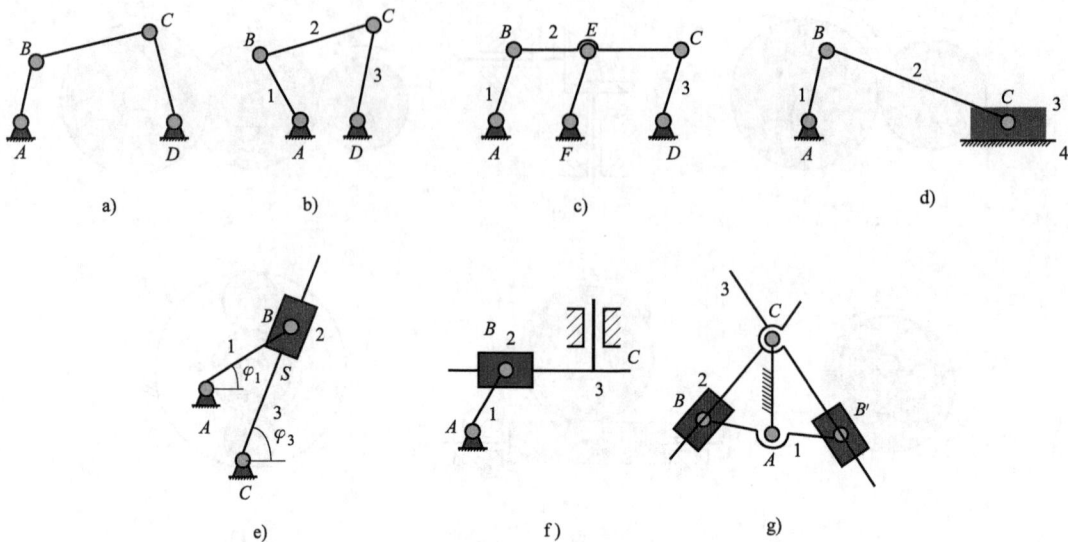

图 4-3 连杆机构

广泛应用。

3. 凸轮机构

凸轮机构可实现从动件的各种形式的运动规律，可以实现转动和移动的相互转换，以及转动向摆动的转化。根据从动件的运动形式和凸轮形状可分为以下几种。

（1）直动从动件平面凸轮机构 直动从动件平面凸轮机构的基本型是指直动对心尖底从动件平面凸轮机构，可演化为直动对心滚子从动件平面凸轮机构、直动对心平底从动件平面凸轮机构、直动偏置从动件平面凸轮机构。其基本型如图 4-4a 所示。

（2）摆动从动件平面凸轮机构 摆动从动件平面凸轮机构的基本型是指摆动尖底从动件平面凸轮机构，可演化为摆动滚子从动件平面凸轮机构、摆动平底从动件平面凸轮机构。其基本型如图 4-4b 所示。

（3）直动从动件圆柱凸轮机构 直动从动件圆柱凸轮机构的基本型主要指直动滚子从动件圆柱凸轮机构。其基本型如图 4-5a 所示。

（4）摆动从动件圆柱凸轮机构 摆动从动件圆柱凸轮机构的基本型主要指摆动滚子从动件圆柱凸轮机构。其基本型如图 4-5b 所示。

4. 螺旋传动机构

螺旋传动机构可以实现连续转动到往复直线移动的运动变换。其基本型是指三角形螺旋传动机构，它可演化为梯形螺旋传动机构、矩形螺旋传动机构、滚珠丝杠传动机构。其基本型如图 4-6 所示。

5. 间歇运动机构

间歇运动机构是指主动件连续转动，从动件间歇转动或间歇移动的机构。基本型有棘轮机构、槽轮机构、不完全齿轮机构、分度凸轮机构等。每种机构都有不同的形式，可根据具体的要求进行设计。图 4-7a 所示为棘轮机构，调整摇杆的摆角可实现不同的步距。图 4-7b 所示为外槽轮机构，主动转臂每转一周，槽轮转过四分之一周，其余时间静止不动。图 4-7c

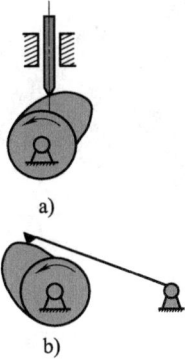

图 4-4 平面凸轮机构   图 4-5 圆柱凸轮机构   图 4-6 螺旋传动机构

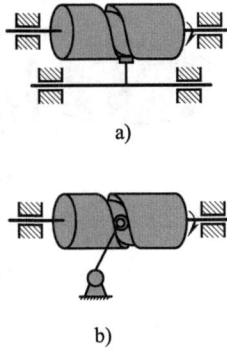

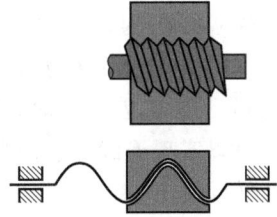

所示为分度凸轮机构，凸轮连续转动，带有滚子的圆盘实现步进转动。如图 4-7d 所示的不完全齿轮机构中，主动轮上的齿数按从动轮的运动时间与停歇时间的要求选择。

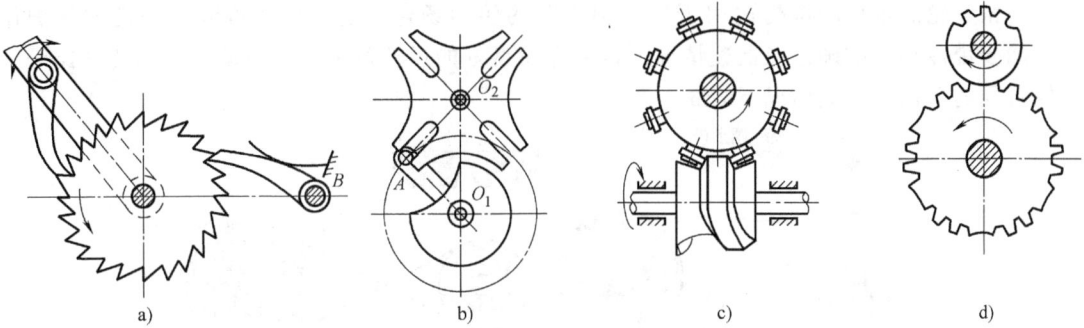

图 4-7 间歇运动机构

6. 摩擦轮传动机构

摩擦轮传动难以传递过大的动力，主要应用在仪器中传递运动，如收录机中磁带的前进与倒退运动就是靠摩擦轮传动实现的。图 4-8 所示为三种典型的摩擦轮传动机构。图 4-8a 所示为平行轴圆柱摩擦轮传动机构，图 4-8b 所示为圆锥摩擦轮传动机，图 4-8c 所示为垂直轴圆柱摩擦轮传动机构。

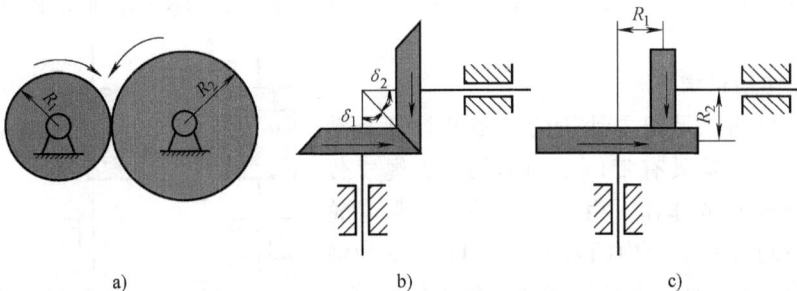

图 4-8 摩擦轮传动机构

7. 瞬心线机构

瞬心线机构是把主动轮的转动转换为不等速的从动轮转动的机构，其机构种类很多，但设计原理基本相同，故仅列举两种瞬心线机构。图 4-9a 所示为椭圆形瞬心线机构，从动椭圆轮作周期性的变速转动。图4-9b所示为四叶卵形线轮传动，由于两轮的接触点 P 不断变化，其传动比也不断变化。

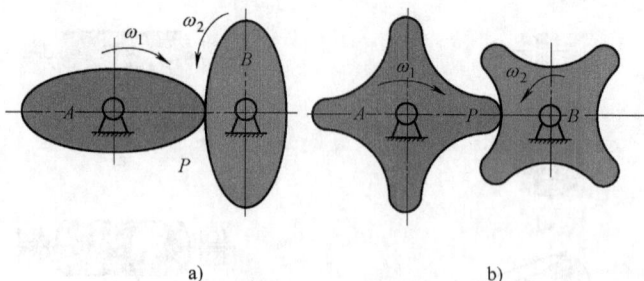

图4-9　瞬心线机构

瞬心线机构可以靠摩擦传递运动或动力，也可在瞬心线上制成轮齿，形成啮合传动。瞬心线机构可以实现连续的、周期性的、变速转动输出。

8. 带传动机构

带传动机构是把主动轮的转动减速或增速为从动轮的转动的机构，基本型是指平带传动机构，它可演化为V带传动机构、圆带传动机构、同步带传动机构。其中平带传动和圆带传动可交叉安装，实现反向传动。图4-10所示为带传动机构示意图。如图4-10a所示的下方小轮为张紧轮。带传动机构适用于较大中心距的传动场合，过载打滑可起到一定的保护作用，同步带传动比准确，在低速情况下也能保持良好的运转效果。带传动机构的传动比等于两轮直径的反比，一般情况下 $i<3$。

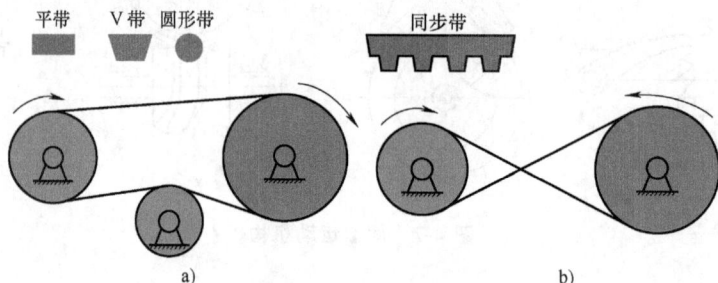

图4-10　带传动机构

9. 链传动机构

链传动机构是把主动轮的转动减速或增速为从动轮的转动的机构，其基本型是指套筒滚子链条传动机构，它可演化为多排套筒滚子链条传动机构、齿形链条传动机构。链传动机构也是一种适合较大中心距的传动机构，其传动比为两链轮齿数的反比，输出同向的减速或增速连续转动。

10. 绳索传动机构

绳索传动机构也是把主动轮的转动变换到从动轮的转动的机构，除具有带传动的功能外，绳索传动机构还具有独特的作用。由于一轮缠绕，另一轮退绕，两轮中间可有多个中间轮。图4-11所示为绳索传动示意图。绳索传动机构不能传递较大的载荷。

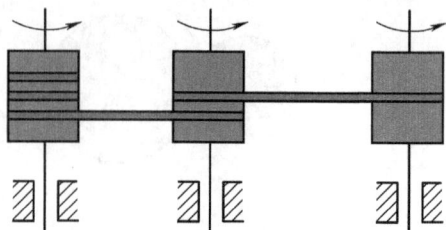

图4-11　绳索传动示意图

11. 液、气传动机构

液、气传动是利用液体或气体的压力能或动能把主动件的运动传递到从动件。液、气传动机构的基本型是指缸体不动的液压缸和气动缸，它们可转化为摆动马达。其基本型如图4-12a所示。在以内燃机为原动机的车辆中常使用液力传动装置。图4-12b所示的液力耦合器中，壳体内充满油液，主动轮的转动带动油液随之转动，油液的动能驱动从动轮转动。

12. 钢丝软轴传动机构

钢丝软轴的内部由钢丝多层缠绕而成。由于用软轴相连接，主、从动件的位置具有随意性。图 4-12c 所示机构为钢丝软轴传动。

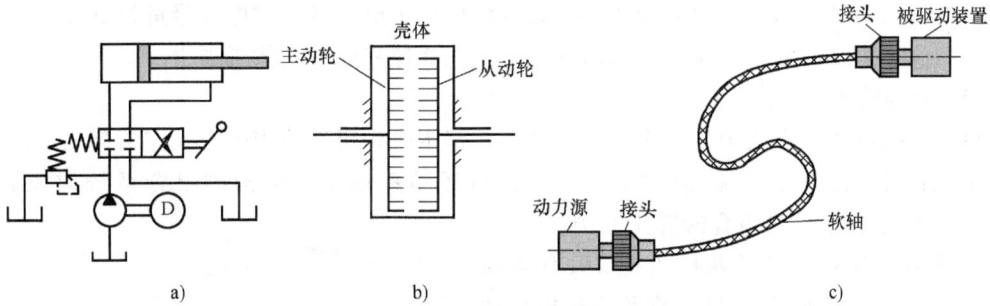

图 4-12　液、气传动机构与钢丝软轴示意图

13. 万向联轴器

万向联轴器是一种空间连杆机构，用于传递不共线的两轴之间的运动和动力。它可分为单万向联轴器和双万向联轴器。单万向联轴器提供输出轴的变速转动，双万向联轴器提供输出轴的等速转动。万向联轴器广泛应用在不同轴线的传动机构中。图 4-13a 所示为单万向联轴器，图 4-13b 所示为双万向联轴器。

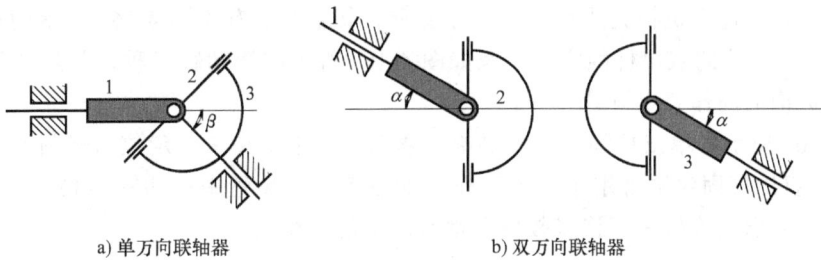

a) 单万向联轴器　　　　　　　b) 双万向联轴器

图 4-13　万向联轴器

1—主动叉　2—中间连接件　3—从动叉

14. 电磁机构

电磁机构是利用电磁转换原理，实现从动件的转动或移动，常用于开关机构、电磁振动机构等电动机械中，如电动按摩器、电动理发器、电动剃须刀中都广泛应用了电磁机构。其工作原理是利用电磁效应产生的磁力完成机械运动。如图 4-14a 所示的电动锤机

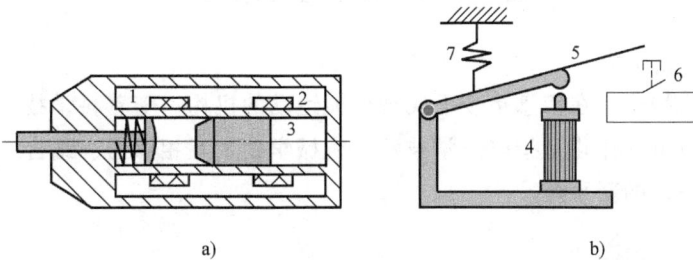

图 4-14　电磁机构

1、2—线圈　3—锤头　4—电磁铁　5—杆　6—电路　7—弹簧

构中，利用两个线圈 1、2 的交变磁化，使锤头 3 产生往复直线运动。电磁机构的种类很多，但都是利用电磁转换产生机械运动的。如图 4-14b 所示机构为电磁开关，电磁铁 4 通电后吸合杆 5 接通电路 6。断电后，杆 5 在复位弹簧 7 作用下，脱离电磁铁，电路断开。

反电磁机构是利用机械运动的切割磁力线作用产生电信号，对电信号进行处理后可判断机械振动位移大小和频率。反电磁机构多用于磁电式位移或速度传感器中。

15. 机构的组合

单一的机构经常不能满足工作需要。把一些基本机构通过适当的方式连接起来，从而组成一个机构系统，称之为机构的组合。在机械运动系统中，机构的组合系统应用较多，图 4-15 所示是一个机构组合的应用实例。

如图 4-15 所示，铰链四杆机构 ABCD 与曲柄滑块机构 DEF 串联在一起，前者的输出构件 DC 杆与后者的输入构件 DE 杆连接在起，二者均保持自己的特性。不同机构串联的机械运动系统应用非常广泛。

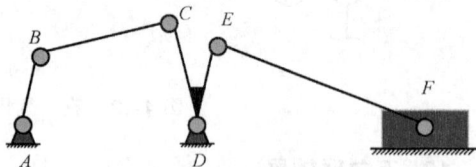

图 4-15　机构的组合系统

16. 机、液机构组合

机、液机构组合主要是液压缸系统与连杆机构系统的组合，可满足执行机构的位置、行程、摆角、速度及复杂运动规律等多方面的工作要求。机、液机构组合中，液压缸一般是主动件，并驱动各种连杆机构完成预定的动作要求。其基本型有如图 4-16a 所示的单出杆固定缸，如图 4-16b 所示的双出杆固定缸以及如图 4-16c 所示的摆动缸三种。其液压油路的设计可根据执行机构的动作要求设计。

如图 4-16a 所示的单出杆固定缸提供绝对移动，常用于夹紧、定位与送料装置中；如图 4-16b 所示的双出杆固定缸常用于机床工作台的往复移动装置中；如图 4-16c 所示的摆动缸在工程机械、交通运输机械等许多领域中都有广泛的应用。

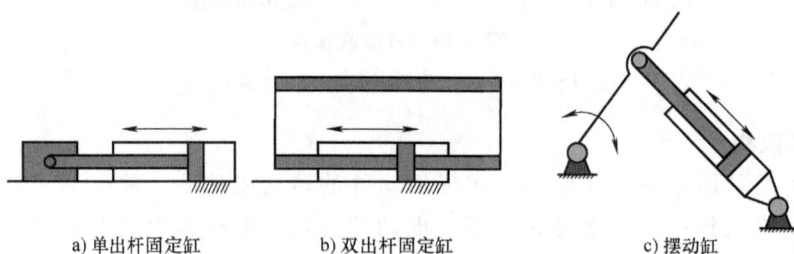

a) 单出杆固定缸　　　　b) 双出杆固定缸　　　　c) 摆动缸

图 4-16　机、液机构组合的基本型

17. 机电一体化机构

机电一体化机构是指在信息指令下实现机械运动的机构。随着科学技术的发展，机电一体化发展迅速。机电一体化是指电子学技术与机械学技术互相渗透、结合，集自动控制、智能、机械运动为一体的新系统。

二、机构及其功能

机械运动系统最主要的作用是实现速度或力的变化，或实现特定运动规律，或实现特定的运动轨迹，或实现某种特殊信息的传递的要求，如图 4-17 所示。

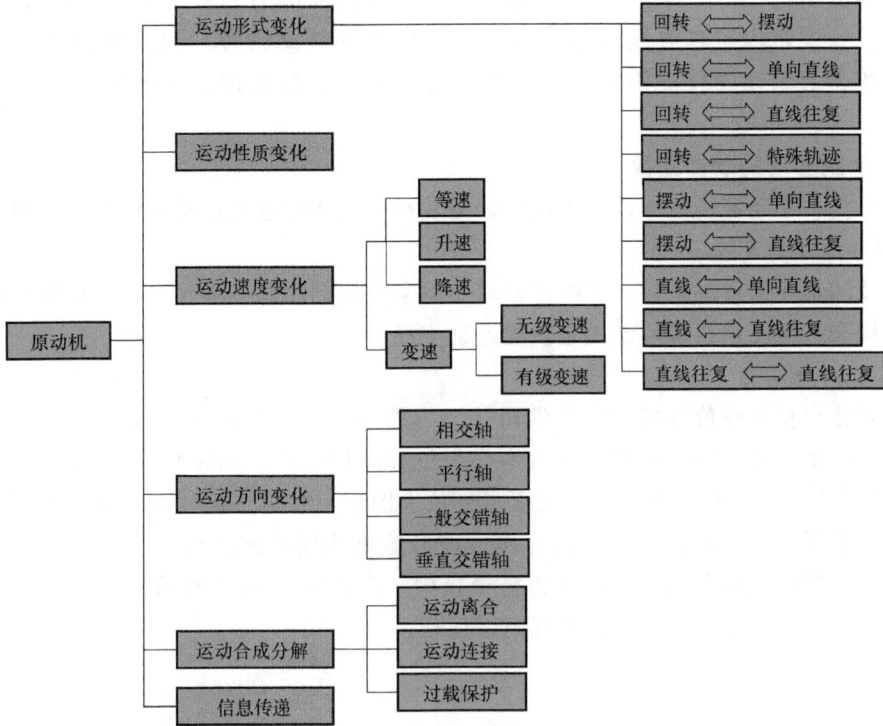

图 4-17 机械运动系统功能

工程中，各类原动机几乎都是输出一定的转速和力矩，因此以转动为原动件的功能变换需求最多。

1. 转动到转动的功能变换

一般情况下，主动件作等速转动，从动件大多数也要求作等速转动，但要求有特定的转动速度。最理想的机构是各类齿轮机构，其从动轮的转速可按选定的传动比计算。从动轮转速的变化会伴随着输出力矩的变化而变化，传力较小时，摩擦轮机构也是实现转动到转动功能变换的简单方式。中心距较大时，一般采用各类带传动机构或链传动机构更好些。万向轴传动机构则用于两交叉轴之间的连接传动，双转块机构用于连接相近的平行轴之间的转动，钢丝软轴用于两个可转动件之间的连接。转动导杆机构可实现从动件的变速转动，利用其急回特性可设计特定的机械系统。近期，随着制造水平的提高，瞬心线机构也得到了较好的应用。

2. 转动到移动的功能变换

工程中的移动大都是往复直线移动。齿轮齿条机构、曲柄滑块机构、正弦机构、直动从动件凸轮机构、螺旋传动机构都能实现转动到移动的功能变换，这也是一种常见的运动方式。其中大部分机构的运动是可逆的，可以实现移动到转动的运动变换。应注意的是具有自锁特性的螺旋传动机构不能实现移动到转动的运动变换。例如，曲柄滑块机构中的曲柄为主动件时，利用滑块的往复直线移动，可设计成空气压缩机。当滑块为主动件时，可设计成各类内燃机，许多机床工作台的往复移动是靠螺旋传动机构实现的。

3. 转动到摆动的功能变换

曲柄摇杆机构、摆动导杆机构、摆动从动件凸轮机构是最常用的转动到摆动的功能变换机构，这类机构也具有运动的可逆性，即能实现摆动到转动的功能变换。但应注意曲柄摇杆机构和摆动导杆机构在极限位置的死点问题，注意摆动从动件凸轮机构的压力角问题。

4. 摆动到移动的功能变换

正切机构、摆动液压缸机构和无曲柄的滑块机构是实现这类运动变换的常用机构。

5. 间歇运动的变换

间歇性的转动或移动是自动化生产领域中的常见运动形式，棘轮机构、槽轮机构、不完全齿轮机构和分度凸轮机构均能满足该类运动变换。

6. 实现特殊功能

位移缩放机构、微位移机构、自锁机构、力的放大机构等都是具有特殊功能的机械装置。一般情况下，可采用平行四边形机构作为位移缩放机构。图 4-18 所示为位移缩放机构示意图，D 点沿给定轨迹运动时，E 点可得到放大图形，反之，则可得到缩小图形。差动螺旋机构常用于微位移机构。利用总反力作用在摩擦锥或摩擦圆之内，可设计出各类自锁机构，也可利用螺旋机构和蜗杆机构作为自锁机构。图 4-19 所示为利用摩擦原理设计的自锁机构示意图，棒料只能向上运动，不能向下运动。

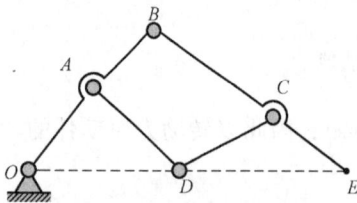

图 4-18　位移缩放机构示意图

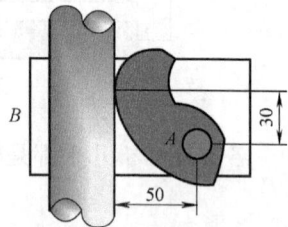

图 4-19　自锁机构

7. 实现特定的运动轨迹

在生产实际中，往往需要机构实现某种特定的运动轨迹，如直线、圆弧等。当运动轨迹要求比较复杂时，一般通过连杆机构或组合机构来完成。图 4-20a 所示为插秧机机构简图，四杆机构 $ABCD$ 中连杆上 E 点的运动轨迹可模拟手工插秧的动作。如图 4-20b 所示的凸轮连

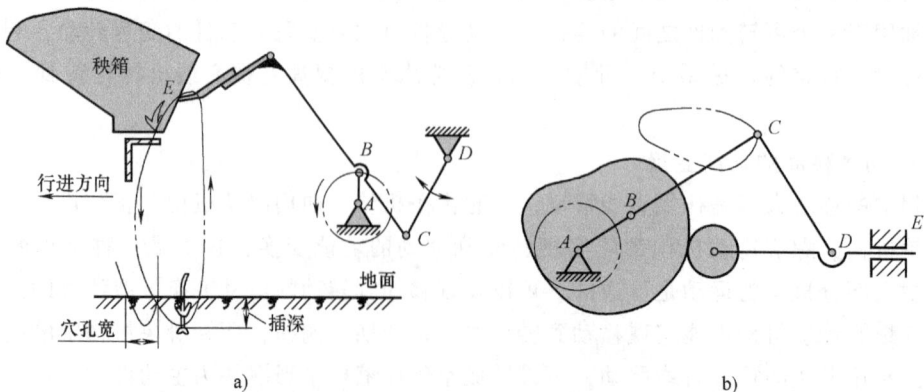

a)

b)

图 4-20　实现特定的运动轨迹

杆机构中，五杆机构 *ABCDE* 的两个输入运动是通过凸轮机构的凸轮和从动件来封闭的，从而实现 *C* 点的复杂运动轨迹。设计时，可任意设定五杆机构 *ABCDE* 的尺寸，使 *C* 点沿给定轨迹运动，然后找出曲柄转角和 *D* 点位移的关系曲线作为设计凸轮的一已知数据。

8. 实现某种特殊的信息传递

机构不仅能完成机械运动和动力的传递，还能完成诸如检测、计数、定时、显示或控制等功能。这一类的应用很多，例如，杠杆千分尺、家用水表、电表等使用的机械式计数器，家用洗衣机、电风扇等使用机械式定时器。另外，还可以用机构来实现速度、加速度等的测量和数据记忆等功能。图 4-21 所示为齿轮齿条杠杆式的薄膜压力计，当压力改变时，薄膜 1 变形并使齿条 3 移动，驱动齿轮 5 绕 *A* 转动，与齿轮 5 固接的指针 4 可指示压力的变化。

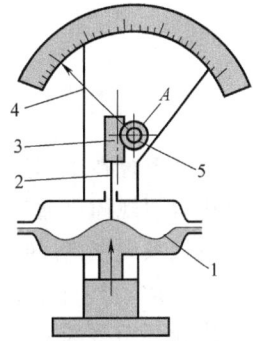

图 4-21 实现特定信息的传递
1—薄膜 2—连杆 3—齿条 4—指针 5—齿轮

各类机械运动与对应的机构类型，见表 4-1。

表 4-1 实现运动形式变化的常用机构

运动形式变化				基本结构	其他机构
主动运动	从动运动				
连续回转	连续回转	变向	平行轴 同向	内啮合圆柱齿轮机构 带传动机构 链传动机构	双曲柄机构 转动导杆机构
			平行轴 反向	外啮合圆柱齿轮机构	圆柱摩擦轮机构 交叉带传动机构 反平行四边形机构
		相交轴		锥齿轮机构	圆锥摩擦轮机构
		交错轴		蜗杆机构 交错轴斜齿轮机构	双圆柱面摩擦轮机构 半交叉带传动机构
		变速	减速 增速	齿轮机构,蜗杆机构 带传动机构,链传动机构,齿轮机构	摩擦轮机构 绳轮传动机构
			变速	齿轮机构 无级变速机构	塔轮带传动机构 塔轮链传动机构
	间歇回转			槽轮机构,棘轮机构	不完全齿轮机构
	摆动	无急回性质		摆动从动件凸轮机构	曲柄摇杆机构 (行程速度变化系数 $K=1$)
		有急回性质		曲柄摇杆机构 摆动导杆机构	摆动从动件凸轮机构
	移动	往复 移动	无急回	对心曲柄滑块机构 移动从动件凸轮机构	正弦机构 不完全齿轮齿条机构
			有急回	偏置曲柄滑块机构 移动从动凸轮机构	
		间歇移动		不完全凸轮齿条机构	移动从动件凸轮机构
	平面复杂运动 特定运动轨迹			连杆机构,连杆上特定点的运动轨迹	

第三节　机械的控制系统

　　机械系统在工作过程中，各执行机构应根据生产要求，以一定的顺序和规律运动，各执行机构运动规律可通过运动协调或由控制系统保证，本节主要介绍机械的控制系统。

　　机械系统控制的主要任务通常包括：①使各执行机构按一定的顺序和规律动作；②改变各运动构件的位置、速度、加速度等；③协调各运动构件的运动和动作，完成给定的作业环节要求；④对整个系统进行监控及防止事故，对工作中出现的不正常现象及时报警并消除。

　　机械设备中所应用的控制方法很多，按元器件及装置的类型分为：机械控制、液压控制、气动控制、电气控制及机、电、液综合控制等。

1. 机械式控制系统

　　早期机械系统中，机械式控制系统是主要的，如利用凸轮机构运动的变化进行控制。

2. 液压控制

　　液压控制是采用液压控制元件和液压执行机构，根据液压传动原理建立的控制系统。

3. 气压控制

　　由于采用压缩空气为工作介质，气压控制对环境污染小，适合易燃、易爆和多尘工作场所的应用，其安全可靠性大大超过液压和电气控制系统，而且气动元件的动作速度高于液压元件。

4. 电气控制

　　电气控制应用最为广泛，与其他控制形式相比有很多优点，如电气控制系统体积小，操作方便，无污染，安全可靠，可进行远距离控制。通过不同的传感器可把位移、速度、加速度、温度、压力、色彩、气味等物理量的变化转变为电量的变化，然后由控制系统进行处理。

　　电气控制系统的基本要求：满足机械的动作要求或工艺条件。电气、电子元件选择合理，工作安全可靠；停机时，控制系统的电子元器件不应长期带电。有较强的抗干扰能力，避免误操作现象发生。便于维护与管理，经济指标好。使用寿命长。自动控制系统中应设置紧急手动控制装置。

5. 智能控制

　　智能控制是将计算机技术、电子技术、传感器技术和控制技术融为一体的先进控制手段。电子技术和传感技术的发展，对传统的机械产生了很大的影响。先进的电子控制技术可以简化机械系统的复杂结构。计算机系统对机械系统的控制框图如图4-22所示。由图4-22可见，对机电组合机械进行创新设

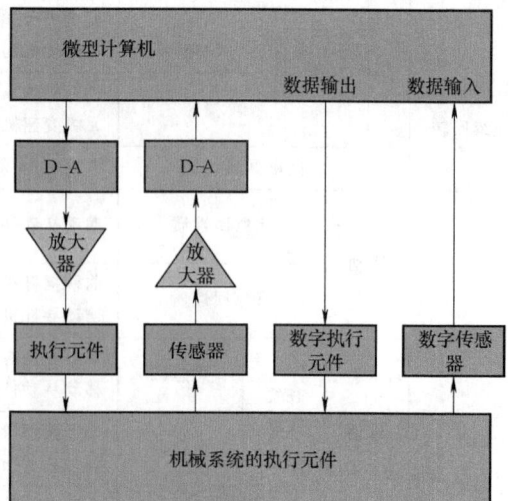

图4-22　机械系统的计算机控制框图

计时，根据工艺动作要求设计出机械系统，必须同时充分考虑到控制元件的选择以及控制方法的确定。也就是说，机械系统、计算机系统以及传感系统要作为一体考虑，力求机械系统的简化，更好地发挥软件的优势，降低机器的成本。在选择控制种类时，可根据工作要求来选择计算机开环控制或闭环控制。

第四节 机械运动及其控制

机械的运动形态由机械的组成形式和机械的控制方式所决定。如鼓风机之类的机械仅需单向转动，但有调速要求。车床主轴的转动不但有调速要求，还有正反转的要求，其转向的改变是靠改变电动机的转向来实现的。而牛头刨床、冲床之类的换向不是靠电动机换向，而是靠机械组成的特性来实现的。还有的机械运动位置是通过限位开关和各类传感器来控制电动机转向实现。液压传动则通过换向阀或调速阀改变其运动形态。特别是现代机械，其机械运动形态的改变与控制方法的关系更为密切。

一、机械运动的换向与控制

要求不断改变机械运动方向的机械很多，如各种车辆的前进与后退，旋转机械的正转与反转等。

1. 旋转运动的换向与控制

旋转运动的换向问题是工程中常见的运动变换，很多机器都有正转、反转或正向转过某一角度再反向转过某一角度的运动要求。旋转运动的换向方式主要有如下几种。

（1）改变电动机转向 改变电动机的转向达到机械换向的要求是一种最常用的简单易行的换向方法。图 4-23 所示为最常用的三相交流异步电动机的换向控制电路图。正转按钮 SB1 接通时，正转接触器 KM1 接通，常闭触头 KM1 断开反向电路，电动机正转。反转按钮 SB2 接通时，反转接触器 KM2 接通，常闭触头 KM2 断开正向电路，电动机反转。若要定时正反转，可使用可调的延时电路。

（2）限位开关换向 限位开关换向是最常用的控制换向方法。限位开关的种类很多，有机械式开关、光电式开关、磁开关等。图 4-24 所示为采用机械式限位开关的电动机换向控制原理图。按下正向按钮 SB1，电动机正向运转。碰到双联限位开关 ST1 后，正转接触器线圈 KM1 断电，ST2 接通，反向接触器线圈 KM2 通电，电动机反向运转。当碰到限位开关

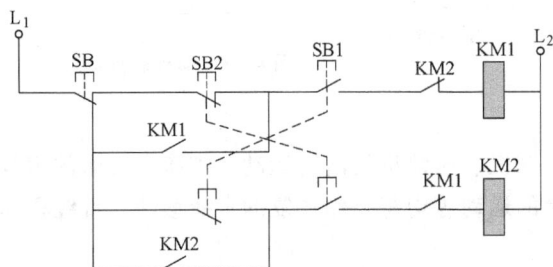

图 4-23 三相交流异步电动机的换向控制电路图

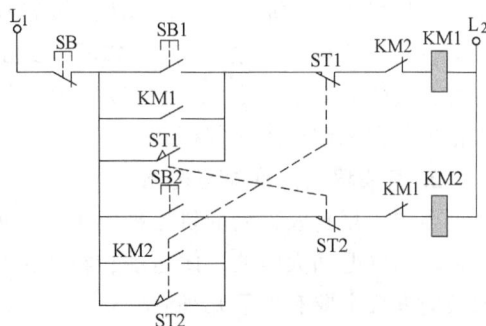

图 4-24 限位开关控制电动机换向控制原理图

ST2 后，接触器线圈 KM1 通电，电动机又恢复正向运转。周而复始，电动机不断进行正反转的运动变换。

对于液压传动，通过限位开关控制电磁换向阀线圈的通电与断电，以改变液流的方向而达到液压缸换向的目的。利用机动换向阀也可达到换向的目的。

（3）惰轮换向　在齿轮传动中常采用惰轮换向，汽车的前进与倒退运动就是利用变速箱中的惰轮来实现的。图 4-25 所示为采用惰轮换向的示意图。如图 4-25a 所示，齿轮啮合路线是齿轮 1、2、3 和 4，有两个惰轮参与啮合，轮 1 和 4 反向运转。如图 4-25b 所示，啮合路线是齿轮 1、3、4，有一个惰轮参与啮合，轮 1、轮 4 同向运转。

（4）棘轮换向　通过改变棘爪的方向带动棘轮换向在牛头刨床上的进给系统中有广泛的应用。图 4-26 所示为棘轮换向示意图。改变棘爪的棘齿方向，可改变棘轮的转向。如图 4-26a 所示，棘爪带动棘轮逆时针方向旋转，如图 4-26b 所示，棘爪带动棘轮顺时针方向旋转。

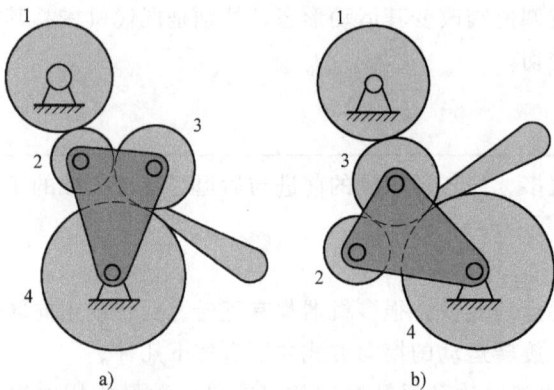

图 4-25　惰轮换向示意图

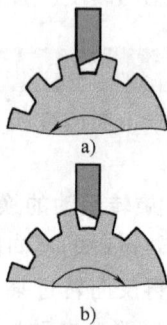

图 4-26　棘轮换向示意图

（5）摩擦轮换向　如图 4-27 所示，控制摩擦轮 A 和 B 在轴上的滑动位置，利用摩擦轮 A 与 C、B 与 C 的交替接触，实现 C 轮的正反转，完成螺杆 D 的往复移动。该机构广泛应用在摩擦压力机上。

（6）自身换向机构　利用机构本身的结构特点，使得从动件的运动自动换向，称之为自身换向机构。曲柄摇杆机构、摆动凸轮机构以及一些组合机构都能完成自动换向任务。如图 4-28a 所示，曲柄 AB 连续转动，摇杆 DC 往复摇动，其摆动角度一般 <180°。如图 4-28b 所示，凸轮连续转动，摆杆 BC 往复摆动，其摆动角度一般 <90°。空间摆动凸轮也能完成摆杆的往复摆动。

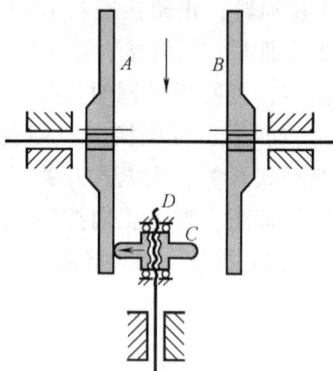

图 4-27　摩擦轮换向

2. 直线移动的换向与控制

要求往复直线移动的机械种类很多，如内燃机、压缩机的活塞运动，刨床、插床的刀具运动，推拉电动大门的启闭运动，机床工作台的运动等均需要作往复的直线移动。直线移动的换向方法主要有以下几种。

（1）改变电动机转向来实现往复的直线移动　利用直线电动机可直接完成直线运动，

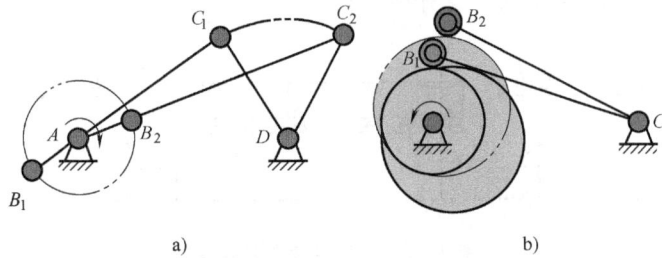

图 4-28　自身换向机构示例

其换向控制方法同转动电动机。图 4-29 所示为推拉式电动大门的启闭示意图。电动机正反转，经齿轮驱动固定在大门上的齿条，使大门往复移动。图 4-29b 所示为电动感应推拉门示意图，两扇门固定在带的上下两侧，利用电动机的正反转和上下带的反向运动完成门的开启与关闭动作。利用电动机驱动螺旋传动的换向运动，在工程中的应用也很广泛，这里不再一一列举。

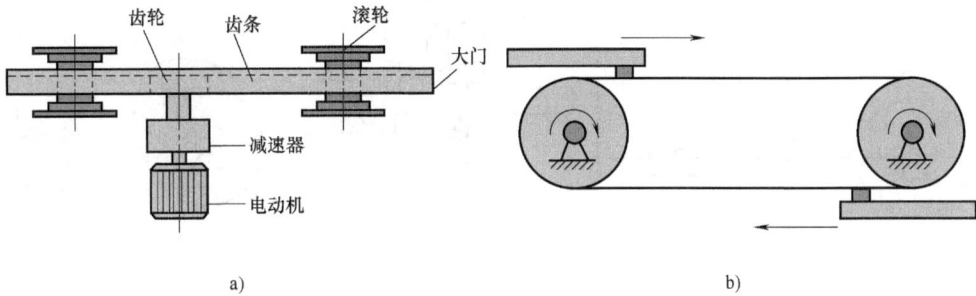

图 4-29　电动大门示意图

（2）液压换向　在液压传动中，改变液流方向可实现液压缸的往复直线运动。其移动的距离、移动速度、移动过程中所克服的阻力都可以进行调节。

图 4-30 所示为液压换向传动控制原理图。按下液压泵电动机起动按钮 SB0，接触器线圈 KM0 通电，常开触头 KM0 闭合，电动机带动液压泵卸载运转。按下起动按钮 SB1，继电器 K1 和电磁铁 Y1 先后通电，使活塞杆移动，碰到双联限位开关 SQ1 后，继电器和电磁铁线圈 K1、SQ1 断电，活塞停止移动。同时 SQ2 接通，继电器和电磁铁线圈 K2，SQ2 通电，活塞反向运动。

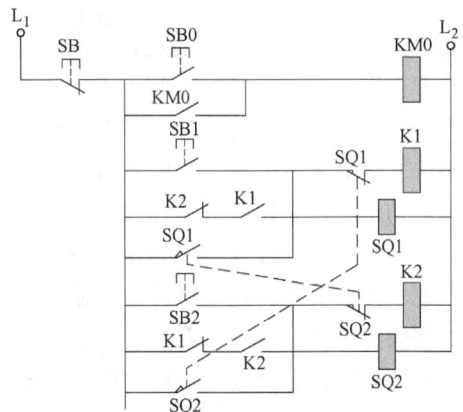

图 4-30　液压换向传动控制原理图

当碰到限位开关 SQ2 后，K1 和 SQ1 通电，活塞又恢复正向运动。周而复始，活塞杆不断进行正反向的运动变换。近几年来，利用定时软件控制电动机的运转时间和方向，在机电一体化机械中的应用日渐普及。工程中，利用电动机换向或液压换向实现往复直线运动，一般都是借助限位开关实现的。

图 4-31 所示为利用限位开关控制工作台换向示意图。工作台压下右端限位开关 SQ2 后，

开始左移。当压下左端的 SQ1 后，又开始右行。

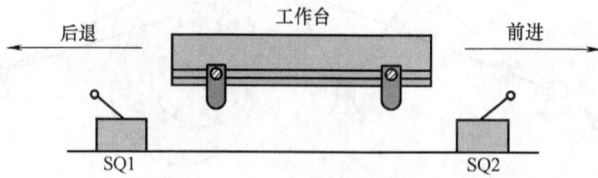

图 4-31　工作台换向示意图

（3）自动换向机构　自动进行往复直线移动的换向机构种类主要有曲柄滑块机构、正弦机构、双滑块机构、直动凸轮机构以及一些特殊设计的机构等，这些机构的特点是主动件连续转动，从动件作往复的直线移动。如图 4-32a 所示，曲柄转过一周，滑块往复移动一次。如图 4-32b 所示的双滑块机构中，曲柄转过一周，两滑块各往复移动两倍曲柄的长度。如图 4-32c 所示的凸轮机构中，凸轮转动一周，从动件往复移动一次。

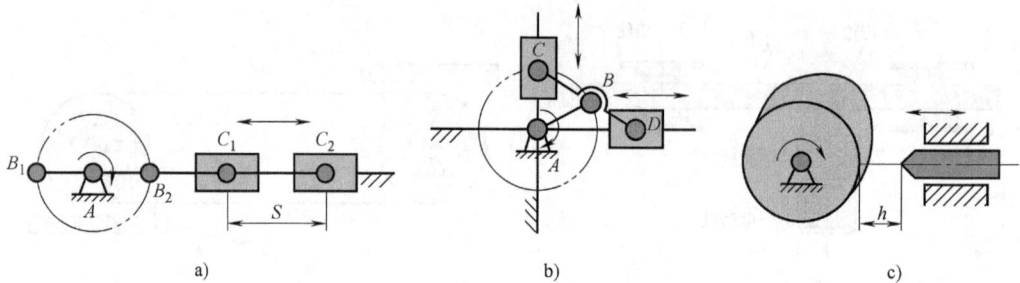

图 4-32　自动换向机构

二、机械运动的调速与控制

在一般情况下，机械中的工作机转速不等于原动机转速，所以很多机械中都需要协调原动机和工作机之间速度的装置。用于降低速度增大转矩的装置，称之为减速器。在特殊场合，也有用来增速的装置，称之为增速器。需要不断变换速度的装置称之为变速器。根据传动比和工作条件的不同，常用的减速方式有许多种，以下介绍几种最基本的减速、变速方式。

（1）调速电动机　改变电动机的工作速度，使电动机能在低速大转矩的条件下工作，是最理想的调速方式，也是电机工程师与学者正在研究的问题。目前，对直流电动机的调速研究进展很快，中小功率的可调速直流电动机已经产品化，其缺点是成本过高、体积过大。对交流电动机的调速研究尚未取得突破性的结果。目前，只能在恒转矩的条件下在一定范围内调速。

（2）齿轮减速器　齿轮减速器的特点是传动效率高、使用寿命长、工作可靠性好、维护简便、制造成本低，因而得到广泛应用。其产品已标准化、系列化，设计时可直接选用。

平行轴减速器可选用直齿圆柱齿轮减速器或斜齿圆柱齿轮减速器，也可选用人字齿圆柱齿轮减速器。一般按传动比、传递功率及安装条件选择减速器。

输入输出同轴的减速器主要有行星齿轮、摆线针轮以及谐波减速器。

交错轴减速器可选用蜗杆蜗轮减速器。

垂直轴减速器可选用锥齿轮减速器，传动比大时可选用与圆柱齿轮组合应用的减速器。

图 4-33 所示为四种减速器的示意图。

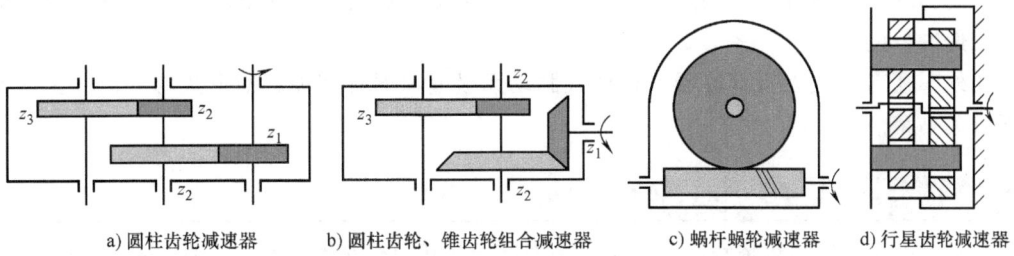

a) 圆柱齿轮减速器   b) 圆柱齿轮、锥齿轮组合减速器   c) 蜗杆蜗轮减速器   d) 行星齿轮减速器

图 4-33　减速器示意图

（3）其他减速装置　各类带传动、链传动、摩擦传动都可起到减速作用。带传动、链传动多用在传动比不大、中心距较大的场合。

（4）变速器　变速器可分为有级变速器和无级变速器。有级变速器主要是通过控制不同齿轮的啮合来实现变速。图 4-34a 所示为两档滑移齿轮变速器，控制方式为手动控制。图 4-34b 所示为行星齿轮变速器。该变速器由五个行星齿轮组成，有五个前进档和一个倒退档，控制方式为电动控制。

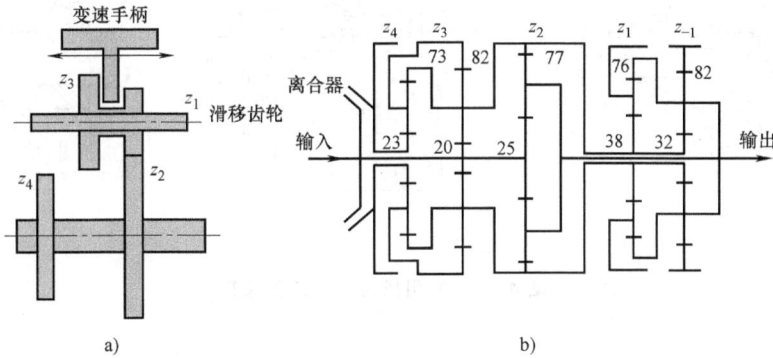

a)   b)

图 4-34　齿轮变速器简图

目前的无级变速器基本通过摩擦传动来实现，因此不能传递过大的功率（≤20kW）。摩擦无级变速器的种类很多，这里仅介绍传动原理。图 4-35 所示为几种常见的无级变速器示意图。如图 4-35a 所示，圆柱轮 A 沿轴向移动，通过改变与圆锥轮 B 的接触半径而实现变

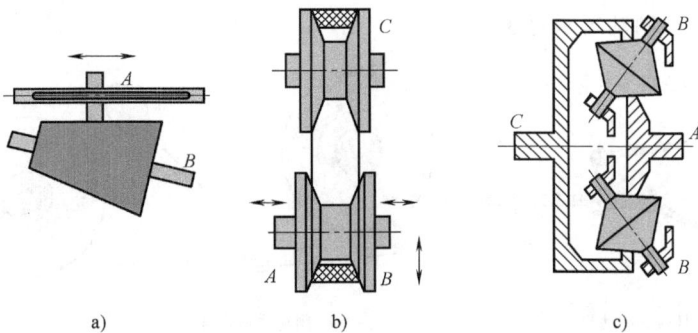

a)   b)   c)

图 4-35　无级变速器示意图

速的目的。如图 4-35b 所示，利用 A、B 轮的分开与靠近调节 V 带轮的半径，同时调整中心距，从而实现变速的目的。如图 4-35c 所示，通过改变 B 轮轴线的角度改变摩擦半径，从而实现变速的目的。

此外，还有链式无级变速器、连杆式脉动无级变速器等多种其他形式的变速器，读者可参阅有关书籍。

三、机械运动的离合与控制

有时在不停止原动机运转的状态下，需暂时中止执行机构的工作，因此，离合器在机械中得到广泛的应用。离合器的种类很多，但常用的离合器主要有手动离合器和电磁离合器。常用离合器的工作原理如图 4-36 所示。图 4-36a 所示为两端面有牙的牙嵌式离合器。移动右半离合器，可实现运动的分离或接合。图 4-36b 所示为多片式离合器：移动右半离合器的滑环，可使摩擦片压紧或脱开，从而实现运动的分离或接合。图 4-36c 所示为电磁离合器：空套在轴上的左半离合器的线圈通电后，可吸住右半离合器上的衔铁，实现运动的接合，反之则脱开。

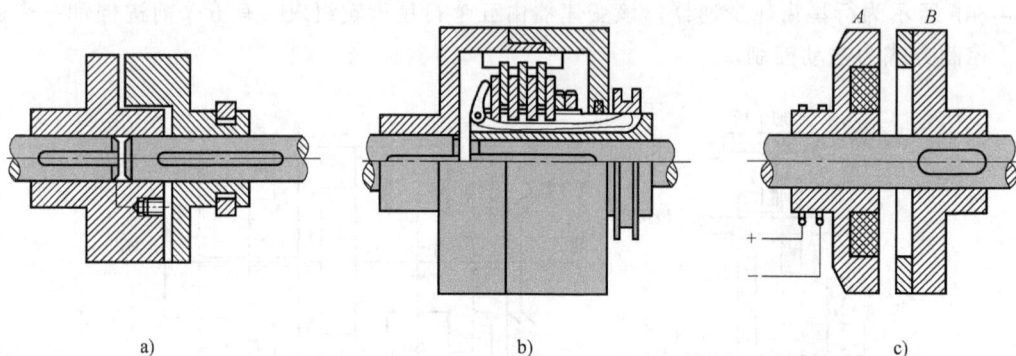

a)   b)   c)

图 4-36   常用离合器的工作原理

四、机械运动的制动与控制

为缩短机械的停车时间，许多机械中都有制动器。制动器有机械式制动器、电磁式制动器、液压制动器、液力制动器、气动制动器等多种类型。机械式制动器中，还可分为摩擦式、楔块式、杠杆式、棘轮式等多种。图 4-37 所示是几种最简单的制动器示意图。

工程中，经常使用电磁式或气动控制的制动器。图 4-38a 所示为电磁制动器示意图。图 4-38b 所示为气动制动器示意图。

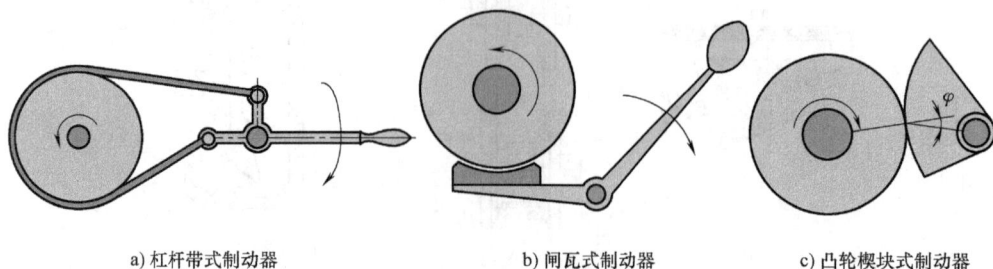

a) 杠杆带式制动器   b) 闸瓦式制动器   c) 凸轮楔块式制动器

图 4-37   最简单的制动器示意图

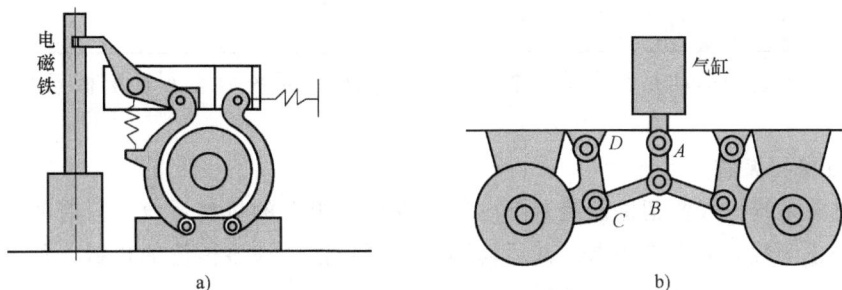

图 4-38　电磁与气动制动器

　　制动器可用于制动、防止逆转。其控制方式根据在机械中的作用不同有很大差别，为防止控制系统失灵造成的破坏作用，一般机械中都有采取手动或脚动的紧急制动装置。

　　机械的运动形式与其控制方式有关，在对满足机械运动要求的机构进行机械创新设计时，要将其运动形式与控制方法共同考虑，可使设计的机械运动方案更加完善。

第五节　机械系统及其发展

一、机械系统的基本组成形式

　　根据原动机、传动机构、执行机构的不同组合以及机械系统运动输出特性的不同，机械系统的基本组成形式见表 4-2。

　　表 4-2 中的线性机构是指机构传动函数为线性函数的机构，如齿轮机构、螺旋传动机构、带传动机构及链传动机构等，而机构传动函数为非线性函数的机构，则称为非线性机构，如凸轮机构、连杆机构、间歇运动机构等。

　　类型 1 和 2 是最基本、最常见的机械系统。如电动卷扬机属于类型 1，颚式破碎机属于类型 2。类型 5 在数控机床、机器人等自动机械中得到了较广泛的应用。其他类型则少见其应用。

表 4-2　机械系统的基本组成形式

类型编号	原动机		传动机构		执行机构		机构系统的输出运动	
	线性原动机	非线性原动机	线性机构	非线性机构	线性机构	非线性机构	简单运动	复杂运动
1	√		√		√		√	
2	√		√			√		√
3	√			√	√			√
4	√			√		√		√
5		√	√		√			√
6		√	√			√		√
7		√		√	√			√
8		√		√		√		√

二、机械系统的发展与演变

根据机械系统的运动是否具有可控制性，可把机械系统分为刚性机械系统和柔性机械系统。

1. 刚性机械系统

刚性机械系统一般泛指机械装置与电气装置独立组合的机械系统，只有简单的开、关、正反转、停止等独立的控制要求，其运动不具有可控性。许多传统的机械，如车床、铣床、刨床、钻床、起重机等都属于刚性机械系统。

2. 柔性机械系统

柔性机械系统可借助传感器或控制电路，通过计算机按位置、位移、速度、压力、温度等参数实施智能化控制，其运动具有可控性。改变控制软件或个别硬件，可改变机械功能，数控机床和机器人都属于柔性机械系统。

3. 机械系统的发展

电子技术的快速发展正在改变传统的机械系统，电子技术与机械技术不断地紧密结合，诞生了机械电子学这一新的学科。刚性机械系统也在向柔性机械系统演化，使机电一体化的机械系统发展很快。图 4-39 所示为机械系统的演变过程框图。图 4-39a 所示为典型的刚性机械系统；图 4-39b 所示为改进的刚性机械系统，以电子控制的调速电动机取代了机械变速装置。图 4-39c 所示框图已演化为柔性机械系统；图 4-39d 所示框图为直接驱动式的柔性机械系统，由于该系统中省去了传动机构，有更高的运动精度，其应用日益广泛，如磁悬浮列车等。

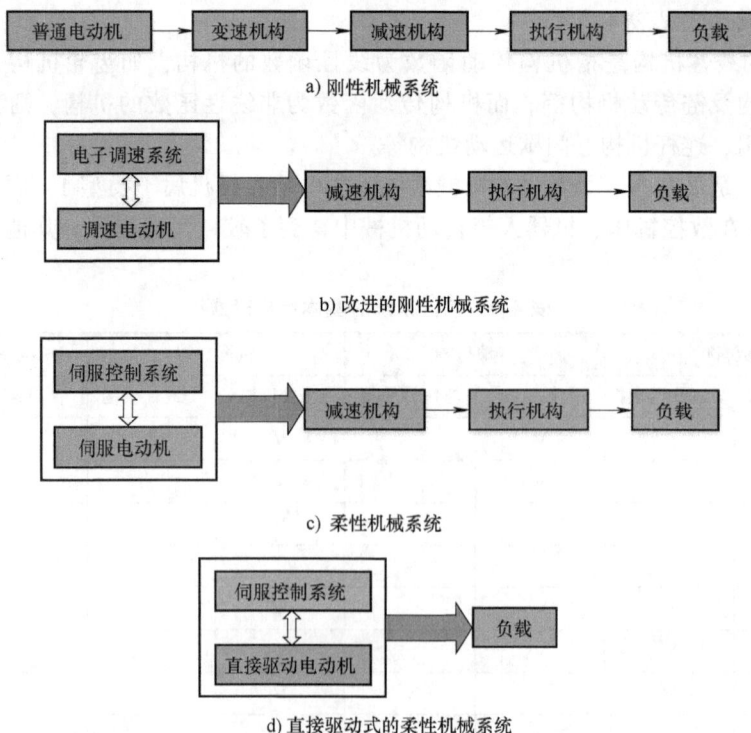

普通电动机 → 变速机构 → 减速机构 → 执行机构 → 负载

a) 刚性机械系统

电子调速系统 ⇅ 调速电动机 → 减速机构 → 执行机构 → 负载

b) 改进的刚性机械系统

伺服控制系统 ⇅ 伺服电动机 → 减速机构 → 执行机构 → 负载

c) 柔性机械系统

伺服控制系统 ⇅ 直接驱动电动机 → 负载

d) 直接驱动式的柔性机械系统

图 4-39　机械系统的演变过程框图

从机械系统的演变过程可以看出，随着机械电子学的诞生与发展，刚性机械系统正在向柔性机械系统发展。

知识拓展　自行车的发明与创新设计

自行车是由人力脚踏驱动的、至少有两个车轮的陆地交通车辆，俗称自行车、脚踏车或单车。自行车无噪声、无污染、质量轻、结构简单、造价低廉、使用和维修方便，既能作为代步和运载货物的工具，又能用于体育锻炼，因而为人们所广泛使用。

人类使用车轮的历史大约有 5000 年之久了，但直到 17 世纪初期人们才开始研究用人力驱动车轮的交通工具。

最早出现的是一种用手驱动的交通工具，驾驶者坐在车上，用力拉一条绕在车上并能带动轮子转动的绳子，使车前进。后来，在 1791 年，法国人西夫拉克发明了第一架代步的"木马轮"小车，这辆小车有前后两个木质的车轮，中间连着横梁，上面安了条板凳，像一个玩具（图 4-40a），使用方法是：两腿分开坐在车上，两脚蹬地使之滚动向前。1818 年，德国的德赖斯也发明制作了一辆木轮车，样子与西夫拉克的差不多，不过，他在前轮上加上了一个控制方向的车把，可以改变前进方向，但骑车时依然要用两只脚蹬地，才能推动车轮向前滚动。

1839 年，苏格兰的麦克米伦发明制作出第一辆由曲柄连杆机构驱动后轮的铁制自行车，该自行车在后轮上安装曲柄，曲柄与脚踏板之间用两根连杆连接，只要反复蹬踏悬在前支架上的踏板（图 4-40b），驾驶者不用蹬地就可以驱动车子前进了。这一发明实现了自行车发展的一次飞跃，使用者可以双脚离开地面，用脚蹬踏板驱动自行车行驶。

为了提高骑车速度，1861 年，法国的米肖父子发明前轮大、后轮小、在前轮上装有曲柄和能转动的踏板的自行车。该车前轮装在车架前端可转动的叉座上，能较灵活地把握方向，后轮上有杠杆制动，使用者对车的控制能力加强了。由于骑车速度与前轮周长大小成正比，踏板转一圈，轮子就转一周，因此为了提高速度并减小自行车质量，人们不断增大前轮直径，同时缩小后轮的直径（图 4-40c、d），称之为"高位自行车"，但这种高位自行车很不方便也很不安全。

1869 年，英国的雷诺首先用辐条来拉紧轮辋，用钢管制成车架，并首先在轮上装上了实心的橡胶带，使自行车的质量大大减轻，也使自行车的舒适性大为提高。

1874 年，英国的劳森开始在自行车上采用链传动结构，并将驱动方式改为后轮驱动。由于采用了较大的传动比，从而使自行车车轮减小、质量减轻、速度加快。

骑车者坐在前轮之后合适的高度上，即使急刹车骑车者也不会翻过车把，人们称之为"安全型自行车"，但此时自行车仍是前轮大后轮小，如图 4-40e 所示。

1886 年，英国的斯塔利在自行车上装上车闸，并使用滚动轴承，提高传动效率；同时又将前轮缩小，使前后轮大小相同，并将钢管组成菱形车架，提高自行车的强度，同时进一步减小自行车的质量。他所设计的自行车车型与今天自行车的样子已经基本一致了，如图 4-40f 所示。

1888 年，英国的邓洛普成功地将充气轮胎应用在自行车上，显著地提高了自行车的骑行性能和舒适性。

随着经济的发展，汽车对环境的污染日益为人们所认识，因此自行车作为一种高效率、低消耗、低污染的交通工具越来越受到人们的青睐。同时随着生活水平的不断提高，人们也不断地提出了新的希望点，并在此基础上开发出各种各样的新型自行车。

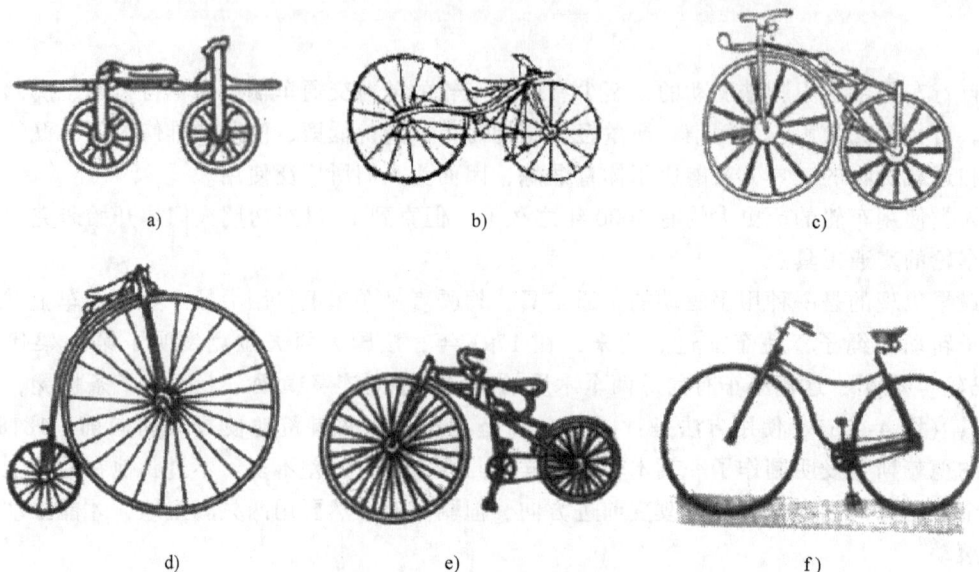

图 4-40　自行车的演变

1. 新动力自行车

最初，人们为省力而开发出了多种助力车，为避免对环境的污染，多采用电动机驱动。小巧的电动机和减速装置安装在后轮轮毂中，直接驱动车轮，电源则采用干电池。

后来，由于人们认识到电动自行车的动力源铅酸电池中的铅在回收中容易流失，会对环境造成二次污染，因此开发出了新型的动力电池。其中一种是镍氢密封电池，可以在任何环境下工作，使用方便。该电池与普通的铅酸电池相比，二次污染的程度大大降低，同时，该电池可随时充放电，循环使用，且不用维护。另一种是锂电池，采取了三层保护措施，同样可抗过充、过放，使用更安全方便，具有体积小、质量轻、使用寿命长、环保（不需要回收）四大特点。

意大利"阿普里利亚"自行车公司与德国"诺瓦斯"公司以及美国科学家还研制成一种靠使用氢气来驱动行驶的新型摩托自行车（图 4-41）。来自 2L 气瓶中的氢气进入固定在车把上的燃料电池中，在催化器中被空气中的氧气氧化，从而产生驱动电动机的电能。储存的氢气可供行驶 100km，行驶速度为 30km/h。燃料电池重 780g，能提供 670W 的功率——约一匹马力。这种使用氢气驱动的摩托自行车的突出优点是噪声小，并且不会污染空气，因为它排放的废物主要是水。

图 4-41　由氢气驱动的摩托自行车

2. 新材料自行车

碳纤维自行车采用碳纤维模压制成整体无骨架式车身

66

（图 4-42），其特点是强度高，避免焊接薄弱点，无横梁，重心低，易于控制，流线型外形，风阻小，质量轻，速度快。

图 4-43 所示为全塑自行车，其车架、车轮皆为塑料整体结构，一次模压成型，车为整流罩式全握把，整车呈流线型。日本伊嘉制作公司开发的全塑自行车整车质量仅为 7.5kg。

图 4-42　碳纤维自行车

图 4-43　全塑自行车

此外，印度坎普尔综合技术学院科学家设计制造出用竹子做的自行车，除了轮胎和轴承之外，自行车所有零件都是用竹子做成的。在手把上安装的不是传统的车铃，而是安装一个电喇叭，只要轻轻按就会发出笛声。整辆自行车质量只有 8kg。发明者仍在继续改进自己的竹子自行车：减轻车重，提高车的强度和使用寿命。这种竹子自行车应该是生态上洁净的交通工具了。

3. 齿轮传动自行车

齿轮传动自行车是一种造型优美、骑行安全舒适的自行车。该车在结构上将链传动改为齿轮传动，这是省力和耐用的根本。将链条的开式传动改为全封闭式传动，不仅润滑条件好，而且使传动部件受到保护，避免了风雨灰尘的侵蚀；将棘爪飞轮改为超越式飞轮，保证了齿轮高精度的转动；将单拉线变速转把改为双拉线变速转把，保证变速档位的可靠性。在使用性能上与链条自行车相比，齿轮传动自行车具有以下优点：①骑行轻快，省力 22%；②使用寿命是链传动的 3.6 倍；③所有传动部件都安装在坚固的箱体内，避免受到硬物的冲撞造成不能骑行，增加了在骑行中的安全感；④因无大牙盘、链罩等，使行驶更加灵便；⑤彻底消除掉链毛病，而且不夹咬、不污染衣物；⑥结构简单，修理方便。

4. 多功能自行车

佛罗里达大学工程师发明了一种夜间发光的自行车，这种车的车架和两个轮子的轮圈能像夜光表一样在黑暗中发光，夜间骑车时从 200m 以外就能看到它，明显降低了自行车与汽车相撞的危险。发光自行车发光系统由一个 9V 电池供电，电池安装在坐垫下面，可以使用一年。电池本身足以连续工作 4h，或在间断通电情况下工作更长时间。与反光镜或普通车灯不同，电致发光不会变暗，也不会在有其他光源时变得不显眼。此外，电池可以随时关掉，如在白天骑车不需照明时。

长期以来，人们雨天骑自行车用雨衣作防雨用具，但双脚的鞋袜和裤腿仍遭淋湿的问题一直困扰着人们，折叠式自行车雨挡装置就是专门解决这一难题的新型装置。该装置由支座、固定装置、支架、雨布组成。雨布的一侧连接在支座上，支座的截面是 U 形，支架安装在 U 形支座中。使用时利用固定装置将两副对称的装置固定在自行车前轮两侧，需要时轻轻将支架从支座中拉出，使得雨布撑开就可以挡住飘向骑车人双脚的雨水，不需要时，将支架折回 U 形支座中，这样既不会给平常的使用造成不便，也不影响美观。

图 4-44 所示为双人自行车，由两人驱动，分别设有单向离合器，使驱动力可以同时驱动车轮而互相不干涉。

此外，还可以根据需要增加各种辅助功能，如在自行车上加车灯、反光镜、自动充气装置、饮水器、载物载人装置、变速装置等。

5. 折叠式自行车

为了便于自行车的停放、搬运或便于携带外出旅行，人们开发了多种类型的折叠式自行车（图 4-45）。目前最轻的折叠式自行车是由日本的全国自行车工业公司、松下电器工业公司和东日本铁道公司联合设计生产的，其质量只有 6.5kg。车架和前叉用钛合金制造，车身很小，可以携带上火车或放进车站的存衣柜里。

图 4-44　双人自行车

图 4-45　折叠式自行车

图 4-46 所示为丸石自行车公司制造的折叠式齿轮传动自行车。传动后轮的齿轮内藏于车架管内，这样可以在折叠、收藏时，不至于把手弄脏。该车为钢架结构，轮胎直径 20in（1in＝0.0254m），不用工具，5min 左右即可轻松地将车折叠起来，并可收藏于大旅行袋内，其所占体积为 400mm×775mm×650mm。

6. 高速自行车

高速自行车的结构同传统的全然不同。首先它的外部用轻质的塑料风罩将车身的一部分或者将车身完全包起来，使自行车具有流线型的外形，如图 4-47 所示。根据实验，如果将整个车身罩在流线型外罩内，可以使车的阻力减少一半。

图 4-46　折叠式齿轮传动自行车

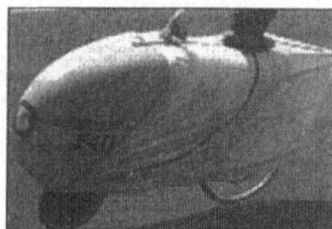

图 4-47　高速自行车

高速自行车的第二项改进是车座，现在自行车的座位在脚蹬的上方，骑车人在向下踏动脚蹬时，所施加的力一般不能超过自身的质量。而高速自行车的车座装在与脚蹬等高的平面上，让人像半躺着一样踩脚蹬。这样，在脚蹬上不用格外多用力，也能把时速提高至 40km。

高速自行车还像儿童用脚踏车那样,做成三个轮子或者四个轮子,使稳定性更好。此外,高速自行车在车的结构上采用整体式车架,蜂窝结构的碳纤维车身,使强度提高了 5 倍,而质量只有原来的 1/4。

美国一位宇航科学家曾同人合作,设计制造出一种叫"维克多"的高速自行车。该自行车轮胎内填充着弹性良好的发泡材料,缓冲的车座向上倾斜,外形光滑而呈流线型,可乘坐两人,最高时速达 150km。

7. 宜人性自行车

图 4-48 所示为一种躺式三轮车,车上座位根据人体工程学设计,躺式蹬车省力,平均速度可达 19.8km/h。

图 4-49 所示为一种摇杆式自行车,该车将回转蹬踏变为两脚往复蹬踏,充分利用人蹬车时,在 90°～120°范围内做的有用功,而去除做无用功的动作。两摆杆通过链条分别带动超越离合器使后轮转动。

图 4-48 躺式三轮车

图 4-49 摇杆式自行车

8. 水下自行车

图 4-50 所示为英国人道格拉斯·布凯南发明的水下自行车。

图 4-50 水下自行车

第五章

CHAPTER 5

机械原理方案的创新设计 ◀

一个新产品开发的全过程通常需要经过产品规划、方案设计、详细设计和改进设计等几个主要阶段。其中，方案设计中的原理方案设计是整个设计的首要环节，也是最重要的环节，因为原理方案的拟定从质的方面决定了整个设计的水平，它是实现产品创新和品质飞跃的关键。

第一节　原理方案设计的内容

机械设计所要实现的功能目标必须借助机械产品工艺动作的完成而得以实现。因此，构思机械产品的工艺动作和工艺动作实现功能目标的机理——工作原理是机械设计的首要任务，也是整个机械设计工作展开的基础。机械设计中把确定产品工作原理的设计称为原理方案设计。

原理方案设计的一个重要特点是：方案的解具有多解性，即实现同一功能目标可以采用各种不同的工作原理。针对一个需要实现的功能目标，设计者可以综合运用如静电、光电、电磁等各种物理效应，力学、机械、电工等基础学科揭示的一般科学原理以及射流、激光、超声波等各种技术原理，形成实现机械产品功能目标的工作原理和相应的工艺动作。因此，原理方案设计的基本内容可以简单概括为：针对机械产品的某一功能目标，综合运用各种物理效应、科学原理和技术原理，寻找能实现产品功能的工作原理及其相应的工艺动作。

原理方案设计中采用的工作原理不同，所设计的机械产品具有的工艺动作不同，则机械产品的性能、结构及经济性也不相同。事实上，即使采用相同的工作原理也可以拟定出完全不同的工艺动作，产生出完全不同的机械结构方案。针对同一功能目标，不同的设计者往往可以构思出完全不同的工作原理方案。由于工作原理不同，产品的工艺动作不同，产品的结构必然不同，产品的性能与经济性也大不相同。因此，寻找功能全、经济性好、安全可靠，在一定条件下和一段时期内相对较满意或"最佳"的创造性原理方案解，成为很多有远大目标的企业家和设计师痴心追求的目标。

在传统的原理方案设计中，纯机械式的工作原理应用十分广泛。因为，在很多机械产品设计中，按纯机械式的工作原理设计出来的产品表现出性能稳定、工作可靠的特性。此外，设计者在构思方案的具体内容时往往对自己所学专业的知识比较熟悉，相关的技术资料比较丰富，创新相对较为容易。随着科学技术的飞速发展，人们发现：在某些场合采用纯机械式以外的其他工作原理，综合运用机、光、电、磁、热、化等各种物理效应构思方案可以收到全新的、更理想的设计效果。原理方案设计的创造性往往关系到机械产品设计成败的关键，也是提高产品设计水平，增强产品竞争力的非常重要的措施。

在日益激烈的市场竞争中，产品的原理方案设计的创造性往往决定了产品的生命力，其工作原理的先进性往往成为市场竞争中最有力的武器。那些具有独创原理和技术的产品总是能够在与同类产品的竞争中处于相对优势的地位，成为增加产品价值的关键筹码。例如，超声波肿瘤治疗仪、热胀冷缩原理设计制成的人工心脏泵、超导滚珠轴承、激光止血钳等，由于这些产品中的某些工作原理和关键技术一时很难被他人"解读"，使这些产品在激烈的市场竞争中能够抢得先机，独占鳌头。因此，构思一种新的工作原理就可能会创造出一类新的产品，就可以创造出新的价值。设计者在进行原理方案设计时应该特别关注新原理、新技术的应用，只有这样才能提出新方案，改造旧方案，提高产品的品质和质量，提高产品的价值和市场竞争力。

然而，原理方案设计是一个极富创造性的构思过程。方案的确定涉及的知识领域十分广泛，设计人员不可能找到某种固定的模式可以遵循。原理方案的创新性与突破性完全取决于设计者本人及其课题组员的知识、经验、才能、灵感和智慧。因此，设计人员应当努力培养自己的创新意识，加强创新思维的训练，掌握必要的创造理论和创新技法。更重要的是：设计者应当主动积极地参与各种创新实践活动，经常保持创新的冲动，在实践中多看、多想、动手、动脑，努力培养自己捕捉新事物的敏锐洞察力。此外，由于任何事物都程度不同地包含着继承和创新两方面的内容，因此，设计者应尽可能多地收集相关的设计资料和信息，在占有大量信息和经验积累的基础上，充分研究已有产品的设计原理，这对于启发创新思路是十分重要的。已有的设计原理和设计方案一方面反映了别人的构思思路与实践成果，另一方面也为新提出的方案提供了分析、比较的平台，使设计者能在继承已有成果的基础上，站在更高水平的起点上，充分借鉴他人成功的经验和智慧，激发联想，使思维尽可能地发散，从而为搜寻更巧、更新、更理想的创造性原理方案解提供可能。同时还能避免重复走别人已走过的路，甚至是不成功的路，避免做出一些违背科学原理的错误方案。

第二节　机械创新设计常用方法

人们在长期的工程实践活动中，总结出了许许多多的创造性设计方法。这些方法是人们将创新思维和创造原理用于具体问题的收获和成果，是创造者智慧的结晶。创新设计常用的部分创新方法见表5-1，可供参考。为了能启迪创新者的思路，本节将对其中几种有代表性的创新设计技法进行比较详细的介绍。希望读者通过对本节的学习，对介绍的几种方法有比较深入的了解，从而学会如何运用创造原理激发创新思维，如何寻找引发创新联想的机会和条件，如何将机械设计与创新方法结合起来，如何具体运用创新技法来探求机械创新设计中的原理方案解。

表 5-1　创新设计常用的部分创新方法

方法名称	方法的主要特点	方法的主要目的
组合法	按一定技术原理，将两个或多个功能元素合并，形成新产品、新工艺、新材料	产生新功能
综摄法	把初次接触的事物或发现，联系到熟悉的事物中，用新眼光变熟悉为陌生，以新观点、新方式思考问题	将毫无关联、完全不同的知识要素结合起来形成新方案

（续）

方法名称	方法的主要特点	方法的主要目的
转向法	在求解问题中变换求解因素，采用其他原理，改变思索方向	完善计划、修改方法、修正观点
仿生法	模仿人或生物的生理原理、结构、外形、感觉机理	从人或生物找寻启迪
类比法	通过比较，借助原有知识，在异中求同，在同中求异	分析两事物的相同或相似点，由此及彼
特性列举法	将事物按名词、形容词、动词分解为三方面特性，将每类特性加以改变或延拓	化整为零，逐个研究改进
希望点列举法	根据社会需求或个人愿望，通过列举希望来形成创新目标	将思维收敛于某目标，侧重自由联想，思路更宽
缺点列举法	挑事物的毛病，提出改进设想	追求完满，追求卓越
设问探求法	根据多项创造性的提问，进行分项检核，寻求创意	帮助人们广思，思考方向和目标明确
函询集智法	借助反复函求多名专家的书面意见形成创意	具有匿名性，便于充分发表看法
635 法	六人参加，每次每人写三个设想，5min 后交换，看过别人的设想后，再修正和补充三个设想	以笔代口，相互激励，短时间内可产生较多的设想方案
智暴法	集合 5~15 人，根据议题自由畅谈，不准批评，寻求创意	以量求质
功能分析法	紧紧围绕功能分析，求解，组合寻找方案	满足产品的功能要求是设计的核心
设计目录法	通过完备的设计信息库进行系统搜索	有利于计算机辅助自动化设计
评价法	通过评价寻找弱点加以改进完善	寻求最优解决方案
价值分析法	从经济效益出发分析和改进方案	追求高价值的产品
物-场分析法	任何主体总是通过"场"作用于客体，根据客体寻找合理的"场"和主体	使物-场三要素相互作用更有效，功能更完善、可靠
分解法	把事物分解或离散，使问题暴露出来，改进后重组	便于抓住主要矛盾，寻求特色创意
形态综合法	对创造对象进行因素分解，列出每个因素的全部形态(手段)，按组合原理形成众多方案	寻找尽可能多的解，从中选优
专利利用法	利用专利文献寻求改进，完善设想	防止盲目，避免重复劳动
移植法	把一个对象的原理、方法运用于另一个对象中	使已有技术在新领域中延续和拓展
黑箱分析法	根据输入、输出内容，探求黑箱内部的原理和结构	用因果关系寻求输入与输出的最佳联系方式
虚拟设计	通过计算机模拟或虚拟现实完善设计	高效、快速、低成本、高质量
优化设计	建立研究对象的优化数学模型及目标函数，用计算机对计算结果进行分析、判断、寻优	高效、降低成本、提高质量、适用于各种复杂设计
反求设计	利用现有科技成果引进先进技术，消化吸收后创新	吃透原设计，创造更优的设计

一、智暴法

智暴法又称智力激励法。它的英文原文是 Brain Storming，故又被称为头脑风暴法或 BS 法，是创造学的奠基人——美国学者奥斯本于 1939 年创立的。智暴法是指运用群体创造原理，充分发挥集体创造力来解决问题的一种创新设计方法。这种方法的操作过程是：针对一个设计问题，把 5~15 个人召集到一起进行讨论，与会者可以敞开思想，畅所欲言，充分表明自己对解决该问题的意见，供设计者参考和研究。

智暴法的中心思想是：激发每个人的直觉、灵感和想象力，让大家在和睦、融洽的气氛中自由思考。不论什么想法，都可以原原本本地讲出，不必顾虑这个想法是否"荒唐可笑"。为此，组织者对与会者提出四条原则规定：

1）不许对他人意见进行反驳，不作评价，不下结论，力求避免在会上使用"这根本行不通""这种想法太荒唐""这个主意真是绝透了"之类的"扼杀"和"捧杀"他人意见的话。

2）欢迎自由奔放地思考，鼓励海阔天空地议论，努力营造一种相互激励的气氛，借与会者之间的知识互补、信息交流、情绪鼓励，提出大量有价值的设想。

3）提出的设想越多越好。

4）允许综合地改进他人的设想。

由于会议强调自由思考，不受约束，因而可以激励主观能动性，同时通过相互补充和启发，又增加了联想的机会，使创造性的思维在与会者中间产生共振和连锁反应，由此诱发出更多的创新设想。只要在提出的设想中有几个新颖又有价值的设想可供进一步地仔细研究，也就达到了会议的目的。

二、类比法

类比法是指运用移植创造原理进行联想比较、模拟仿效的创新方法。采用类比可以扩展人的思维，跳出定势的束缚，从而可以获得更多的创造性设想。古往今来的许多发明创造都源于人脑的类比联想。因此，这种方法特别适用于新方案的提出，新产品的开发。

仿效就是模仿，但不是一成不变的抄袭，而是推陈出新。移植是指将某种产品的原理、方法、结构、材料、用途等内容运用到另一种产品中去。通过仿效移植的再创造过程，可能提出比原有方案更好的设计方案，可能生产出超过原有水平的新产品。

类比的类型主要有三种：

1）直接类比。即寻找与所研究的问题有类似之处的其他事物进行比较，从中获得启发。

2）象征类比。也称问题类比，即用能抽象反映问题的词或简练的词组来类比分析。例如，要设计一种开罐头的新工具，从"开"这个词出发，看看有多少种"开"法，如打开、撬开、剥开、撕开、拧开、揭开、破开等，然后再回过头来寻求这些"开"法的各种设计方案，从中找出最理想的方案。

3）拟人类比。或称感情移入，即把自己设想为所讨论问题中的某个因素，然后从这种处境出发，设身处地来想象，假如我是这个因素会有什么感觉，或会采取什么行动。例如，比利时某公园，为了保持园内优美洁净的环境，将垃圾箱进行拟人化设计，当游人把废弃物投入垃圾桶内时，它会说"谢谢!"，由此引发游人的兴趣，不但乱扔的垃圾没有了，甚至有游人专门捡起垃圾放入桶内。

除了以上三种类比方法外，还有幻想类比、因果类比等。类比方法认为：既然是类比，总有某些类似的地方，为了避免类似对思维方式的束缚，要特别注意两个类比对象的"距离"，类比对象差异越大，其创造设想才越富有新颖性，就是说，既要借助原有的知识，又不受之束缚，善于异中求同，同中求异。

前面介绍的几种创新方法，主要借助设计者的知识、记忆和解决问题的欲望，通过直观感觉和他人的启发，产生自然联想，提出方案。这种通过自然联想构思方案的方法最大的缺点是：容易丢掉或忽略某些很有价值的方案。

把创新变成一种系统搜索和程式化的思考过程，能有效地克服上述方法的缺点和不足。这类方法主要有形态分析法、输入输出法、设问法和功能分析法等。

三、形态分析法

形态分析法又称形态方格法、棋盘格法或形态综合法。其出发点是：创新并不是一定要创造一种完全新的东西，也可能是旧东西的新组合（组合创造原理）。这种方法以建立形态学矩阵为基础，通过对创造对象进行因素分解，找出因素可能的全部形态（技术手段），再通过形态学矩阵进行方案综合，得到方案的多种可行解，从中筛选出最佳方案。所谓因素，指构成事物的特性，如产品用途、产品的功能等。形态是指实现相应功能或用途的技术手段，例如，以"时间控制"功能作为产品的一个因子，那么"手动控制""机械定时器控制""计算机控制"则为相应因子的表现形态。

形态分析方法的具体过程如下：

1）因素分析。就是确定创造对象的构成因素。在确定因素时应确保各因素在逻辑上彼此独立，本质上十分重要，数量上充分全面。这就要求设计者必须预先感觉到经过组合形成的各种方案的粗略结构，从而才有可能认识到哪些因素是重要的和独立的，也才有可能寻求到更多的相关因素。这是整个方案创新的关键，它需要设计者具有丰富的经验和创造新产品的极大欲望。

2）形态分析。即按照因素的功能属性，尽可能多地列出满足功能要求的各种技术手段（即形态）。显然，要尽可能多地列出实现某种功能的各专业领域的各种技术手段，收集情报和查阅资料是十分重要的。

3）方案综合。包括方案形成与方案优选。设计者在有了多种方案的基础上可以根据已制订出的选优标准，从中选出理想的方案。

四、输入输出法

输入输出分析法又称黑匣或黑箱分析法。在没有获得方案的具体内容前，把方案内容用一个抽象的黑匣来描述，黑匣的一侧是设计方案的已知条件，即输入内容；另一侧是方案要达到的目的，即输出内容；黑匣的上、下方是外界因素对方案形成的影响和对方案的约束条件（图 5-1）。设计者从输入内容和输出结果两个方面，在有约束的条件下对可能产生的结果和可采用手段进行广泛的自由联想，通过思维的发散和收敛（评价）过程，向黑匣内部的未知内容进行探索，逐步深入。当多个可行性思维方向能借助目标和手段，使逻辑关系相互联系起来时，新的方案构思雏形就形成了。通过对不完善的构思进行适当调整、增补、改进，就可以完成一个比较完善的创造性方案。输入输出分析方法有如下特点。

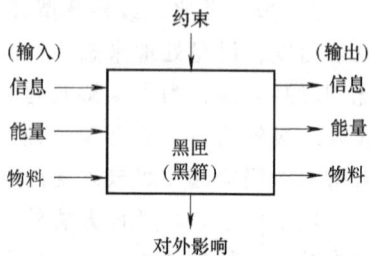

图 5-1　用黑匣描述技术系统功能

1）输入输出分析法以输入、输出的具体内容为思考的出发点，它要求所有的创造性构思必须满足输入条件、约束条件和输出的具体结果。因此，这种分析方法的创新思维过程基本上属于定向思维，从而保证了能通过探索逐步找到合乎逻辑的、成熟的并且与创新目标一致的途径，从而达到创造新方案的目的。

2）输入输出分析法是构思与评价同时进行的设计方法。分析过程是由外向内、由已知到未知，一层层地向黑匣内部深入。每深入一步，设计者必须对每一构思的"输入"与"输出"状态，按设计约束条件和外部影响对构思做出判断和评价，通过判断和评价，剔除那些不满意的或不符合条件的构思，从而保证分析能向黑匣内部不断深入。当最后的输入与输出能按因果关系连接起来时，黑匣之谜就算被完全揭开了，方案构思的具体内容就基本确定了。由于在构思方案的全过程中，设计者不断地运用发散和收敛思维，因此，输入输出分析法在构思方案时可以同时发挥两种创新思维方法的优点，既不受思考路径的限制，充分调动设计者具有的各方面的知识和经验，又能充分利用已知的知识和经验，将众多的信息逐步引导到条理化的逻辑序列中，最终得到一个合乎逻辑的设计方案。

3）输入输出分析法的思考路径和方向具有双向性，即发散和收敛思维是按"输入"和"输出"两个方向向黑匣内部逐步深入的。因此，这种方法既能保证方案能同时满足"输入"与"输出"两方面要求，又能高效地构思出方案具体内容。

五、设问探求法

泛泛地思考往往提不出设想，提问却能促进思考深入。有目的的诱导性提问，可以使人浮想联翩，产生创意。当然，富有创意的提问本身就是一种创造，好的提问往往就意味着问题已经解决了一半。设问探求法就是针对创造目标从各个方面提出一系列有关的问题，设计者针对提问进行分析和思考，通过思维的发散和收敛逐一找到问题的理想答案。设问探求法是由很多创造原理构成的，大家公认为是"创造技法之母"。设问探求法种类不少，最有代表性的是美国创造学家奥斯本的检核表法。检核表法是从以下几个方面设问并进行检核。

1. 现有的发明成果有无更多的用途？或稍加改进后有无新的用途？

奥斯本认为创造有两种类型：一种是先有创造的目标，然后根据目标去寻找实现目标的方法；另一种是先有一种事实，然后想象这一事实将有什么用途，即从方法入手去实现创造的目标。人们通常比较熟悉后一种创造类型。检核表法提出的这个问题也比较适合后一种类型。例如，电阻丝通电后会发热、发光，它有什么用途呢？人们通过想象发现它可以做电炉、电熨斗、电吹风、电烤箱、衣服烘干机、鞋子烘干器；装上绝缘材料，还可以烧水做成电热水瓶；放在毯子中，做成电热毯；在电热器的外面涂上特殊材料，还可以做成远红外线发生器，用于加热和作为医疗器械；装在真空的玻璃罩中，可以作为白炽灯、红外线灯或紫外线灯等，用途十分广泛。

例如，尼龙最初只用于军事，主要用来制造降落伞、舰用缆绳等，因而销量很少。为此，人们开始寻找它的新用途。最终人们发现了它的许多新用途，如做袜子、雨衣、雨伞，在工业生产中用来制作齿轮、轴承和各种形状和强度要求较高的零件等。

总之，该设问要求人们对现有事物的固有功能进行怀疑式遐想，只要破除思维定式、经验定势和权威定势对当前思维的束缚，就可能产生新的创造。

2. 有无类似的东西可以借用？可以模仿？

乌贼靠喷水前进，前进迅速而灵活。模仿这一原理，人们发明了喷水船。这种喷水船先将水吸入，再将水从船尾猛烈喷出，靠水的反作用力使船体迅速行驶。

3. 能否改变一下？如形状、形式、方法、颜色、声音或味道等

亨利·丁根将滚柱轴承中的滚柱改成滚珠，发明了滚珠轴承；在产品中对零件采用氧化发黑、镀铬，或采用各种色彩的氧化铝件，不仅可以保护零部件免受氧化腐蚀，而且如果颜色搭配恰当还能够使产品外观更加美观，大大增加了产品的商业价值。

4. 能否增加什么？如扩大使用范围、增加功能、延长寿命、添加部件、提高强度、加倍、加长、加高、加大等

大是为了增加数量，形成规模效应或是为了探求过去达不到的目标。小是为了减少体积，便于使用，提高速度。大与小是相对的，不是绝对的。更大、更小都是发展的必然趋势。在两块玻璃中加入某些材料，可制成防振或防弹玻璃；在铝材中加入塑料做成防腐、防锈、强度很高的水管管材和门窗中使用的型材；在润滑剂中添加某些材料，可大大提高润滑剂的润滑效果，提高机车的使用寿命；将胶鞋鞋底的橡胶部分的长度延长至鞋帮上，可以防止雨天将泥水带起把鞋面弄湿、弄脏，这小小的一点"加长"专利，使日本的胶鞋在七年内销售了 2 亿多双，取得了巨大的经济效益。为了达到最佳的影视效果，电视机的屏幕越来越大，目前已出现无限扩展的电视幕墙，100in 的电视机。为了更深入地探索宇宙的奥秘，俄国、美国、意大利、日本等十几个国家正在制造比哈勃望远镜大 1000 倍的太空射电望远镜。美、法已研制了瞬时功率达 20 亿 kW 的激光器。美国波音公司研制出能载客 600 人的大型飞机，欧洲客车公司的 A350 比它还大，有 750 个座位，而俄罗斯的赫拉克勒斯式客机可载 1200 人。

5. 能否减少点什么？能否省略一部分？能否微型化？能否浓缩？能否分割？能否再小点、再轻点、再短点、再低点、再薄点？

随着生产水平的提高，产品在降低成本、不减少功能、便于携带和便于操作的基础上，必然会出现由大变小、由重变轻、由繁变简的趋势。如袖珍收录机、折叠伞、笔记本计算机、可视手机、甲壳虫式小轿车、超薄计算机显示屏、低底盘的火车或汽车；计算机或电话上的功能键、重拨键将多种功能集中于一键，不仅简化了产品的结构，而且方便了操作者使用。以缩小、简化为目标的创造发明往往具有独特的优势。在自我发问的创新技巧中，认真研究"再多些"或"再小些"这类有关问题，可产生出大量的创新构想

6. 能否取而代之？采用其他工艺？其他元件？其他动力？其他配方？其他材料？

人造大理石、人造丝是取而代之很好的例子。用表面活性剂代替汽油清洗油污，不仅效果好，而且节约能源。用液压传动代替机械传动，更适合远距离操纵控制。用水或空气代替润滑油做成的水压轴承或空气轴承，无污染，效率高。用天然气或酒精代替汽油燃料，可使汽车的尾气污染大大降低。美国柯达公司发明的数字相机，用数据储存图像，省去了胶卷及胶卷的冲印过程，而且图像更清晰，在各种光线条件下可以拍摄很好的相片。

7. 能否改变元件或型号？改变顺序或结构？改变配方或方案？

飞机的螺旋桨一般在头部，有的也放在尾部，如果放在顶部就成了直升机，如果螺旋桨的轴线方向可调，就成了可垂直升降的飞机。汽车喇叭按钮原来设计在方向盘中心，不便于操作又容易因手离开方向盘而出现事故。将按钮设计在方向盘的圆盘下面的半个圆周上，就可以避免这类事故的发生。原来计算机上的英文字母键是按字母顺序排列的，用起来很不方便，因为经常用的字母要用十个指头中相对较为笨拙的手指来操作。于是根据字母出现的频度、手指的灵活度和手腕的活动度设计出了现在使用的键盘，操作起来就方便多了。

8. 能否颠倒？如上下颠倒、正负颠倒、里外颠倒、工艺方法颠倒等

将电动机反过来用就发明了发电机。从石油中提炼原油需要把油、水分离，但为了从地下获得更多的原油，可以先向地下的油中注水。单向透光玻璃装在审讯室里，公安人员可看见犯罪嫌疑人的一举一动，而犯罪嫌疑人却无法看见公安人员。反之，将这种玻璃反过来装在公共场所，人们既可以从里面观赏外面的美景，又能防止强烈的太阳光直接射入。意大利科学家伏打将锌片和铜片放入盐水中，将化学能转变为电能。英国科学家尼科尔森和卡莱尔将两黄金电极插入水中便得到了氢气和氧气，以后英国科学家又用同样的电解法得到了钾、钠、钙、硼等多种元素。

9. 能否组合？如方案组合、目标组合、部件组合、材料组合等

两个电极在水中高压放电时会产生电力液压效应，产生的巨大冲击力可将宝石击碎。而在一个椭球面焦点上发出的声波，经反射后可在另一个焦点汇集。一位德国科学家将这两种科学现象组合起来，设计出医用肾结石治疗仪。他让患者躺在水槽中，使患者的结石位于椭球面一个焦点上，把一个电极置于椭球面的另一个焦点上，经过 1min 左右不断地放电，通过人体的冲击波能把大部分结石粉碎掉，而后逐渐排出体外，达到治疗的目的。锡和铅组合得到一种熔点比锡、铅熔点更低的低熔点合金。高频电流有集肤效应，电流主要从导体表面流过，于是供电电缆表面用铝材，而芯部用钢材，利用两种材料的组合，使电缆既有较高的机械强度，又有良好的导电性和耐腐蚀性。机械原理课程中讲过的组合机构就是将几种机构有目的地组合起来，完成基本机构难以完成的设计任务要求。

超声波作为一种新技术出现后，与其他技术组合就形成了多种新技术。除了大家熟悉的超声波探伤和超声波雾化技术外，应用到切割领域就形成了超声波切割。切割时把超声波加到刀具上，既可以防止刀具损坏，又可以防止刀具上粘附金属，因此，切割精度高。超声波技术应用到钎焊领域就形成了超声波钎焊技术，焊铝时加入超声波可使金属铝表面稳定的氧化铝膜破坏，将金属铝暴露出来，使铝的钎焊变得十分容易。将超声波技术应用于粉末冶金烧结，可以缩短烧结时间。将超声波技术应用于不同密度的金属，能提高合金的品质。医学领域将超声波技术用于肿瘤的治疗，取得了良好的治疗效果。应用超声波技术开发出的仪器种类繁多，如超声波捕鱼仪、超声波金属探伤仪、超声波肿瘤诊断仪、超声波测距仪、超声波弹性模量检测仪、超声波洗涤器、超声波钻孔器等，这些都是通过组合而发展起来的新的应用技术。

除了上面介绍的九个方面设问的检核表法外，还有 5W2H 的设问法，通过回答为什么（why）、做什么（what）、何人（who）、何时（when）、何处（where）、怎样（how）和多少（how much）七个方面的提问来创造设想的技法。

此外，类似的方法还有缺点列举法，即有意识地列举现有事物的缺点，通过改掉缺点去获得新方案的方法。希望点列举法则积极地提出希望来形成创新方案，因为没有缺点不完全等于设计者所希望的最理想的结果。

六、功能分析法

19 世纪 40 年代，美国通用电气公司工程师麦尔斯首先提出了产品"功能"的概念。他认为："用户购买的不是产品的本身，而是产品具有的功能"。既然人们购买的是产品具有的功能，那么任何一种产品在保证实现功能的前提下，可以采用任何原理、任何形式。换句话说，功能是产品的本质，而具体内容只是一种形式，只要本质不变，形式可以是各种各样的。采用对产品进行功能分析的方法，可以把对产品具体结构的思考转化为对产品功能的思考，从而可以排除产品形式结构对思维的束缚，放开手脚搜寻一切能满足产品功能要求的工作原理，探索满足这些工作原理的技术装置——功能载体，并且通过对各种功能载体的组合和优选，找到能实现产品功能要求并具有创造性的设计方案。这种紧紧围绕产品功能进行分析、分解、求解、组合、优选的方案设计方法称为功能分析法。

功能分析法的步骤和各设计阶段应用的主要方法如图5-2所示。

1. 功能的定义及其分类

20世纪60年代以后，随着欧美各国对设计学研究的逐步深入，人们普遍认识到：机械设计最主要的工作不只是选用某种机构或设计某种结构，更重要的是对产品的工作原理进行构思，而工作原理构思的核心就是确定产品的功能。

（1）功能的定义 基于各种基础科学原理中的技术原理对产品或技术系统的用途和特定能力的抽象描述称为产品或技术系统的功能。功能的抽象描述应该能够反映出产品或技术系统在特定约束条件下输入与输出量之间的因果关系。反言之，任何产品或技术

图 5-2 功能分析设计法的步骤

系统的功能可以通过运用各基础科学（如物理学、化学、生物学等）中的各种技术原理，如摩擦原理、电解原理、光合作用原理等工作原理去实现，以满足产品或技术系统的输入与输出之间的特定关系要求。

针对某一确定功能目标，寻求各种工作原理建立设计方案的方法称为方案设计的功能原理解法。

大量的实践表明：产品创新主要来自方案设计阶段所涉及的功能定义和工作原理等内容的创新。因此，应当十分重视对产品的功能定义的抽象描述。

任何一个新产品的开发过程总是一个由抽象到具体、由定性到定量的过程。功能定义一定要有利于揭露功能最本质的东西，以利于拓宽创造思路，寻求更理想的解决问题的方法。而正确的抽象正是人们认识事物本质最好的途径，因此，功能定义一定要尽量选择比较抽象的词汇。例如：采矿机可以抽象为物料分离和移位的设备；载重汽车可以抽象为远距离运输物料的工具；迷宫式的密封可以抽象为不与轴接触而将内外物料隔开的元件等。上述这些定义都有利于设计者去创造、去联想。

此外，功能定义应尽可能表述出功能受到的约束条件，从而有利于设计者对方案做出正确的决策，有利于对方案进行评估。例如：变压器的功能是转换电压，显然，转换30万kV的变压器和转换220V电压的变压器是不相同的。因此，在给功能定义时一定要考虑尽可能地给产品的功能定义做出定量化的描述。

（2）功能的分类 从不同的角度出发，功能可以有各种不同的分类。按其性质、用途、重要程度和逻辑关系可将功能进行如下分类。

1）基本功能和辅助功能。基本功能是指产品具有的用来满足用户某种需求的效能，是

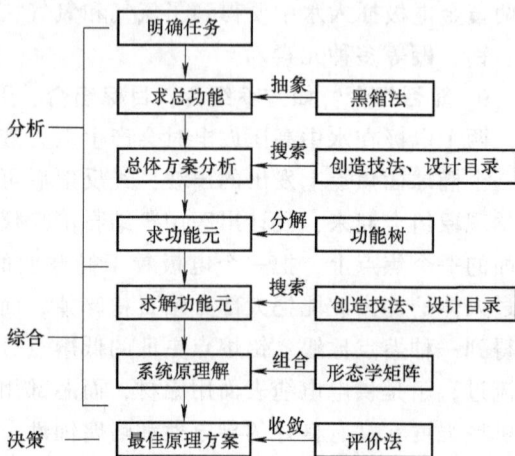

产品的用途或存在的价值。例如，电视机的基本功能是显示图像，如果电视机失去了这一功能，或这一功能出现了故障，即使它具有其他方面的功能，需要看电视的用户也不会购买它，它对这些用户而言也就失去了存在的价值。一个产品基本功能的数量根据其分类的角度不同可以有一个或数个。例如，冷暖空调可以降低室温，也可以升高室温，因此，它具有两个基本功能。但是也可以认为它只有一个功能，即调节室温。

产品的功能要求是多方面的，在创造发明中必须首先确定产品的基本功能，将其他各项功能按其对产品的重要程度排出次序。在构思方案的创造过程中应始终保证以基本功能为核心，围绕基本功能这一核心来实现产品的其他功能要求。

辅助功能是与基本功能并存的，但是处于次要地位的附加功能。它是为了更有效地实现基本功能而添加的功能，但如果没有它，产品并不会失去基本使用价值。例如，手表中的日历显示功能，汽车内的音响、空调、电视机给车辆带来的功能都属于辅助功能。在进行创造性构思时，在确保实现基本功能的前提下，创造者可以根据设想和需要任意添加和舍去各种辅助功能，以保证产品能更好地实现其基本功能。因此，添加什么辅助功能，添加多少辅助功能应根据产品的具体要求确定。

2）使用功能和表观功能。使用功能是指产品的实用价值。以插齿机为例，插齿机如果没有插制轮齿这一使用功能，它就失去了存在的价值。

表观功能是指对产品起美化和装饰作用的功能。表观功能包括产品的形态、色彩、图形、暗示作用等多方面的内容。有些产品，如艺术品、古玩古董、名人字画其表观功能就是其使用功能。大多数的产品通过添加表观功能可以提高产品的价值，加强产品的使用功能。但也有一些产品并不需要很好的表观功能，如埋在地下的水管等。对于绝大多数产品而言，使用功能是第一位的，而表观功能是第二位的。但人们对这两种功能的要求随着人们生活质量的提高正发生着悄然的改变。例如，过去衣服的主要功能是避体、保暖，现在人们更多的是关心它的美观、质地、流行款式等表观功能。

3）必要功能和不必要功能。必要功能是指用户所需要的功能，包括产品的基本功能和辅助功能。由于产品的使用功能和表观功能是通过基本功能和辅助功能来实现的，因此，必要功能也包括使用功能和表观功能。由于每个用户对产品的需求不一样，当创新者忽视了用户需求的多样性时，常常会在产品中掺杂进一些用户实际并不需要的功能，或是用户无法享用的功能。例如，有人在风扇的扇叶保护罩上设计很多图案，希望这种设计能增加风扇的表观功能，然而这些图案饰物既容易被灰尘污染，又影响了风扇的排风效果，增加这种表观功能完全没有必要。除此之外，产品设计中不必要的或过剩的功能常表现在以下几个方面：①不适当地加大产品的安全系数；②采用超过产品实际要求的公差或表面粗糙度值；③使用超过产品功能要求的贵重材料和元器件；④追求产品过长的使用寿命；⑤具有与产品使用功能不相适应的表观功能，如在产品看不见的部位采用豪华装饰；⑥不易损坏的产品却备有很多备用件等。

4）目的功能和手段功能。这种功能划分的主要目的是为了便于对一个复杂的系统进行功能分析，便于弄清各功能之间的相互关系和从属地位。任何一种功能都有一定的目的，即具有一定的目的功能，但这种目的往往又可能是实现另外一个目的的手段，相对另一个目的而言，它又是一种手段功能。即任何一种功能都同时具有目的功能与手段功能的两种属性。

对功能的分类分析应明确哪些功能是必备的，哪些功能是多余的，从而确定创造或发明的具体方向。对产品功能进行分类有利于掌握产品或系统中各项功能之间的逻辑关系和相互作用关系，从而保证最终功能的实现。对产品功能进行分类能够帮助人们从先进的产品中找到关键要求，为产品的再创新拓宽思路。同时，功能分类分析也是价值工程的核心。

在确定产品的功能时应做到：确保基本功能，兼顾辅助功能，综合考虑使用功能和外观功能，去除多余功能，调整过剩功能，分清主次，合理安排，只有这样才能保证产品质优价廉。

2. 功能分解

产品或技术系统的总体功能称为产品的总功能。产品的用途不同，其总功能也不相同。加工机械的总功能主要是改变物料的形状；运输机械的总功能主要是改变物料的位置等，在开发一个新产品时必须根据产品的用途明确其总功能。然而一个产品或一个技术系统的总功能通常是非常笼统的，也是很难用一种功能载体就可以实现的。那么，开发一个新产品应当怎样具体进行呢？

从系统论的观点看，一个系统可以分解为一些子系统，那么一个系统的总功能也应该可以分解为一些分功能。因此，可以将产品或技术系统的总功能按功能的逻辑关系逐层次地展开，分解为只完成一项或一方面功能任务的功能单元——功能元，为最终寻找到能完成功能元的技术单元——功能载体奠定基础。

然而，功能分解的具体内容取决于实现功能应采取的工作原理和使用的手段，即采用的工作原理和手段不同，功能的分解结果也不相同。因此，当总功能目标确定后，首先需要考虑的是用什么工作原理来实现它，即构思实现总功能的原理设计（也称功能原理设计）。功能原理设计是一个创造性的构思过程，这个过程没有一定的法则可遵循。功能原理设计的最终结果主要取决于设计者本人的知识、经验、才能和灵感。任何一个功能原理设计一定有解，但解肯定不会是唯一的，而且要得到一个绝对理想的解是非常困难的。在产品的功能原理设计阶段，设计者应紧扣时代的脉搏，追踪新科技的发展动向，及时将一切可以利用的新原理、新技术应用于产品的设计中。在产品的功能原理设计阶段，设计者应尽量使思维"发散"，收集大量的信息并运用前面章节中讲到的各种创新技法，构思和创造较多的原理解法供比较和优选。

当工作原理确定后，实现总功能的手段功能也就比较清楚了，总功能的分解内容也就比较容易确定了。功能分解可以按以下方法进行。

（1）按照解决问题的因果关系或目的手段关系进行分解 例如，台式虎钳的总功能是施压夹紧。为了夹紧，必须施压，前者为目的，后者为手段，顺着这种思路逐步进行分解。

（2）按照工艺过程的空间顺序或时间顺序来分解 例如，汽水自动灌装机的分功能包括：输送瓶、盖，汽水的贮存与输送、灌装，加盖、封口，贴商标，成品输送。可按上述工艺过程来确定其功能分解内容和顺序。

功能分解的一般原则是：按输入量转换为输出量所需的物理原理比较单一、易于求解的方法进行分解。

功能分解的结果一般可用图表示为一种树状的功能结构，称为功能树。功能树起始于总功能树干，实现总功能这一目的所需要采用的全部手段功能构成一级分功能，这些分功能相当于树枝。实现一级分功能目的的手段功能又构成了二级分功能，构成小树枝。如此分解，直到分解到可以直接求解的位于树枝末端的功能元。由总功能分解为分功能再分解至功能元，最后做出功能树状结构图的过程，称为功能分析。一种产品的工艺过程的空间、时间顺序通常不是唯一的，因此，产品的功能分析可能因产品的工艺过程不同而形成不同的结构形式。此外,功能结构图还可以通过并联、串联进行变换组合,构成一些新的功能结构形式。

3. 功能元求解

将总功能分解为功能元的目的是为了便于找到实现功能元的功能载体。设计功能载体是完成原理方案的重要设计环节。

功能载体是具有可以完成某一功能属性的物体。物体的属性是多方面的,人们可以在一定条件下利用物体的某种属性来完成某些特定的功能。物体的属性包括物理属性、化学属性、运动特性、几何特性、机械特性等。例如,利用一对渐开线齿轮瞬时传动比恒定的特性,可以实现定传动比传动的功能;利用一对齿轮的齿廓与包容这对齿轮的壳体间容积的变化这一特性,可制成齿轮泵或齿轮马达,实现泵或马达的功能。因此,功能元求解的关键是在科学原理的基础上寻找尽可能多的功能载体。人类已知的科学原理总数约 5000 多个,要在这样庞大的范围内搜寻具有某些特定功能的载体显然是十分困难的。因此,建立功能载体知识库成为近年来世界各国的设计师研究的重要工作内容之一。以下简单介绍几种知识库的形式。

(1) 苏联学者建立的物理效应和现象库 供解决发明任务用的某些物理效应和现象见表 5-2。

表 5-2 供解决发明任务用的某些物理效应和现象(摘录)

要求的作用、性质	物理现象、效应、因素、方式
机械能和热能的存蓄	弹性变形、陀螺效应、相变、化学反应能
能量传输:机械能、热能、辐射能、电能	形变、振动、亚历山大洛夫效应、波动(包括冲击波)、辐射、热导、塞贝克效应、对流、光反射现象(光导向装置)、感应辐射、电磁感应、超导、化学反应能
搅拌混合物形成溶液	超声波、空隙现象、扩散、索雷效应、电场、与强磁物质的配合、磁场、电泳、增容
分离混合物	电磁分离、电磁作用下液体分选剂密度的变化、离心力、吸收、扩散、渗透

(2) 日本一些企业建立的功能-载体词典 该词典把本专业常用功能编为词典的条目,使用时按关键词检索。图 5-3 所示为以"伸缩"为关键词的词条。

(3) 设计目录 设计目录是一种设计信息库。它把设计过程中的大量信息有规律地加以分类、排列和存储,以便于设计者查找和调用。在计算机辅助自动化设计的专家系统和智能系统中,科学、完备的设计信息资料是解决问题的重要条件。

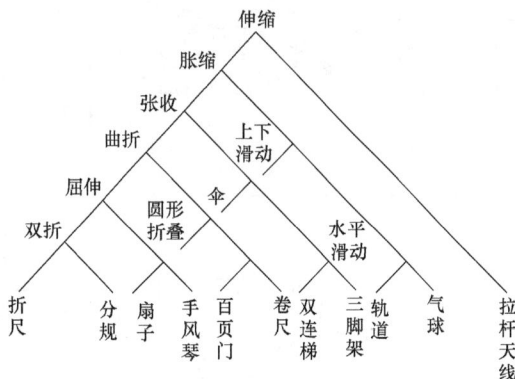

图 5-3 "伸缩"词条

设计目录不同于一般手册和资料,它是密切结合设计过程和需要而编制的,范围十分广泛,如解法目录、原理目录、对象目录等,每种目录的目的明确,提供信息面广、内容清晰、条理性强、提取方便。

部分物理功能元的解法目录见表 5-3,机械一次增力功能元解法目录见表 5-4,机械二次增力功能元的解法目录见表 5-5,四杆机构运动副转换解法目录见表 5-6,机械运动形式变化解法目录见表 5-7。

4. 系统原理解

当功能元的解法求出后,将各功能元的解合理地组合起来成为一个整体,便形成实现系

表 5-3　部分物理功能元的解法目录

功能元		机械	液气	电磁
力的产生	静力	弹性能　　位能	液压能	静电　　压电效应
	动力	离心力	液体压力效应	电流磁效应
摩擦阻力的产生		摩擦	毛细管	电阻
力-距离关系		片簧	气垫	电容
固体的分离		$\mu_2 > \mu_1$ 摩擦分离	$\gamma_{k1} < \gamma_F < \gamma_{k2}$ 浮力	磁性　　非磁性 磁分离
长度距离的放大		$s_2 = s_1 \dfrac{l_2}{l_1}$ 杠杆作用	$s_2 = \dfrac{A_1}{A_2} s_1$ 流体作用	
		$s_2 = s_1 \tan \alpha$ 楔作用	$\Delta h = h_1 - h_2 \quad \Delta r = r_1 - r_2$ 毛细管作用	

表 5-4 机械一次增力功能元的解法目录

机构	杠杆		曲杆(肘杆)	楔	斜面	螺旋	滑轮
简图	(简图)	(简图)	(简图)	(简图)	(简图)	(简图)	(简图)
公式	$F_2 = F_1 \dfrac{l_1}{l_2}$ $(l_1 > l_2)$	$F_2 = F_1 \dfrac{l_1}{l_2}$	$F_2 = \dfrac{F_1}{2}\tan\alpha$ $(\alpha > 45°)$	$F_2 = \dfrac{F_1}{2\sin\dfrac{\alpha}{2}}$	$F_2 = \dfrac{F_1}{\tan\alpha}$	$F = \dfrac{2T}{d_2\tan(\lambda+\rho)}$ d_2——螺杆中径 λ——螺杆升角 ρ——当量摩擦角	$F_2 = \dfrac{F_1}{2}$

表 5-5 机械二次增力功能元的解法目录

输出		斜面	肘杆	杠杆	滑轮
输入	No	1	2	3	4
斜面(螺旋)	1	(简图) $F_1 = \dfrac{M}{r}$	(简图) $F_1 = \dfrac{M}{r}$	(简图)	(简图) $F_1 = M/r$
肘杆	2	(简图)	(简图)	(简图)	(简图)
杠杆	3	(简图)	(简图)	(简图)	(简图)
滑轮	4	(简图)	(简图)	(简图)	(简图)

表 5-6　四杆机构运动副转换解法目录

序号	四杆机构简图	旋转-旋转	旋转-平移	平移-平移	序号	四杆机构简图	旋转-旋转	旋转-平移	平移-平移
1	(图)	○	⊗	⊗	9	(图)	⊗	○	⊗
2	(图)	⊗	○	⊗	10	(图)	⊗	⊗	○
3	(图)	○	⊗	○	11	(图)	○	○	○
4	(图)	⊗	○	○	12	(图)	⊗	○	○
5	(图)	⊗	○	○	13	(图)	○	○	○
6	(图)	○	⊗	⊗	14	(图)	⊗	⊗	⊗
7	(图)	⊗	○	⊗	15	(图)	○	○	○
8	(图)	○	⊗	⊗	16	(图)	⊗	⊗	○

注：○ 行；⊗ 不行；▭ 移动副；∠ 回转副；◎ 销槽副。

表 5-7　机械运动形式变化解法目录

原动运动	从动运动			基本结构	其他机构
连续回转	连续回转	变向	平行轴 同向	内啮合圆柱齿轮机构，带传动机构，链传动机构	双曲柄机构，转动导杆机构
			平行轴 反向	外啮合圆柱齿轮机构	圆柱摩擦轮机构，交叉带传动机构，反平行四边形机构
		相交轴		锥齿轮机构	圆锥摩擦轮机构
		交错轴		蜗杆机构，交错轴斜齿轮机构	双圆柱面摩擦轮机构，半交叉带传动机构
		变速	减速	齿轮机构，蜗杆机构	摩擦轮机构
			增速	带传动机构，链传动机构，齿轮机构	绳轮传动机构
			变速	齿轮机构，无级变速机构	塔轮带传动机构，塔轮链传动机构

（续）

运动形式变换			基本结构	其他机构
原动运动	从动运动			
连续回转	间歇回转		槽轮机构,棘轮机构	不完全齿轮机构
	摆动	无急回性质	摆动从动件凸轮机构	曲柄摇杆机构,(行程速度变化系数 $K=1$)
		有急回性质	曲柄摇杆机构,摆动导杆机构	摆动从动件凸轮机构
	移动 往复移动	无急回	对心曲柄滑块机构,移动从动件凸轮机构	正弦机构,不完全齿轮齿条机构
		有急回	偏置曲柄滑块机构,移动从动凸轮机构	
	间歇移动		不完全凸轮齿条机构	移动从动件凸轮机构
	平面复杂运动特定运动轨迹		连杆机构,连杆上特定点的运动轨迹	
摆动	摆动		双摇杆机构	摩擦轮机构,齿轮机构
	移动		摆动滑块机构,摇块机构	齿轮齿条机构
	间歇回转		棘轮机构	

统总功能的原理解。系统原理解可以用功能元-解法形态学矩阵求出。以系统的功能元为行，各功能元的相应解法为列，构成形态学矩阵。将各功能元的不同解法进行组合可以形成多个系统原理解，即得到多个原理设计方案。

在组合过程中应当注意：组合在一起的各功能元的解应具有相容性，即各功能元的解在几何学、运动学、能量流、物理流和信息流上分析是相互协调的，不相互干扰，不相互矛盾，否则形成的方案应予以剔除；其次，组合的方案从技术和经济效益上衡量具有先进性、合理性和经济性。

第三节　机电一体化系统的创新设计

机电一体化是电子技术向传统机械工程渗透、融合的产物，是一门融机械技术、微电子技术、信息技术等多种技术为一体的新兴学科。其实质就是一种机械技术的创新。随着电子技术的飞速发展、机械电子学的诞生，刚性机械系统逐渐开始被柔性机械系统所取代，以机械技术、微电子技术有机结合的机电一体化技术成为机械工业发展的必然趋势。图 5-4 所示为机械系统的演变过程：图 5-4a 所示为典型的刚性机械系统；图 5-4b 所示为改进的刚性机械系统，其特点是以电子控制的电动机取代了机械变速装置；如图 5-4c 所示由于采用了伺服电动机和伺服控制系统，实现了机械系统运动的可控性，使系统成为了柔性机械系统；图 5-4d 所示为直接驱动式的柔性机械系统，由于该系统中省去了传动机构，大大提高了系统的运动精度，其应用日益广泛。

一、机电一体化技术的发展对机械设计的创新

1. 增加了机械产品的功能

机械产品中采用微电子控制设备可以实现产品的高性能和多功能。例如，数控机床、数

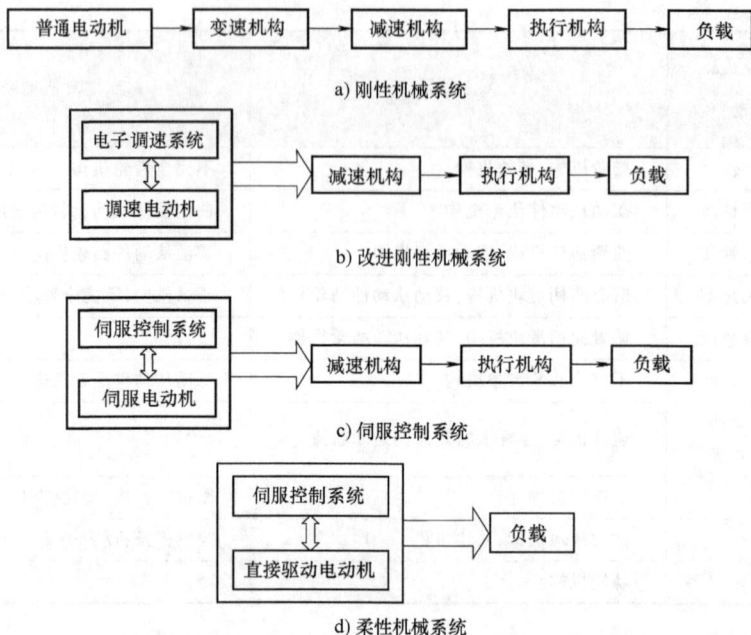

图 5-4 机械系统的演变过程

控加工中心、汽车电子自动变速器、电子点火装置、全自动洗衣机等产品，由于采用了微电子控制技术从而大大提升了产品的质量，实现了对产品更多、更难的功能要求；计算机控制的线切割机床和快速原型制造设备可以精确地加工出传统机械难以加工的机械零件；采用电子快门、自动曝光、自动聚焦的电子式照相机可以快速、高质量地拍出一般机械式照相机难以拍出的相片，数码式照相机还可以将拍出的照片随意存取，并对其相片的画面图像进行各种处理；将提花织物的花纹冲孔板用计算机控制设备来替代，可以织出图案更美妙的织物和衣物制品；一些用机构很难实现的运动，如任意变时的间歇运动或反转运动，可以很容易地通过微电子控制的伺服电动机获得。

由于机电有机地结合、相互补充，开创了机械产品一些新的应用领域，研发出大批新的机电产品。例如，传真机、黑白或彩色复印机、喷墨或激光打印机、绘图机、激光照排系统、自动探伤仪、CT 机、形状识别装置、工业机器人、自动售货机、自动取款机等，可以预言，随着机电一体化技术的进一步发展，会有更多、更新、更先进的机电产品出现在市场上。

2. 结构更简单

系统的机械设备一般需要用机械传动系统来连接各个相关的执行机构。采用机电一体化技术后，或许可以取消机械传动系统，或许用多台伺服电动机，通过微型计算机控制来完成各种复杂的工艺动作和过程，从而使机械结构大大减化。例如，自动缝纫机比传统的机械缝纫机可减少机械零件约 350 个；一台插齿机如果省去传动部分可减少 30% 的零部件。

3. 加工精度更高

由于机电一体化设备使用的零件少，因此运动的累积误差小，加上系统中使用计算机误差校正和补偿系统，可以达到单纯机械加工方法难以达到的加工精度。例如，在大型的铣、镗床中安装感应同步器数显设备，可使机床的加工精度从 0.06mm/1000mm 提高到

0.02mm/1000mm。

4. 使工艺过程柔性化

传统的机械设备或加工生产线要改变设备的加工能力和工艺流程是一件非常费时和复杂的事。然而采用由微型计算机控制的机电一体化设备组成的生产系统，只需要改变计算机程序就能迅速地改变设备的加工能力和工艺流程，从而能迅速适应市场对产品的多方面要求。

5. 操作、维修更方便

由机电一体化设备组成的机械系统的运动规律、工艺过程、工艺参数均可以通过程序控制来实现和调整，从而很容易实现各机械设备运动的相互协调配合和实现机械加工的全部自动化，使机械设备的操作更加简便，同时由于可以通过控制程序改变工作方式和运动过程，因此，设备的调整、维修也十分方便。

很显然，机电一体化技术的广泛应用，必然对机械产品工作原理的确定、机械运动方案的构思带来巨大的影响。设计者在确定机械的工作原理，拟定工艺过程、选择传动、执行和控制机构，设计机械系统传动方案时，必须考虑机械与电子技术的结合，使设计出来的产品性能更优良，自动化程度更高，操作更方便，结构更简单、更紧凑，生产效率更高，市场适应能力更强。

二、机电一体化产品的创新设计方法

机电一体化系统的最基本的特征是给机械增添了头脑——计算机信息处理与控制系统。从系统分析的观点看，机电一体化系统是由许多联系各子系统的条件接口将各子系统连接在一起，实现物质、能量和信息流的传递与交换，是机械、电子和信息等功能各异的技术融合为一体的综合系统（其组成结构示意图如图5-5所示），其综合性能的好坏除了各子系统和接口的创新外，在很大程度上取决于机电一体化系统的方案的创造性。

机电一体化产品的方案创新设计方法主要有三种。

（1）机电互补法 也可以称为替代法。其方法的主要特点是利用通用或专用电子部件取代传统机械产品中复杂的机械部件或某

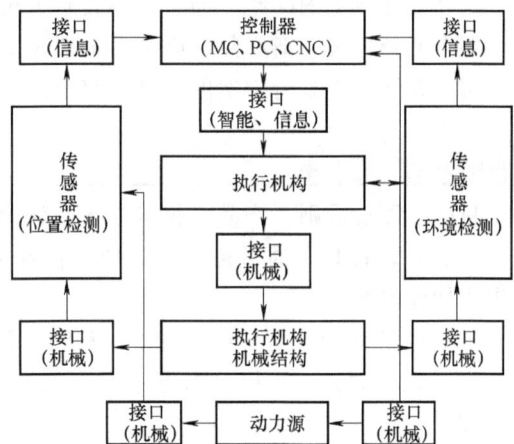

图5-5 机电一体化系统组成结构示意图

些功能子系统，以提高产品的质量或弥补其性能的不足。例如，用可编程逻辑控制器（PLC）或微型计算机来取代一般机械中的如机械式变速器、凸轮机构、离合器等传动机构，或取代如插销板、拨码盘、步进开关、时间继电器等控制机构。这种方法是改造传统机械产品、开发新型产品常用的创新方法。

（2）结合法 也可称为融合法。它是将组成产品的机、电部分创造性地结合在一起，使之融合为一体，成为一个专用或通用的功能部件的方法。例如，激光打印机中的激光扫描镜，就是将电动机的转轴与扫描镜的转轴完全融合为一体形成一个专用产品的例子。

（3）组合法 这种方法采用组合创造原理将结合法制成的功能部件子系统、功能模块，

像组合积木一样组合在一起，形成一个机电一体化产品。例如，将伺服电动机轴与传动机构、编码器、检测控制元件和控制电路板组成一个机电一体化的机器人关节运动功能部件，将若干功能部件再进行组合可形成机器人的腰、肩、肘、腕的各个运动关节。变换各种关节的组合形式便可以形成不同用途的工业机器人。采用这种方法可以缩短设计与研制的周期，节约经费，有利于产品的管理、使用和维修。

目前在我国的机械加工制造业中，老式机床较多，如果将其改造为微型计算机控制，不仅可以适应小批量、多品种和形状复杂零件的加工制造，而且可以提高加工精度和生产效率，降低成本，缩短生产制造周期。实现这类机电一体化创新改造设计的方法主要有两种：一是以微型计算机为中心，设计相应的控制部件，这种方法需要重新设计控制系统，设计比较复杂；另一种方法是选用国内标准化的微型计算机控制系统，如单板机、单片机、驱动电源、步进电动机及相应的控制程序组成开环控制。这种方法结构简单，价格也比较低廉。其控制过程一般是由单板机或单片机按加工程序进行补插运算，每完成一次补插，就执行一次延时程序，完成一次进给，并由延时程序控制进给速度。

第四节　方案评价方法

创新设计得到的众多方案，包括后续将介绍的众多的机构创新方案、结构创新方案都有一个选择最佳方案的问题。为了获得技术上可行，性能上先进，经济上合理，能可靠地实现用户要求的新方案、新产品，必须对创造出来的各种方案进行评价。评价不仅是对方案的科学分析和总结，也是对方案的改进和完善。广义上讲，评价是产品开发必要的优化过程。

一、评价目标

目标即评价准则，产品或技术方案的评价目标一般包含三方面的内容。

（1）技术评价　通常包括产品的工作性能指标、加工装配工艺性、使用维护性、技术的先进性等内容。

（2）经济评价　主要包括成本、利润、投资回收期等内容。

（3）社会评价　一般包括方案实施的社会影响、市场效应、节能、环保、可持续发展等内容。

虽然评价内容很多，但评价目标应当有所选择。评价目标一般不要超过6~8项，应该选择主要要求和约束条件作为评价目标。目标过多容易掩盖主要因素，不利于方案的评选。

评价可以是定性的，也可以是定量的。定量评价时，应根据目标的重要程度设置加权系数。目标的加权系数取值越大，意味着该目标越重要。设方案共有 n 个目标，g_i 表示第 i 个目标的加权系数。为了便于分析计算，每个加权系数的取值应<1，即 $0 \leqslant g_i \leqslant 1$，并且使 $\sum_{i=1}^{n} g_i = 1$。每项评价目标的加权系数值可以根据经验确定，也可以用判别表法计算求出。

二、评价方法

工程中用于方案评价的方法很多，包括淘汰法、评分法、技术—经济评价法、综合评价法、价值工程评价法、模糊评价法等。本节只简要介绍其中的两种评价方法。

1. 评分法

评分法是用分值大小作为衡量方案优劣的尺度，用分值对方案进行定量评价的一种方法。对于多个评价目标的系统，应先对各目标分别评分，经加权计算求得总分后，再进行评价。

为了减少个人主观因素对评分的影响，一般都采用集体评分法。即将几个评分者对某评价目标所评的分数取平均值，或除去最大、最小值后的平均值作为该评价目标的评分。理想分值可设为10分（或5分），评分标准见表5-8。

表5-8 评分标准（10分制）

0	1	2	3	4	5	6	7	8	9	10
不能用	差	较差	勉强可用	可用	中	良	较好	好	优	理想

对于具体产品，若能根据实际工作情况做出具体的评分标准，评分操作起来则更为方便。

2. 模糊评价法

对于某些评价目标，如美观、安全性、舒适度、便于制造等评价内容，无法做出定量分析，只能用好、中、差或不受欢迎等"模糊概念"来评价。模糊评价法就是利用集合与模糊数学将模糊信息数值化进行定量评价的方法。

（1）隶属度 模糊评价的结果不是采用分值大小表述，而是用方案对某项评价标准隶属的高低程度体现。选用0~1之间的任意一个实数作为方案对该项评价标准的隶属度，数值越接近1，说明隶属度越高，反之，则说明隶属度越低。隶属度可采用统计法求得。

例如，对某自行车的外观进行评价，可采取对一定数量的调查者进行调查统计的方法。调查统计结果为：30%认为"很好"，55%认为"好"，13%认为"不太好"，2%认为"不好"，由此得出自行车外观对四种评价标准——很好、好、不太好、不好的隶属度分别为0.30、0.55、0.13和0.02，其隶属度可以表示为 $B = \{0.30, 0.55, 0.13, 0.02\}$。由此可知，人们对自行车外观认为好的隶属度最高。

在对方案进行评价时，常常会用到优、良、中、差等评语。在用模糊评价法进行评价时，必须将这些评语用隶属度来表示。可以请评审专家直接给出方案的隶属度。例如，该方案为优，其评价标准集为{优、良、中、差}，则隶属度可以给{1, 0, 0, 0}，也可以给{0.8, 0.2, 0, 0}；方案为中，其隶属度可能为{0, 0, 1, 0}也可能为{0, 0.3, 0.5, 0.2}。

隶属度也可以通过隶属函数求得。模糊数学推荐有十多种常用隶属函数，使用最多的是半矩形、半梯形和直线形的函数形式，使用者可根据评价对象选择合适的隶属函数。

（2）模糊评价 对于有多个方案的模糊评价，应首先依据评价标准求出每个方案对评价目标的隶属度，形成每个方案的模糊评价矩阵。然后结合评价目标的加权系数，根据模糊矩阵的合成规则，求出各方案的综合模糊评价矩阵，利用隶属度的定级和排序原则对各方案定级、排序，最后根据各方案定级、排序情况对方案做出评价。

方案比较时，应遵循以下两个原则给方案定级、排序。

1）按各方案综合模糊评价结果中隶属度数值大、小定级。这称为最大隶属度原则。

2）方案排序时，一方面以同级隶属度高者为先，同时还要依据本级隶属度与更高一级隶属度之和的大小进行比较，排出先后次序。

知识拓展　中国古代机械发明创造史简介

在人类历史的长河中，发生了多次决定人类命运的大革命。第一次革命发生在大约 200 万年前，人类学会了使用最简单的机械——天然工具；第二次革命发生在大约 50 万年前，人类发现并使用了火；第三次革命发生在大约一万五千年前，人类开始了农耕和畜牧，并大量使用简单的机械；第四次革命发生在 1750 年到 1850 年之间，蒸汽机的发明导致了工业革命，奠定了现代工业的基础；计算机的发明导致了一场现代工业革命，也就是第五次革命。计算机正在改变人类传统的生活方式和工作方式。

人类的生存、生活、工作与机械密切相关。衣服是用纺织机织成布，再用缝纫机制成的；粮食是用机械播种、收割、加工的；楼房是用机械盖的；电是用机械发出的；汽车、火车、飞机是机械，也是由机械制造的。机械给人类带来幸福，现代人离不开机械。

为了更好地了解现代机械，发明创造出新机械，有必要了解机械发明创造史。

由于自然条件的突然变化，生活在树上的类人猿被迫到陆地上觅食，为了和各种野兽抗争，他们学会了用天然的木棍和石块保卫自己，并用之猎取食物。通过使用天然工具，锻炼了他们的大脑和手指。并逐步通过敲击石块和磨制，学会了制造和使用简单的木制和石制的工具，从事各种劳动。可以这样认为，这种发明并使用这些最简单工具的创举，是类人猿进化为人类的一个决定性因素。在以后漫长的岁月里，人类发现了火，并学会了钻木取火，使人类的生活质量有了很大的提高。学会了把磨尖的石块安装在木棍上等更进一步的工具的制造，加速了人类的进化过程。公元前四千年左右，人类又发现了金属，学会了冶炼技术，各类工具的使用有了迅速的发展。

在我们中华民族五千年的文明史中，我国古代劳动人民在机械工程领域中的发明创造尤为突出。绝大部分的发明创造是由于生存、生活的需要和生产中的需要，一些发明创造是战争的需要，还有一些发明创造是为了探索科学技术的需要。根据我国古代发明创造的演变过程，可以知道：任何一种机械的发明都经历了由粗到精、逐步完善与发展的过程。例如，加工谷粒的机械，最初是把谷粒放在一块大石上，用手拿一块较小的石块往复搓动，再吹去糠皮以得到米；第二步发明了杵臼；第三步发明了脚踏碓，借用了一部分重力工作；第四步发明了人力和畜力的磨和碾；第五步发明了使用风力和水力的磨和碾，这不但实现了连续的工作，节省了人力，提高了效率，而且学会了使用自然力，完成了由工具到机械的演变过程。

在兵器领域中，由弹弓发展为弓箭，又发展为弩箭；发明火药后，由人力的弓箭发展为火箭，直到发展为两级火箭。在我国的古代战争中，有大量的实战记载。

从机械的定义角度看，我国是世界上最早给机械下定义的国家。公元前 5 世纪，春秋时代的子贡就给机械下了定义：机械是能使人用力寡而成功多的器械。后来的韩非子也有类似的定义：舟车机械之利，用力少，致功大，则入多。而最早给机械下定义的欧洲人是公元前 1 世纪一个叫 Vitruvius 的古罗马建筑师，他的定义是：机械是由木材制造且具有相互联系的几部分所组成的一个系统，它具有强大的推动物体的力量。直到公元 1724 年，德国一位叫 Leopold 的机械师给机械做了比较接近现代的定义：机械是一种人造的设备，用来产生有利的运动，在不能用其他方法节省时间和力量的地方，它能做到节省。Leopold 提出了机械的运动、时间与省力的概念。经过多年的完善与发展，现代机械的概念是：机械是机器与机构的总称，把执行机械运动、用来变换或传递能量、物料与信息的装置称为机器；把用来变换或传递运动与动力的装置称为机构。这使机械的定义更加科学化。

我国古代的机械发明、使用与发展，远远领先于世界水平。但由于长期的封建统治，限制了生产力和科学技术的发展。在最近的四五百年，我国在机械工程领域的发展已落后于西方强国。自从新中国成立以后，在短短的几十年里，把只能做少量的修理和装配工作的机械工业发展为能够生产汽车、火车、轮船、金属切削机床、大型发电机等许多机械设备的机械工业，特别是我国实行改革开放政策以来，机械工业的发展更为迅速，与发达国家的差距正在缩小，有些产品已领先世界水平。现在，我国已成为世界上最大的机械制造国。

我们中华民族在过去的几千年中，在机械工程领域中的发明创造有着极其辉煌的成就。不但发明的数量多，质量也高，发明的时间也早。我们过去的历史是光荣的，为使中华民族再度辉煌，任务也是艰巨的。在过去的年代里，机械的发明与使用繁荣了人类社会，促进了人类文明的发展。在高科技迅速发展的今天，机械的种类更加繁多，性能更加先进。机械手，机器人，机、光、电、液一体化的智能型机械，办公自动化机械等，大量先进的、科技含量高的机械正在改变人类的生活与工作。希望有志于机械工程专业的青年，继承我们祖先的光荣传统，发明创造出更多、更好的新机械，为把我国建设成一个伟大的社会主义强国而奋斗。

除了众所周知的造纸术、印刷术、指南针、火药这四大发明之外，中国古代在机械工程领域的发明与创造也是非常辉煌的。由于古代中国长期处于封建社会状态，科学技术的发展比较缓慢。秦汉以前，对各种发明创造比较重视，在这期间的成果较多。据《周礼考工》记载：智者创物，巧者述之，守之世，谓之工，百工之事皆圣人之作也。但也有不同意见。《老子》上说：民多利器，国家滋昏；人多技巧，奇物滋起；绝巧弃利，盗贼无有。自秦汉以后，除去对农业生产有利的发明创造之外，一般都受到轻视，甚至因发明创造而获罪。据《明史》卷二十五记载：明太祖平元，司天监进水晶刻漏，中设二木偶人，能按时自击铮鼓，太祖以其无益而碎之。由于统治者的偏见，极大地影响了古代劳动人民的创造能力的发展。

另外，我国古代不重视对所发明器械的绘图工作，有不少的发明创造因为没有图样的帮助，很难搞明白，而真正做出发明创造的人或自己不会用文字记载，或由于社会的不重视而没有记载，这些都影响了我国古代科学技术的进步。尽管如此，我国古代的科学技术仍然领先于世界，无愧于一个伟大的文明古国的称号。

下面简要说明我国在各时期的典型发明。

一、简单机械的发明创造

简单机械是人类发明最早的机械，主要有杠杆、滑车、斜面、螺旋等几大类。

杠杆是发明最早且应用很普遍的一种简单机械，可以直接运用，也可以与其他简单机械组合应用。图5-6所示是杠杆在锥井机上的应用。利用人的跳上跳下动作，使锥具上下工作。图5-7所示是杠杆在脚踏杵臼上的应用。利用人脚的踏动实现舂米。由杠杆演化而成的滑车也是一种简单机械。使用较为普遍的有辘轳、绞车等。图5-8所示是提水用的辘轳，由于转动手柄的半径大于轮轴半径而达到省力的目的。

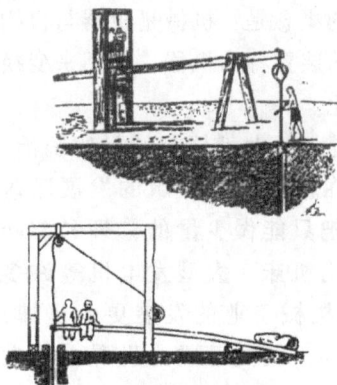

图 5-6　简单锥井机　　　　图 5-7　脚踏锥舂米　　　　图 5-8　提水辘轳

二、简单机械的发展和提高

　　利用物体的弹性力、重力、惯性力来帮助人类工作，是简单机械的进一步发展和提高。

　　弹弓和弓箭就是利用物体的弹性工作的，用在打猎和作战中。图 5-9 所示是公元前 500 年发明的弹棉弓，解放初期在农村中还有使用。

　　利用弹簧的弹力达到各种目的的器械也很多。有一种叫袖箭的暗器，在一个有压紧弹簧的筒中，安置短剑，用扳机卡住，藏在袖中。遇敌时打开扳机，弹出短箭，杀伤敌人。

　　如图 5-10 所示的轧棉机是利用惯性力工作的示例。脚踏板的摆动转化为飞轮的转动，飞轮的惯性克服了机构的死点位置。手柄的转动和惯性飞轮的转动可带动两个有较小缝隙的滚轴转动，实现轧棉的目的。我国在公元 1313 年以前就知道了利用惯性克服死点的原理。

　　图 5-11 所示为采用连续转动代替间歇运动的扇车。手转足踏，扇即随转，糠秕即去，乃得净米。图 5-12 所示为脚踏扇车。

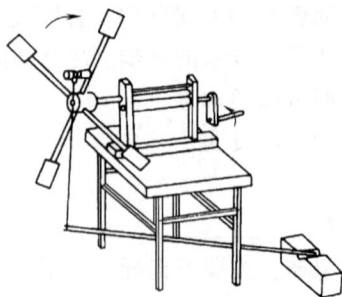

图 5-9　弹棉弓图　　　　图 5-10　轧棉机图　　　　图 5-11　扇车

　　公元前 1122 年，我国已出现四匹马拉的战车。公元前 770 年，已利用畜力耕田与播种。图 5-13、图 5-14、图 5-15 所示为利用畜力砻谷、碾米、磨面的示意图。

　　图 5-16 和图 5-17 所示为畜力翻车汲水图。如图 5-16、图 5-17 所示，我国古代早已使用

了齿轮传动。

图 5-12　脚踏扇车

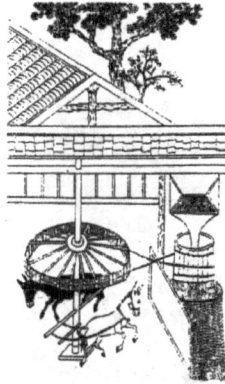
图 5-13　砻谷图

图 5-14　碾米图

图 5-15　磨面图

图 5-16　牛转翻车汲水图

图 5-17　驴转翻车汲水图

三、能源的利用

我国古代人民在有水资源的地方，很早就懂得利用水力代替人力来工作。图 5-18 所示为利用水力驱动鼓风机。公元 31 年，在冶炼工业中已利用了水力鼓风机。

图 5-19 所示为水力驱动的连机杵臼；图 5-20 所示为水力驱动的水磨；图 5-21 所示为水力驱动的水碓。

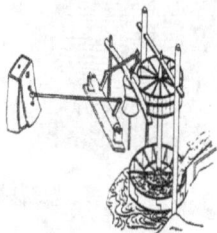

图 5-18　水力驱动鼓风机　　　图 5-19　水力驱动的连机杵臼　　　图 5-20　水力驱动的水磨

风能的利用也有 1700 年的历史。立式风帆是我国所独有的，尽管风轮的发明年代还不十分清楚，但与图 5-22 所示的小孩风车原理是相同的。

我国对于热力的利用，发明也较早，可惜的是没有应用到生产工程中去。图 5-23 所示为自宋代以后广泛应用的走马灯。蜡烛燃烧时，热气上升，推动叶轮转动。固接在叶轮轴上的纸剪人马随之转动。走马灯实际上是燃气轮机的始祖。

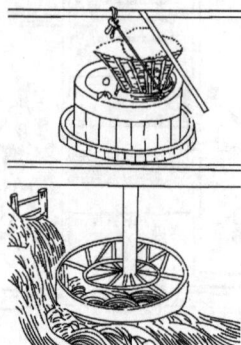

图 5-21　水力驱动的水碓　　　图 5-22　小孩风车图　　　图 5-23　走马灯图

火箭是一种武器，全世界公认是中国发明的。利用高速喷射气流的反作用力推动物体快速运动是火箭的原理。自三国时代以后的许多次战争中，都有把火箭用于战争的记载。图 5-24 所示为典型的火箭示意图。

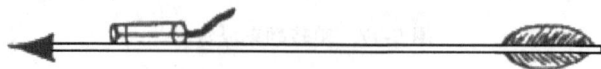

图 5-24　火箭示意图

雏型飞弹也起源于我国。如图 5-25 所示飞弹叫震天雷炮。《武备志卷》一百二十三记载：炮径三寸五分，状似球；篾编造；中间一筒，长三寸，内装送药；药信接送药；两旁安

风翅两扇；如攻城，顺风点信，直飞入城；至发药碎爆，烟飞雾障，迷目钻孔。如图 5-26
所示飞弹叫神火飞鸦，主要用于放火，原理同震天雷炮。

图 5-25　震天雷炮

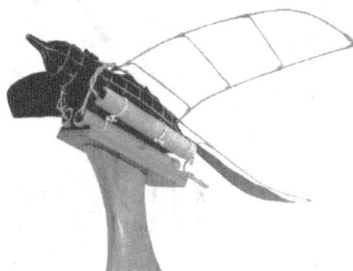

图 5-26　神火飞鸦

四、机械传动领域的发明创造

　　古代中国在机械传动领域的发明创造更多。绳索传动、链传动、齿轮传动等都有着广泛
的应用。图 5-27 所示是牛转绳轮凿井图。在如图 5-28 所示的木棉纺车中，双脚交替踏动摆
杆时，大绳轮转动，再由一绳带动三个小绳轮高速转动。三个小绳轮上各装一锭，纺线人手
持棉条，即可在锭子上纺出线来。

图 5-27　牛转绳轮凿井图

图 5-28　木棉纺车图

　　我国古代的指南车、记里鼓车、天文仪中都应用了复杂的轮系，这里不一一列举。

　　另外，我国在自动机构的发明创造领域中，成绩突出。虽然历史文献中缺乏详细的记
载，也没有绘图表示，但大多数采用了连杆机构和凸轮机构。这些自动机构主要用于捕捉动
物或用于防止盗墓。记里鼓车、天文仪中也应用了自动机械。

　　我国历史上的发明创造同西方国家相比，可以看出：在公元 14 世纪以前，我国的发明
创造在数量和质量上，以及发明时间上都是领先的，我国也曾是世界强国。但在公元 14 世
纪以后，就逐步落后于西方强国。我国古代人民对世界科学技术的发展所做的贡献是我们应
该引以自豪的。我们相信：日益强大的中国在以后的时间里还会对全世界的发展做出更大的
贡献。

第六章
CHAPTER 6

机构的演化、变异与组合及创新设计

第一节　机构的演化、变异与创新设计

通过机构的演化与变异等各种创新手段，有时没有创造出新机构，但可设计出具有相同机构简图、不同外形，而且功能也不同的、能满足特殊工作要求的机械装置，该方法属于机构的应用创新范畴。基本机构的应用创新是机械设计过程中常见的问题，也是机械设计过程中迫切需要解决的问题。

一、机架的变换与创新设计

一个基本机构中，以不同的构件为机架，可以得到不同功能的机构。这一过程统称为机构的机架变换。机架变换规则不仅适合低副机构，也适合高副机构。但这两种变换具有很大的区别，以下分别论述。

1. 低副机构的机架变换

低副机构主要是连杆机构。

（1）低副运动的可逆性　低副运动的可逆性是指低副机构中，两构件之间的相对运动与机架的改变无关。

如图 6-1a、b 所示的机构中，A、B 为转动副，构件 AD 为机架时，AB 相对 AD 为转动，当 AB 为机架时，AD 相对 AB 仍然为转动。低副运动的可逆性是低副机构演化设计的理论基础。

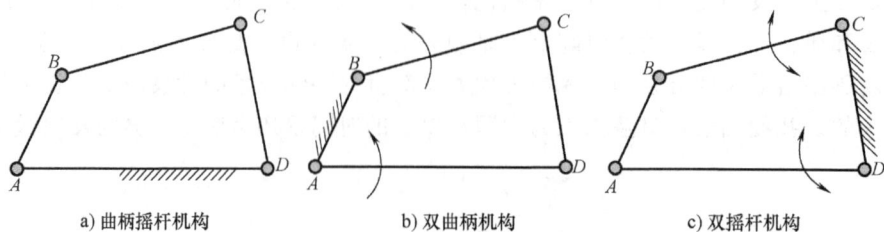

a) 曲柄摇杆机构　　　　b) 双曲柄机构　　　　c) 双摇杆机构

图 6-1　曲柄摇杆机构的机架变换

（2）低副机构的机架变换

1）铰链四杆机构的机架变换。如图 6-1a 所示的曲柄摇杆机构 *ABCD* 中，*AD* 为机架，*AB* 为曲柄。其中运动副 *A*、*B* 可做整周转动，称之为整转副。运动副 *C*、*D* 不能做整周转动，只能往复摆动，称之为摆转副。

如图 6-1b 所示，当以 *AB* 为机架时，运动副 *A*、*B* 仍为整转副，所以构件 *AD*、*BC* 均为曲柄，该机构演化为双曲柄机构。如图 6-1c 所示，当以 *CD* 为机架时，运动副 *C*、*D* 为摆转副，所以构件 *AD*、*BC* 均为摇杆，该机构演化为双摇杆机构，但运动副 *A*、*B* 仍为整转副。

2）含有一个移动副四杆机构的机架变换。对心曲柄滑块机构是含有一个移动副四杆机构的基本形式，图 6-2 所示为其机架变换示意图。

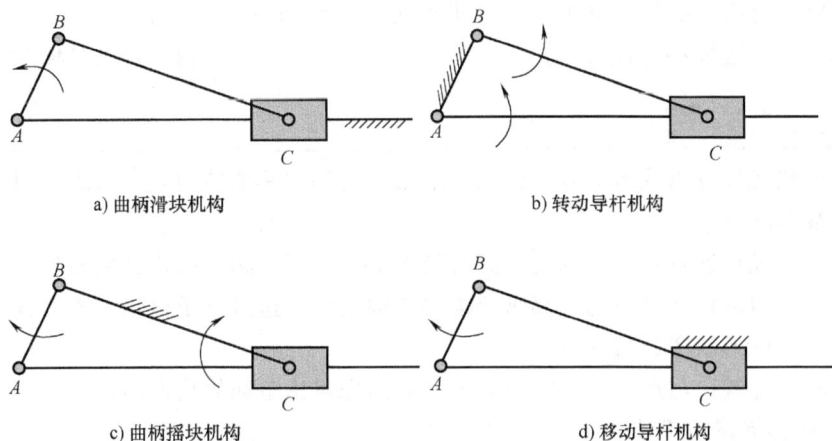

a) 曲柄滑块机构　　　　　　b) 转动导杆机构

c) 曲柄摇块机构　　　　　　d) 移动导杆机构

图 6-2　曲柄滑块机构的机架变换

由于无论以哪个构件为机架，*A*、*B* 均为整转副，*C* 为摆转副，所以图 6-2 所示的机构分别为曲柄滑块机构、转动导杆机构、曲柄摇块机构和移动导杆机构。

3）含有两个移动副四杆机构的机架变换。以图 6-3a 所示的双滑块机构为例，*A*、*B* 均为整转副。以其中的任一个滑块为机架时，得到图 6-3b 所示的正弦机构；以连杆 *AB* 为机架时，得到图 6-3c 所示的双转块机构。

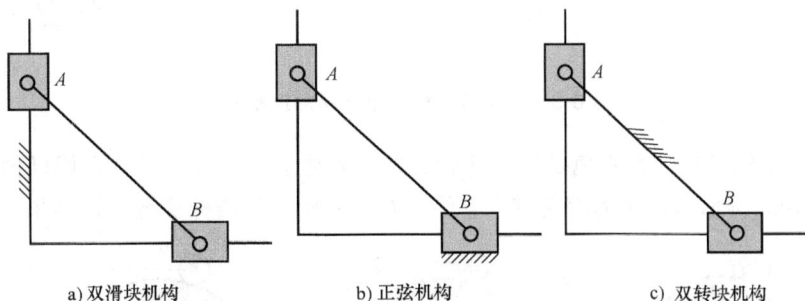

a) 双滑块机构　　　　　b) 正弦机构　　　　　c) 双转块机构

图 6-3　双滑块机构的机架变换

2. 高副机构的机架变换

高副没有相对运动的可逆性。如圆和直线组成的高副中，直线相对圆做纯滚动，直线上某点的运动轨迹是渐开线。圆相对直线做纯滚动时，圆上某点的运动轨迹是摆线。渐开线和摆线性质不同，所以组成高副的两个构件的相对运动没有可逆性。因此，高副机构经过机架变换后，所形成的新机构与原机构的性质有较大的区别，说明了高副机构机架变换有更大的创造性。

如图 6-4a 所示的齿轮机构经过机架变换后可得到如图 6-4b 所示的行星轮系机构，由于齿轮 1 具有公转与自转特性，该机构的传动比发生了巨大变化。

机架变换过程中，机构的构件数目和构件之间的运动副类型没有发生变化，但变异后的机构性能却可能发生很大变化，所以机架变换为机构的创新设计提供了良好的前景。

一般情况下，所有的平面机构都可以进行机架变换，空间机构也可以进行机架变换，由于空间机构角速度的叠加不能进行代数运算，这里不进行讨论。

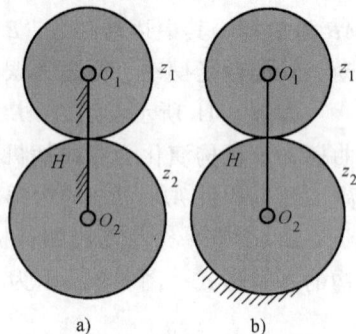

图 6-4　齿轮机构的机架变换

二、构件形状变异与创新设计

构件的形状变异可以从两个方面讨论：第一从构件的具体结构观点考虑，第二是从构件相对运动的观点考虑。

构件的结构设计涉及强度、刚度、材料与加工等许多问题，如连杆截面形状是圆形、方形、管形还是其他形状之类问题，都属于构件结构设计，这里不予讨论。本节仅从相对运动的观点讨论构件的形状变异与创新设计。

构件形状变异基于与运动副的密切关系，下面先讨论单纯的构件形状变异。

1. 避免构件间运动干涉

研究机构运动时，各构件的运动空间是必须考虑的问题，否则可能发生构件之间或构件与机架的运动干涉。如图 6-5a 所示的曲柄滑块机构中，为避免曲柄与机构箱体发生碰撞，需要把曲柄做成如图 6-5b 所示的弯臂状。

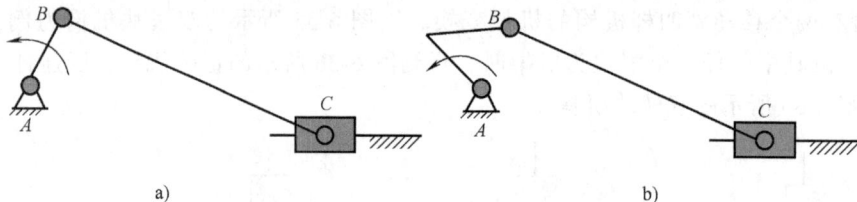

图 6-5　曲柄滑块机构中曲柄的形状变异

在摆动凸轮机构中，为避免摆杆与凸轮轮廓线发生运动干涉，经常把摆杆做成曲线状或弯臂状。图 6-6a 所示为机构的综合结果，图 6-6b、c 所示为摆杆变异设计结果。

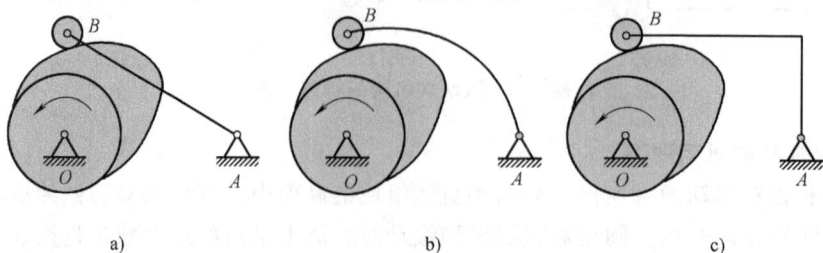

图 6-6　凸轮机构中摆杆的形状变异

连杆机构和凸轮机构中，为避免运动干涉，经常涉及构件的形状变异设计，变异设计时还要考虑到构件的强度和刚度。

2. 满足特定的工作要求

有时为满足特定的工作要求，可以改变两个做相对运动构件的形状。如图 6-7a 所示的曲柄摆块机构中，把摆块 3 做成杆状，把连杆 2 做成块状，则演化为如图 6-7b 所示的摆动导杆机构。曲柄摆块机构应用在插齿机中，摆动导杆机构则在牛头刨床中有广泛应用。

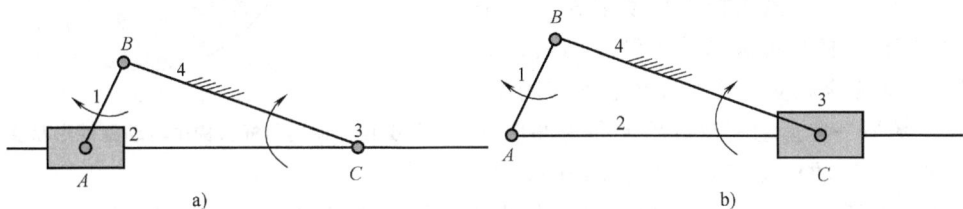

图 6-7　连杆机构中杆块形状变异

如图 6-8a 所示的曲柄滑块机构中，将导路和滑块制作成曲线状，可得到如图 6-8b 所示的曲柄曲线滑块机构，曲率中心的位置按工作需要确定。该机构可用于圆弧门窗的启闭装置中。如果将曲柄滑块机构的滑块形状变异，如图 6-9b 所示，曲柄与连杆均置于空心的滑块内部，该机构可驱动大面积的块状物体。

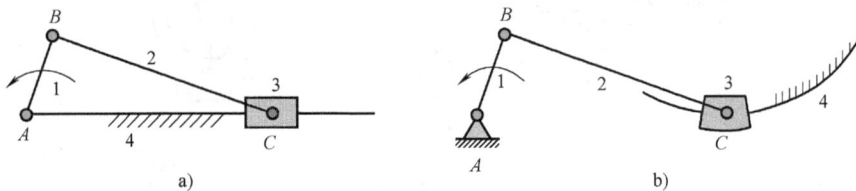

图 6-8　曲柄滑块机构中构件形状变异

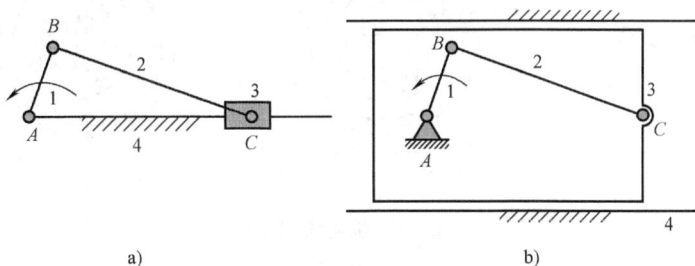

图 6-9　曲柄滑块机构中滑块形状变异

在设计过程中，机构的哪个构件变异，如何变异，可视具体设计要求而定。

三、运动副形状变异与创新设计

运动副的变异设计是机械结构设计中的重要创新内容。机构是由运动副把各构件连接起来的、具有确定运动的组合体，因此各构件之间的相对运动是由运动副来保证的。高副的形状是已设计完的曲线，这里主要讨论低副的变异设计。在工程设计中，运动副的变异设计常常和构件形状的设计密切相关。

1. 转动副的变异设计

两构件之间的相对运动为转动时，常常用滚动轴承或滑动轴承作为转动副。这里的变异设计主要指轴径尺寸的设计，或者称为运动副的销钉，主要指轴径尺寸的设计，或者称为运动副的销钉扩大。图 6-10a 所示为曲柄摇杆机构，图 6-10b 所示为该机构中转动副 B、C、D 依次扩大后形成的机械装置。该装置的机构简图与图 6-10a 完全相同，具有较高强度与刚度。图 6-11 所示为一些运动副销钉扩大和构件形状变异共同发生时的机构演化实例。图 6-11a 所

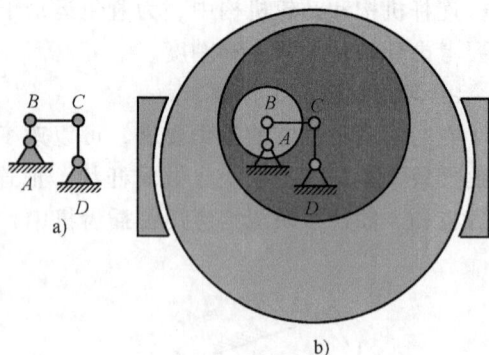

图 6-10　曲柄摇杆机构中转动副的形状变异

示机构为曲柄摇块机构，图 6-11b 所示机构也为曲柄摇块机构，图 6-11c 所示机构为双曲柄机构，图 6-11d 所示机构为曲柄滑块机构。

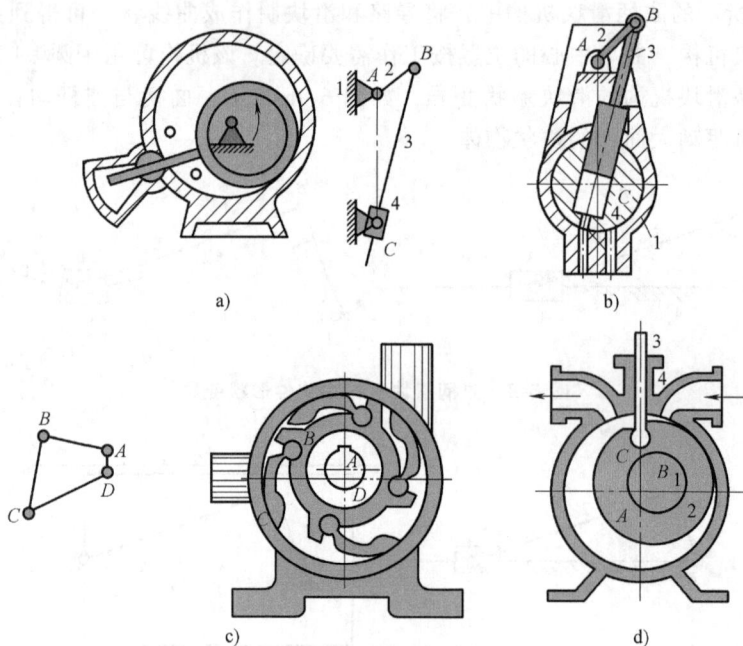

图 6-11　机构演化实例

如图 6-12 所示曲柄滑块机构中，为提高转动副 C 的强度和刚度，可把销轴做成半球状，其上面与滑块底面的球形回槽接触，其下面做成与偏心盘等半径的弧面，其作用仍是连杆与滑块之间的转动连接，但承载能力获得极大提高。

2. 移动副的变异设计

移动副的变异设计可分为移动滑块的扩大和滑块形状的变异设计两部分。图 6-13 所示机构为滑块扩大示意图。

滑块扩大后，可把其他构件包容在块体内部，适合应用在剪床或压床之类的工作装置中。移动副的变异设计多体现在形状与

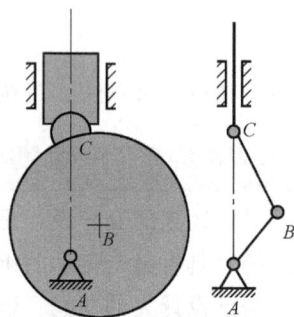

图 6-12　转动副的变异

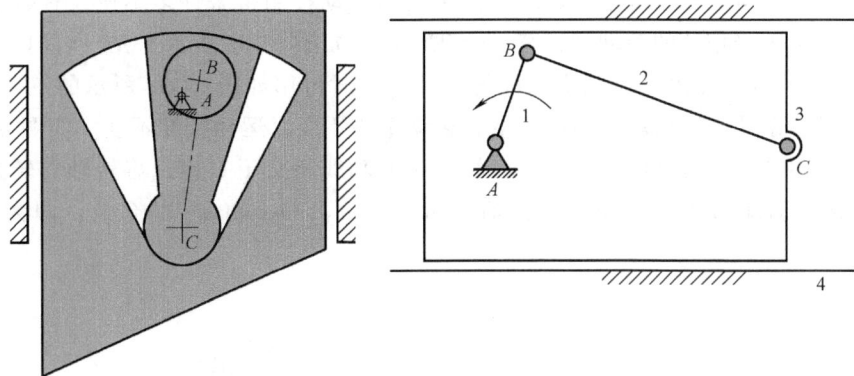

图 6-13 滑块扩大示意图

结构上。图 6-14 所示移动副为滑块形状变异设计的典型示意图。移动副中,有时需要用滚动摩擦代替滑动摩擦,因此滚动导轨代替滑动导轨是常见的移动副变异设计。为避免形成移动副的两构件发生脱离现象,移动副的变异设计必须考虑虚约束的形状问题。读者可从图 6-14 所示的移动副示例中得到一定启发。

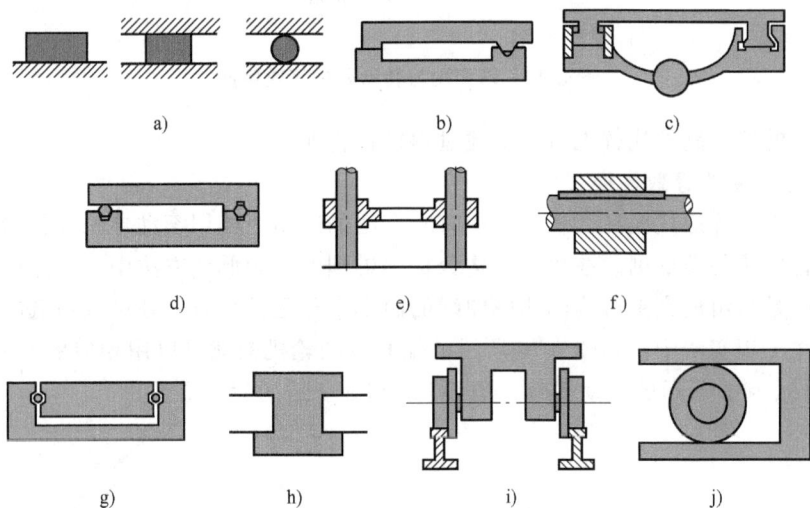

图 6-14 移动副的形状变异

总之,运动副的形状变异一般都伴随着构件的形状变异。认真对待这些变异,对机构的创新设计,特别是机械结构的创新设计有很大的帮助。

四、运动副等效代换与创新设计

运动副的等效代换是指在不改变运动副自由度的条件下,用平面运动副代替空间运动副,或是低副与高副之间的代换,而不改变运动副的运动特性。运动副的等效代换不仅能使机构实用化增强,还为创造新机构提供了理论基础。

1. 空间运动副与平面运动副的等效替换

常用空间机构中主要有球面副、球销副和圆柱副。其中圆柱副主要用于从动件的连接,因此对机构创新设计而言,一般不需进行替换。但是,球面副常出现在机构主动件的连接处，特别是主动件与机架出现球面副时，给机构的运动控制带来许多不便，有时很难做到，这时可利用三个轴线相交的转动副代替一个球面副。如图 6-15a 所示 *SSRR* 空间四杆机构中，若以 *SS* 杆为主动件，则难以控制主动件的运动。这时可用如图 6-15b 所示的三个转动副代替球面副。代替条件是运动副自由度不变，转动中心不变，运动特性不变。如图 6-15b 所示的三个电动机驱动三个转动副的转轴，各转动副的轴线相交于 O 点。各转轴的转角 φ_X、φ_Y 和 φ_Z 的合成运动即为空间转动，各转轴的角速度 ω_X、ω_Y 和 ω_Z 的合成，即为曲柄的角速度。

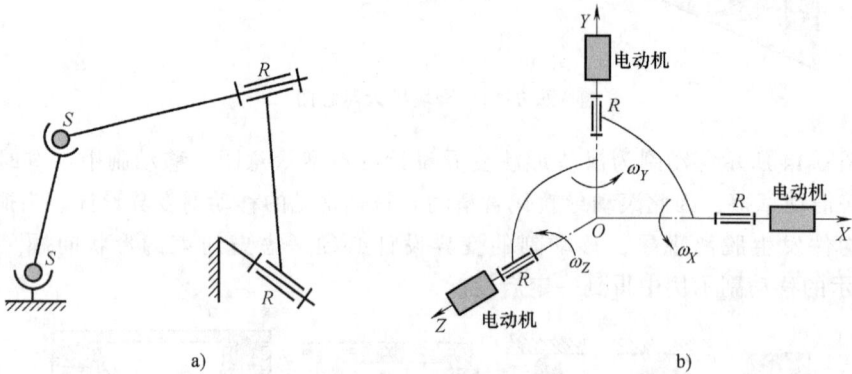

图 6-15　球面副与转动副的等效替换

两自由度的球销副的代替也可按上述过程进行替换。

2. 高副与低副的等效代换

高副与低副的等效代换在工程设计中有着广泛的应用，如用滚动导轨代替滑动导轨、用滚珠丝杠代替传统的螺旋副。在机构结构分析中讲到的高副低代方法中，虽然得到的机构是瞬时机构，但是当组成高副机构的轮廓曲线的曲率半径是常数时，则可以用低副机构代替高副机构应用在工程实践中。如图 6-16 所示的偏心盘凸轮机构就可以用相应的四杆机构代替。其中，图 6-16a 和 b 所示的运动等效，图 6-16c 和 d 所示的运动等效。

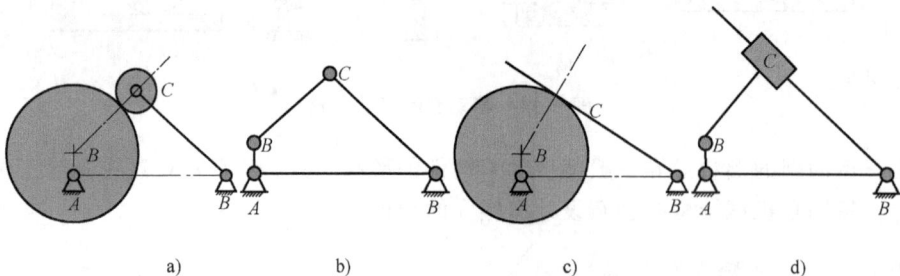

图 6-16　偏心盘凸轮机构的等效代替机构

高副低代过程中应注意：共轭曲线高副机构是啮合高副机构，这类高副机构可以用低副机构代替。瞬心线高副机构是摩擦高副机构，其连心线与过两曲线接触点的公法线共线，因而不能用相应的低副机构代替。

3. 滑动摩擦副与滚动副的等效代换

运动副是两个构件之间的可动连接，按其相对运动方式可分为转动副和移动副。但以面接触的相对运动会产生滑动摩擦，较大的摩擦力将导致磨损发生。根据相对运动速度和承受载荷的大小，运动副处常选择使用滑动摩擦或滚动摩擦。对转动副常使用滚动轴承作为运动副，但对于承受重载的转动副，常使用滑动轴承作为转动副。对于移动副而言，考虑到滑动构件的定位与约束的方便，经常使用滑动摩擦的导轨。但对于要求运动灵活，且承受的载荷较小的机构，使用滚动导轨更加方便。按此类推，低速、重载的螺旋副常使用滑动摩擦副，否则，使用滚珠螺旋副更加方便。运动副的等效代替设计一般和工程设计有密切联系，是工程设计中一种有效创新方法。

第二节　机构的组合与创新设计

在工程实际中，单一基本机构应用较少，而基本机构的组合系统却应用于绝大部分机械装置。因此，机构组合是机械创新设计的重要手段。其组合方法主要有连接杆组法，各类基本机构的串联、并联、叠加连接和封闭式连接五种。本节从机构组合理论出发详细讨论机构的组合方法。

一、机构组合的基本概念

机构是机器中执行机械运动的主体装置，机构的类型与复杂程度和机器的性能、成本、制造工艺、使用寿命、工作可靠性等有密切关系。因此，机构的设计在机械设计的全过程中占有极其重要的地位。

任何复杂机构均是由基本机构组合而成的。这些基本机构可以进行串联、并联、叠加连接和封闭连接，组成各种各样的机械，也可以是互相之间不连接的单独工作的基本机构组成的机械系统，但机构之间的运动必须满足运动协调条件，能完成要求的动作。机械原理课程中所讲述的机构综合大都指基本机构的综合，所以研究基本机构以及它们之间的组合方法是机构创新设计的重要内容。

1. 基本机构的应用

（1）基本机构的单独使用　基本机构可以直接应用在机械装置中，但只包含一个基本机构的机械应用较少。也就是说，只有一些简单机械中才包含一个基本机构，如空气压缩机中包含一个曲柄滑块机构。

（2）互不连接的基本机构的组合　若干个互不连接、单独工作的基本机构可以组成复杂的机械系统。设计要点是选择满足工作要求的基本机构，各基本机构之间进行运动协调设计。如图 6-17 所示的压片机中包含了三个独立工作的基本机构，送料机构与上、下加压机构之间的运动不能发生运动干涉。送料机构必须在上加压机构

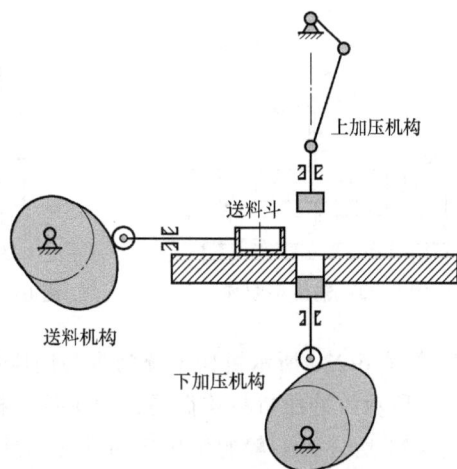

图 6-17　互不连接的基本机构

上行到某一位置，下加压机构把药片送出型腔后，才开始送料，当上、下加压机构开始压紧动作时返回原位静止不动。

（3）各基本机构互相连接的组合　各基本机构通过某种连接方法组合在一起，形成一个较复杂的机械系统，这类机械是工程中应用最广泛和最普遍的。

基本机构的连接组合方式主要有：串联组合、并联组合、叠加组合和封闭组合等。其中串联组合是应用最普遍的组合。图 6-18 所示为基本机构的串联组合示意图，图 6-19 所示为基本机构的并联组合示意图。

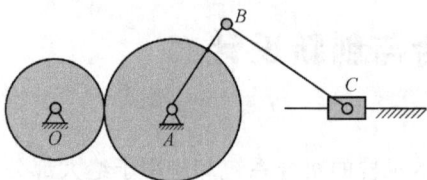

图 6-18　基本机构的串联组合

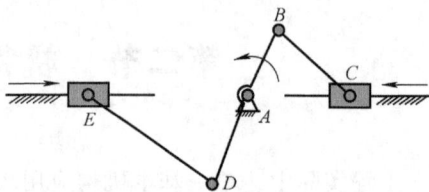

图 6-19　基本机构的并联组合

只要掌握基本机构的运动规律和运动特性，再考虑到具体的工作要求，选择适当的基本机构类型和数量，对其进行组合设计，就为设计新机构提供了一条最佳途径。机械的运动变换是通过机构来实现的，不同的机构能实现不同的运动变换，具有不同的运动特性。这里的基本机构主要有各类四杆机构、凸轮机构、齿轮机构、间歇运动机构、螺旋机构、带传动机构、链传动机构、摩擦轮机构等，基本机构的设计与分析是机械原理课程的主要内容，也是机械运动方案设计的首选机构。

如图 6-20 所示的输送带机构是由带传动机构与齿轮机构组合而成的机构；如图 6-21 所示的输送带机构是由齿轮机构组合而成的机构；如图 6-22 所示的卷扬机机构也是由齿轮机构组合而成的机构。这些最简单的机械装置都包含了两个以上的基本机构，可见机构的组合设计在机械设计中占有重要地位。

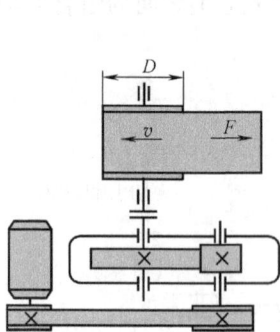

图 6-20　输送带机构一

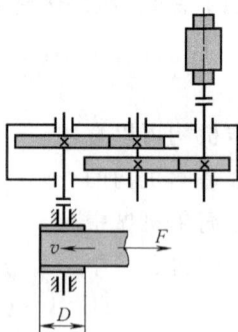

图 6-21　输送带机构二

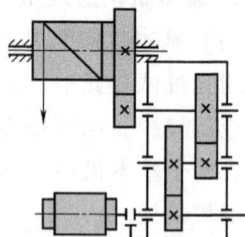

图 6-22　卷扬机机构

如图 6-23a 所示机构系统为牛头刨床的机构简图，由齿轮机构和连杆机构组合而成。图 6-23b 所示为冲压机机构简图，由带传动机构、多级齿轮机构和连杆机构组合而成。

综上所述，一般的机械运动系统都是由若干个基本机构组合而成的，以完成特定的工作任务。但机构的组合方法必须遵循一定的理论与规则，学习和掌握这些机构组合的理论与规则，对于机构的创新设计有很大的指导意义。

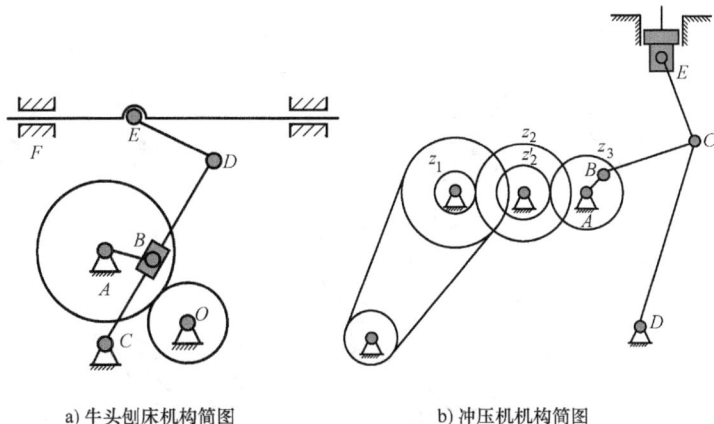

a) 牛头刨床机构简图　　　　b) 冲压机机构简图

图 6-23　复杂机构的组成

2. 常用机构组合方法

机构的组合是指把相同或不同类型的机构通过一定的连接方法，按照一定规则组合成一个机构，从而实现既定的功能目标。

常用的机构组合方法包括：

1）利用机构的组成原理，不断连接各类杆组，可得到复杂的机构。

2）按照串联规则组合基本机构，可得到复杂的串联机构。

3）按照并联规则组合基本机构，可得到复杂的并联机构。

4）按照叠加规则组合基本机构，可得到复杂的叠加机构。

5）按照封闭规则组合基本机构，可得到复杂的封闭机构。

6）上述方法的混合连接，可得到复杂的机构。

二、机构组成原理与创新设计

机构具有确定运动的条件是机构的自由度等于机构的原动件数目。因此，将机构的原动件和机架从原机构拆除后，剩余的杆件系统的自由度必然为零。而自由度为零的杆件系统有时还可以分解为不能再进行拆分的自由度为零的基本杆组。最常见的基本杆组有 Ⅱ 级杆组和 Ⅲ 级杆组，即具有两个构件和三个运动副的杆组以及四个构件和六个运动副的杆组。

1. Ⅱ 级杆组的类型

当内接副为转动副时，两个外接副可同时为转动副，也可以一个为转动副，另一个为移动副，或者两个外接副同时为移动副，图 6-24 所示为 Ⅱ 级杆组分类图，可用 RRR、RRP、PRP 表示。其中中间的字母表示内接副，以下相同。由于 PRR 与 RRP 具有相同性质，可将它们合为一类杆组处理。图 6-24b 所示的两个杆组结构相同，右侧杆组更为常用；图 6-24c 所示的两个杆组结构相同，右侧杆组更为常用。

当内接副为移动副时，两个外接副可同时为转动副。也可以一个为转动副，另一个为移动副。或者两个外接副同时为移动副。这时也可分为三个 Ⅱ 级杆组，可用 RPR、PPR 和 PPP 表示。由于 PPR 与 RPP 具有相同的性质，可将它们合为一类杆组处理。如图 6-24d 所示的杆组为 RPR 类型，右侧杆组更为常用；如图 6-24e 所示的两个 PPR 杆组结构相同，右侧杆组更为常用；图 6-24f 所示为 PPP 杆组，应用较少。

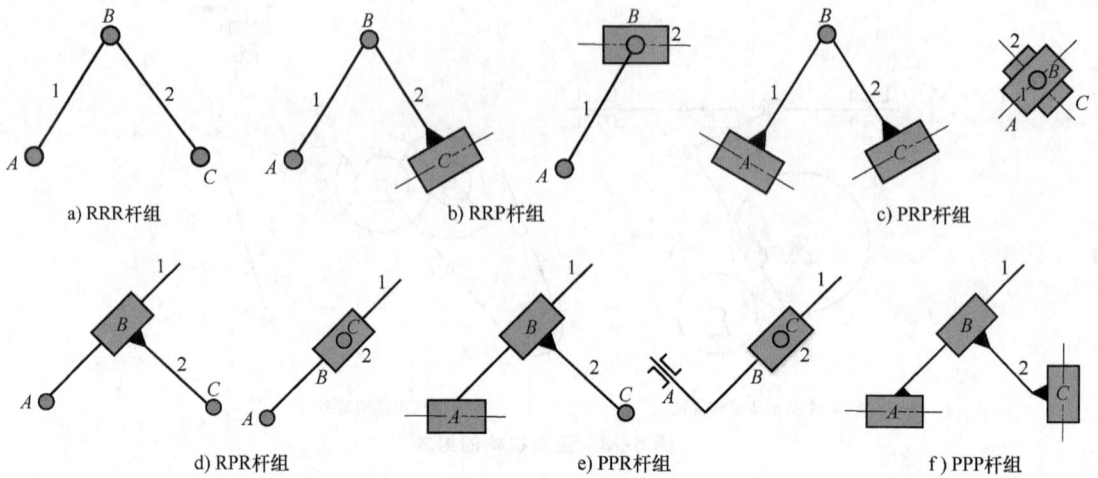

图 6-24 Ⅱ级杆组的分类

Ⅱ级杆组总共有六种不同的形式，常用的有五种。

2. Ⅲ级杆组的类型

Ⅲ级杆组的类型很多，三个内接副均为转动副时，对应有四种杆组类型，如图 6-25 所示。三个内接副中有两个转动副和一个移动副时，对应有四种杆组类型，如图 6-26 所示。三个内接副中有一个转动副和两个移动副时，对应有四种杆组类型，如图 6-27 所示。三个内接副均为移动副时，对应有四种杆组类型，如图 6-28 所示。为方便起见，前三个大写字母表示三个内接副，后三个大写字母表示外接副，也可以用图示简化表示方法。

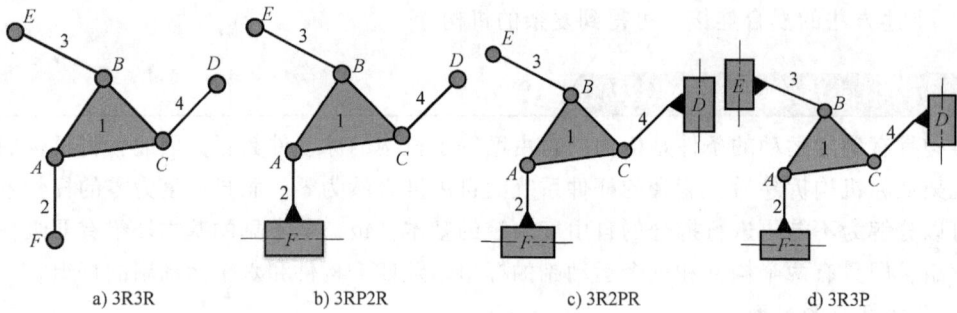

图 6-25 3R 类Ⅲ级杆组

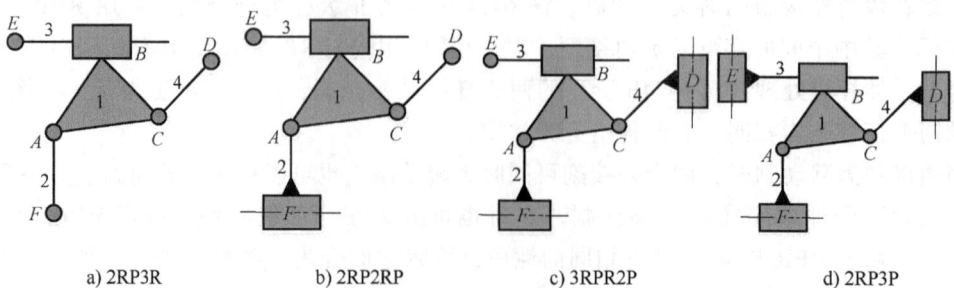

图 6-26 2RP 类Ⅲ级杆组

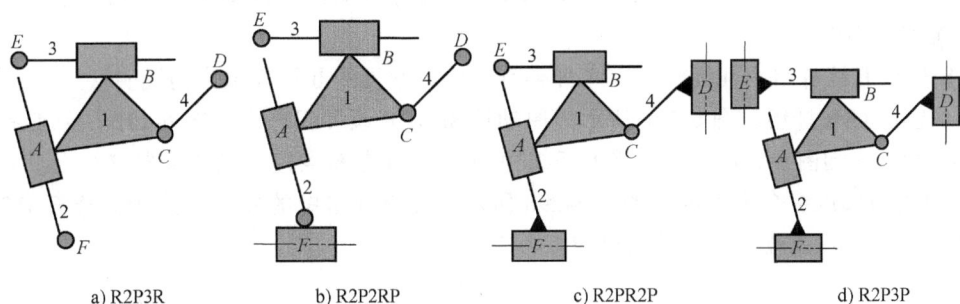

a) R2P3R　　　　b) R2P2RP　　　　c) R2PR2P　　　　d) R2P3P

图 6-27　R2P 类 Ⅲ 级杆组

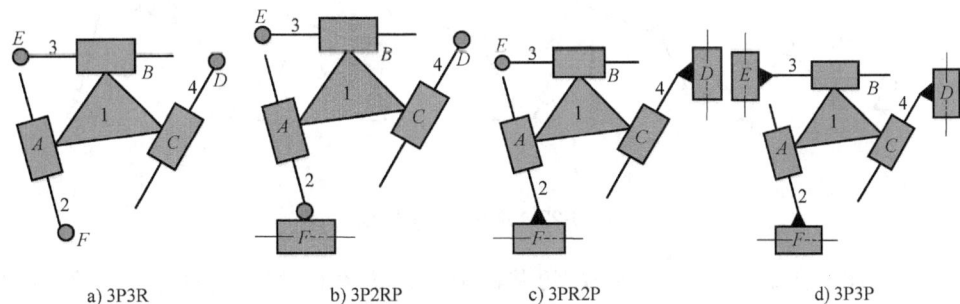

a) 3P3R　　　　b) 3P2RP　　　　c) 3PR2P　　　　d) 3P3P

图 6-28　3P 类 Ⅲ 级杆组

　　其中，图 6-25a、b、c 所示杆组应用较多，3R3R 类型的 Ⅲ 级杆组应用最广泛（前面 3R 表示内接副，后面的 3R 表示外接副）。在 2RP 类（指三个内接副）Ⅲ 级杆组中，图 6-26c、d 所示杆组应用较少。在 R2P 类（指三个内接副）Ⅲ 级杆组中，如图 6-27a 所示的 R2P3R 有着广泛的应用。如图 6-28 所示的 3P 类Ⅲ级杆组中，3P3R 有所应用，其余杆组应用较少。

　　由Ⅲ级杆组组成的机构，在工程中应用不多，但由于Ⅲ级机构有其独特的运动学和动力学特性，同时随着Ⅲ级机构的综合方法、运动分析和受力分析方法的完善，人们正在重新认识Ⅲ级机构的应用。

3. 机构组成原理与机构创新设计

　　（1）机构组成原理　把基本杆组依次连接到原动件和机架上，可以组成新机构。或者说，任何机构都是通过把基本杆组依次连接到原动件和机架上组成的，这就是机构的组成原理。机构组成原理为创新设计一系列的新机构提供了明确的途径。

　　机构组成原理也可以拓展到多自由度的机构组成分析，把基本杆组直接连接到原动件上，也能得到多自由度的新机构。如把 RRR 型Ⅱ级杆组直接连接到两个原动件上，可得到二自由度的五杆机构（图 1-3b）。

　　（2）机构组成原理与机构创新　利用机构组成原理进行机构创新设计的途径是：把前述的各种Ⅱ级杆组或Ⅲ级杆组连接到原动件和机架上，可以组成基本机构。再把各种Ⅱ级杆组和Ⅲ级杆组连接到基本机构的从动件上，可以组成复杂的机构系统。以此类推，可以组成各种各样的、能实现不同功能目标的新机构。可见，利用机构的组成原理进行机构创新设计，概念清楚、方法简单、可操作性好，但真正要满足功能要求，还必须进行尺度综合。所以，这种方法还是处于机构运动方案的创新设计范畴。

（3）创新设计示例　工程中常见的原动机大都为电动机，也就是说，机构中的原动件以做定轴转动为主。

1）连接Ⅱ级杆组。Ⅱ级杆组有六种类型，仅以常见的Ⅱ级杆组为例说明。

① 连接 RRR 杆组。图 6-29a 所示为原动件和 RRR 型Ⅱ级杆组，图 6-29b 所示为铰链四杆机构 ABCD。如图 6-29c 所示，Ⅱ级杆组中的外接副的 E 点连接到连架杆 DC 上，具体位置可通过机构尺度综合来确定。如图 6-29d 所示，Ⅱ级杆组中的外接副连接到连杆 BC 上的 E 点和机架上，具体位置也要通过机构综合来确定。

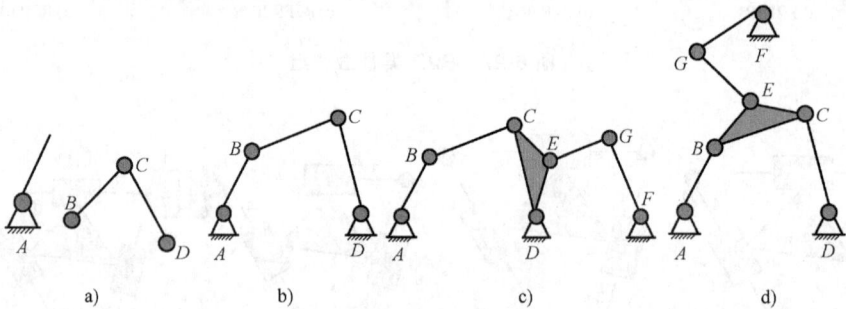

图 6-29　连接 RRR 杆组

② 连接 RRP 杆组。在原动件 AB 的基础上，连接 RRP 杆组时的组合示例如图 6-30 所示。

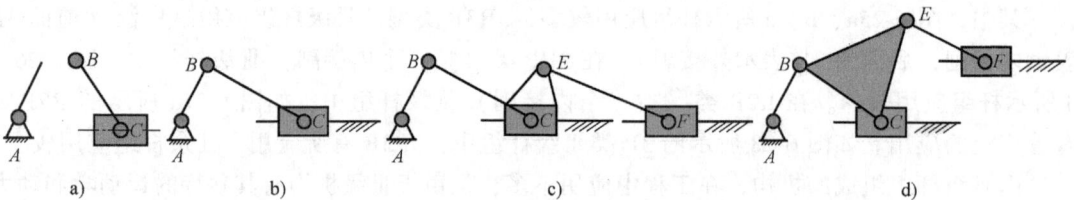

图 6-30　连接 RRP 杆组形式

Ⅱ级杆组 EF 中 E 点可以连接到滑块上，具体位置可通过机构尺度综合来确定；Ⅱ级杆组中的 E 点也可连接到连杆上，具体位置也要通过机构综合来确定。

③ 连接 RPR 杆组。把 RPR 杆组的一个外接副 B 连接到原动件上，另一个外接副连接到机架上，如图 6-31b 所示，可产生往复摆动的运动方式。转动副 C 与机架的相对位置决定摆杆的转动角度。

在这个基本机构上，还可以不断连接Ⅱ级杆组，如连接 RRP 型Ⅱ级杆组，则得到 6-31d 所示的典型的牛头刨机构。

④ RRR 与 RRP 杆组的混合连接。图 6-32 所示机构为在铰链四杆机构的基础上连接 RRP 杆组和在曲柄滑块机构的基础上连接 RRR 杆组的示意图。

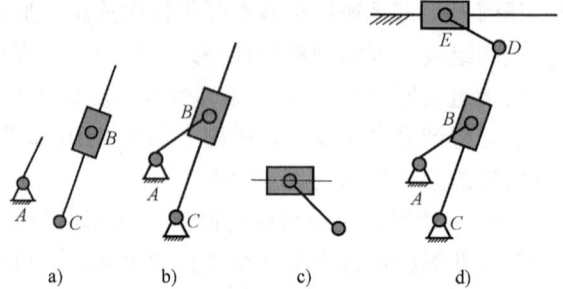

图 6-31　连接 RPR 和 RRP 杆组形式

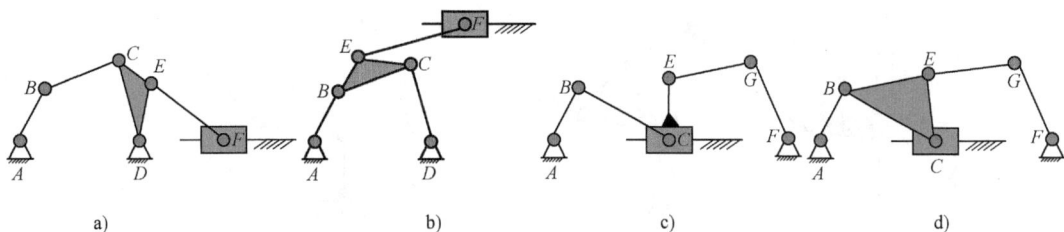

图 6-32　混合连接 II 级杆组

⑤ 连接 RPP 杆组。RPP 杆组也是组成机构的常用杆组，具体组合方式如图 6-33 所示。把 RPP 杆组中的外接 R 副与原动件连接，可得到如图 6-33a 所示的正弦机构，把 RPP 杆组中的外接 P 副与原动件连接，可得到如图 6-33b 所示的正切机构。

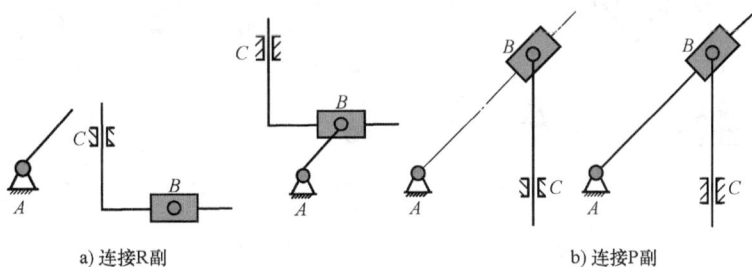

a) 连接R副　　　　　　　　　　　　　b) 连接P副

图 6-33　连接 RPP 型杆组

II 级杆组形状变异类型较多，杆组连接法为机构创新设计提供了明确方向。

2）连接 III 级杆组。由 III 级杆组组成的 III 级机构在工程中应用相对较少，下面仅做简单介绍。

如图 6-34 所示的机构为连接 3R3R 和 3R2RP 型 III 级杆组组成的机构示意图。如 3R3R III 级杆组的一个外接副 E 与原动件连接，其余外接副与机架连接，可得到如图 6-34b 所示的 III 级机构。如果其中的一个外接副为移动副，则可得到图 6-34d 所示的 III 级机构。按照上述基本原理，可与许多 III 级杆组组成各种新机构。

如 3R3R III 级杆组连接到两个原动件和机架上（图 6-34e），可得到如图 6-34f 所示的二自由度 III 级机构。

如 3R3R III 级杆组直接连接到三个原动件上（图 6-34g），可得到如图 6-34h 所示的三自由度 III 级机构。该机构在机器人领域称为并联机构。

（4）利用机构组成原理进行机构创新设计的基本思路　机构组成原理简单、易学，但传统的机械原理教学过程中往往忽视了它的重要性。在利用这种方法进行机构运动方案的创新设计时，可遵循下列基本原则：

1）II 级机构的综合方法、分析方法已经成熟，可优先考虑采用 II 级杆组进行机构的组合设计。

2）掌握 II 级杆组的六种基本形式，学会 II 级杆组的变异设计，图 6-24b、c、d、e 右侧所示仅是杆组变异的几种简单形式。

3）II 级杆组的一个外接副连接活动构件，另一个外接副连接机架，可获得单自由度的机构。

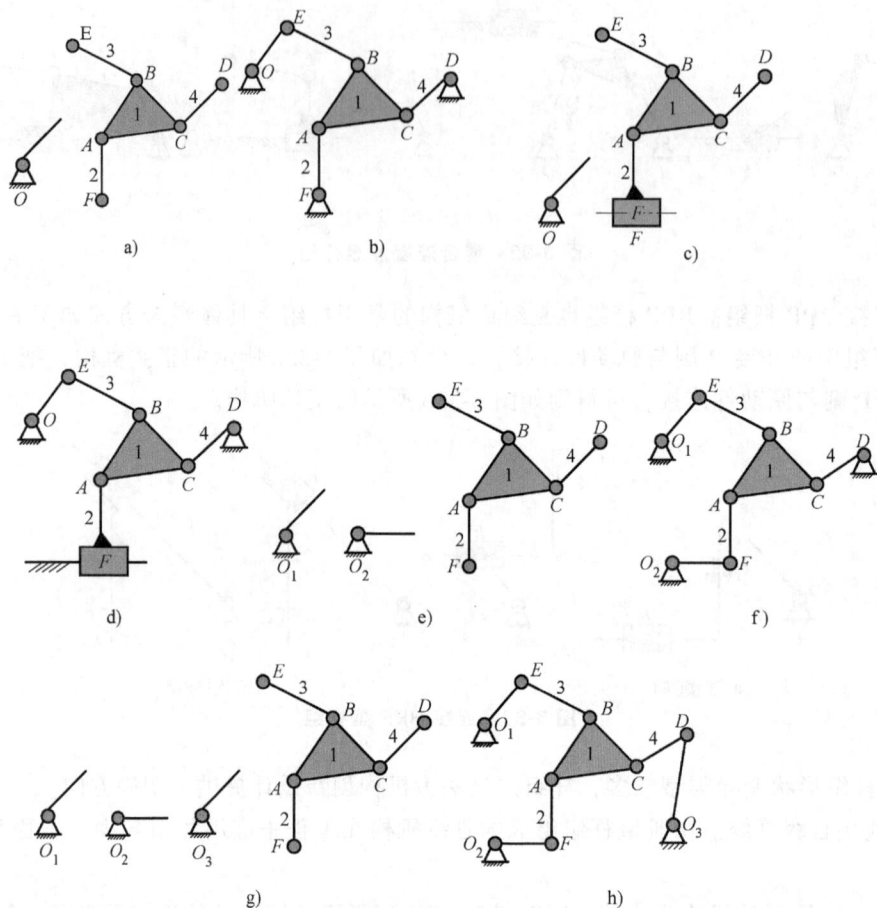

图 6-34 连接Ⅲ级杆组

4）根据机构输出运动的方式选择杆组类型。输出运动为转动或摆动时，可优先选择带有两个以上转动副的杆组，如 RRR、RPR 和 PRR 等杆组；输出运动为移动时，可优先选择带有移动副的杆组，如 RRP、PRP 和 RPP 等杆组，RPR 杆组也能实现移动到摆动的运动变换。

5）连接杆组法只能实现机构运动方案的创新设计，实现具体的机构功能要求还需进行机构的尺度综合。综合过程与杆组的连接位置的确定有时需要反复进行，才能得到满意的设计结果。

6）连接杆组法也适合齿轮、凸轮等其他机构的组合设计。

如图 6-35 所示的行星轮系，通过合理选择齿数 z_1 和 z_2，可生成任意行星曲线。图中的行星曲线为三段近似圆弧，连接一个 RRP 杆组后，可得到滑块三个停顿位置的输出运动。

7）基本杆组的外接副也可直接连接到原动件上，此时可获得多自由度的机

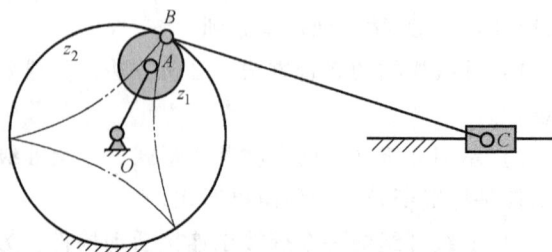

图 6-35 连接Ⅱ级杆组的齿轮机构

110

构。机构的组成原理为创新设计新机构提供了明确的方向，可操作性好，是机构创新设计的重要方法之一。只要掌握杆组的基本概念、分类，杆组的变异以及连接方法，再辅以创造性的思维，就为机构创新设计奠定了良好的基础。

三、机构的串联组合与创新设计

工程中的机械装置，很少应用单一的机构，大都是几个机构组合在一起，形成一个机构，而通过串联组合形成的机构则是应用最广泛的，也是最常用的机构组合方法。

1. 机构的串联组合

（1）基本概念 前一个机构的输出构件与后一个机构的输入构件刚性连接在一起，称为串联组合。前一个机构称为前置机构，后一个机构称为后置机构。其特征是前置机构和后置机构都是单自由度的机构。

（2）分类 对于单自由度的高副机构，只有一个输入构件和一个输出构件；对于连杆机构，输出运动的构件可能是连架杆（做定轴转动或直线移动），也可能是做平面运动的连杆。根据参与组合的前后机构连接点的不同，可将机构分为两种串联组合方法。连接点选在做简单运动的构件（一般为连架杆）上，称为Ⅰ型串联。做简单运动的构件是指做定轴旋转或往复直线移动的构件。连接点选在做复杂平面运动的构件上，称为Ⅱ型串联。做复杂平面运动的构件是指连杆或行星轮。图6-36所示为机构的串联组合框图。

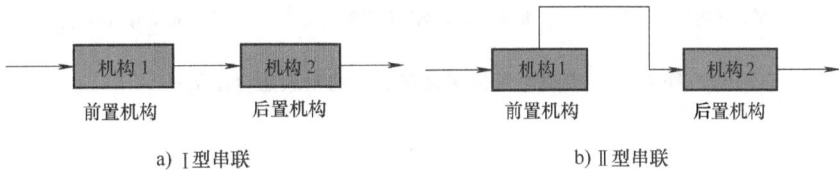

图6-36 机构的串联组合框图

串联组合中的各机构可以是同类型机构，也可以是不同类型机构。串联中前置机构和后置机构没有严格区别，按工作需要选择即可。设计要点是两机构连接点的选择。

（3）组合示例 如图6-37a所示，铰链四杆机构 $ABCD$ 为前置机构，连杆机构 DEF 为后置机构。前置机构中的输出构件 DC 与后置连杆机构的输入构件 DE 固接，形成Ⅰ型串联。合理进行机构尺度综合后，可获得滑块的特定运动规律。如图6-37b所示，前置机构为平行四边形 $ABCD$，后置机构为 z_1 和 z_2 组成的内啮合齿轮机构，齿轮机构中的内齿轮1与做平动

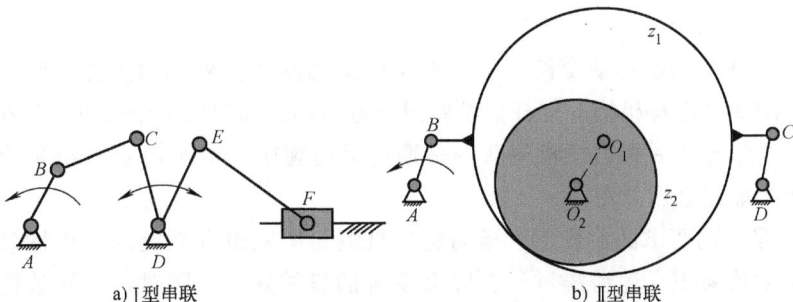

图6-37 串联机构示意图

的连杆固接，且圆心位于连杆的轴线上。齿轮 1 的圆心位于曲柄的平行线上，且满足 $O_1O_2 = AB = CD$。该机构为 Ⅱ 型串联机构。

2. 串联组合的基本思路

串联组合的机构在工程中的应用最为广泛。串联组合的构思基本原则如下：

（1）实现后置机构的速度变换　工程中的原动机大都采用输出转速较高的电动机或内燃机，而后置机构的转速较低。为实现后置机构低速或变速的工作要求，前置机构经常采用各种齿轮机构、齿轮机构与 V 带传动机构、齿轮机构与链传动机构，其中的齿轮机构、带传动机构、链传动机构已经标准化、系列化。图 6-38 所示为组合示例简图。图 6-39 所示为实现连杆机构、凸轮机构等后置机构速度变换的串联组合示意图。齿轮机构是应用最为广泛的实现速度变换的前置机构。

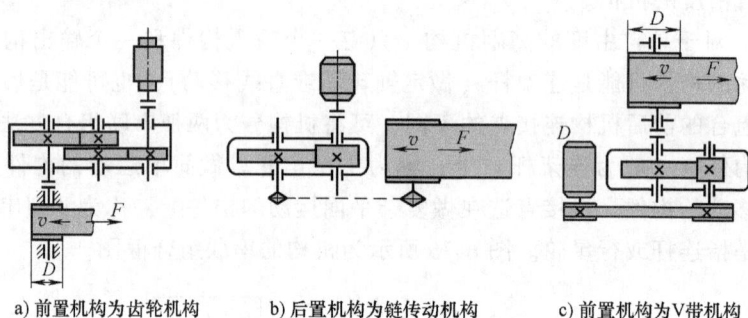

a) 前置机构为齿轮机构　　b) 后置机构为链传动机构　　c) 前置机构为V带机构

图 6-38　实现后置机构速度变换的串联组合示例一

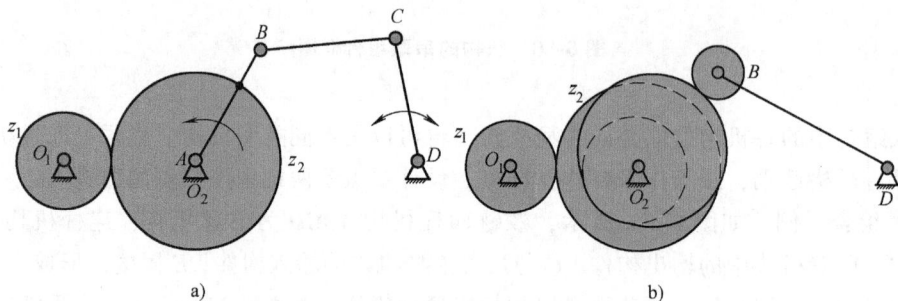

a)　　　　　　　　b)

图 6-39　实现后置机构速度变换的串联组合示例二

（2）实现后置机构的运动变换　基本机构的运动规律受到机构类型的限制，如曲柄滑块机构的滑块或曲柄摇杆机构的摇杆很难获得等速运动，而串联一个前置连杆机构，并通过适当的尺度综合，可使后置连杆机构获得预期的运动规律。图 6-40 所示机构为改变后置机构运动规律的串联组合示意图。

（3）在满足运动要求的前提下，运动链尽量短　串联组合系统的总机械效率等于各机构的机械效率的连乘积，运动链过长会降低系统的机械效率，同时也会导致传动误差的增大。在进行机构的串联组合时应力求运动链最短。

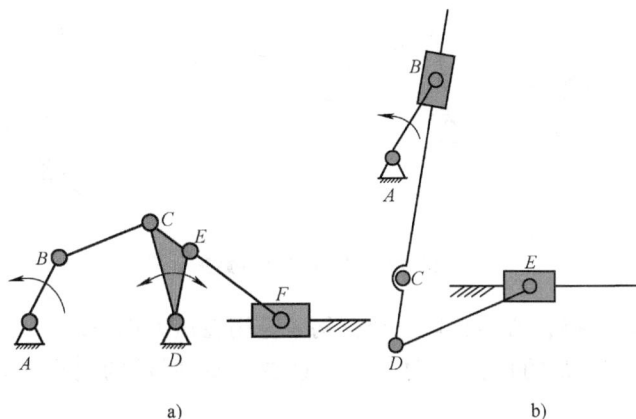

a)   b)

图 6-40   改变后置机构运动规律的串联组合

四、机构的并联组合与创新设计

1. 机构的并联组合

（1）基本概念   若干单自由度的基本机构的输入构件连接在一起，保留各自的输出运动，或若干个单自由度机构的输出构件连接在一起，保留各自的输入运动，或输入构件连接在一起、输出构件也连接在一起均称为机构的并联组合。其特征是各基本机构均是单自由度机构。

（2）分类   根据并联机构输入与输出特性的不同，可将并联机构分为三种并联组合方式。各机构把输入构件连接到一起，保留各自输出运动的连接方式，称为Ⅰ型并联。各机构保持不同的输入件，把输出构件连接在一起的方式，称为Ⅱ型并联。各机构的输入构件和输出构件分别连接在一起的连接方式，称为Ⅲ型并联。图 6-41 所示为机构的并联组合示意图。

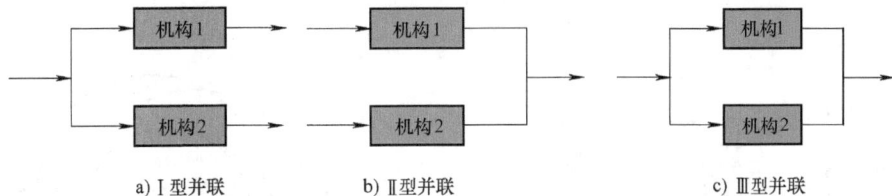

a) Ⅰ型并联   b) Ⅱ型并联   c) Ⅲ型并联

图 6-41   并联组合示意图

（3）组合示例   并联组合是最为常见的机构组合方法之一。图 6-42a 所示为两个曲柄滑块机构的并联组合，其中两个机构的曲柄连接在一起，成为共同的输入构件，两个滑块各自输出往复移动。图 6-42b 所示为两个曲柄摇杆机构的并联组合，其中两个机构的曲柄连接，成为共同的输入构件，两个摇杆均输出往复摆动。它们都是Ⅰ型并联组合。Ⅰ型并联组合机构可实现机构的惯性力完全平衡或部分平衡，还可实现运动分流。选择被连接的输入构件之间的相位可根据具体的设计要求决定。图 6-42c 所示为Ⅱ型并联组合机构，四个主动滑块的移动共同驱动一个曲柄的输出。Ⅱ型并联组合机构可实现运动的合成，这类组合方法是设计多缸发动机的理论依据。

图 6-43 所示机构为Ⅲ型并联组合示意图。如图 6-43 所示，共同的输入构件为主动带轮，

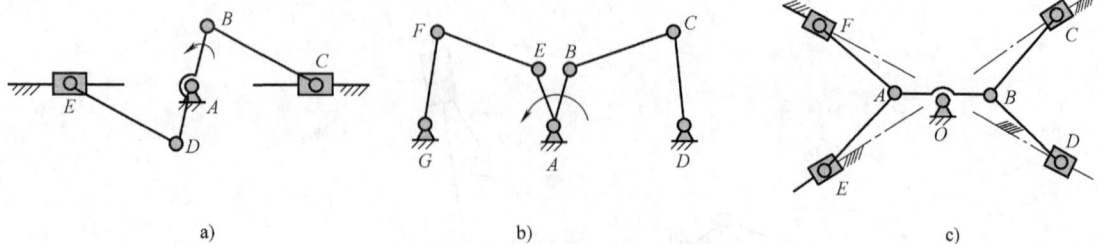

图 6-42　并联组合示意图

共同的输出构件为滑块 KF。Ⅲ型并联组合机构常应用在压力机中。

为保持曲柄 OA 和 OB 的反向转动，可通过图 6-43 所示的同向带和交叉带传动机构实现。

2. 并联组合的基本思路

串联机构组合的目的主要是改变后置机构的运动速度或运动规律，并联机构的组合目的主要是用于实现运动的分解或运动的合成，有时也可以改变机构的动力性能。并联组合的基本原则如下：

（1）对称并联相同的机构，可实现机构的平衡　通过对称并联同类机构，可以实现机构惯性力的部分平衡与完全平衡。利用Ⅰ型并联组合可实现此类目的。

（2）实现运动的分解与合成　Ⅰ型并联组合可以实现运动的分解或运动分流，Ⅱ型并联组合可以实现运动的合成。

（3）改善机构受力状态　如图 6-43 所示机构中，两个曲柄驱动两套相同的串联机构，再通过滑块输出动力，使滑块受力均衡。Ⅲ型并联组合机构可使机构的受力状况大大改善。因而在冲床、压床机构中得到广泛的应用。

图 6-37b 所示平动齿轮机构中，采用并联组合后，可得到如图 6-44 所示的三环减速器机构。三个平动齿轮共同驱动一个外齿轮减速输出，不但增加了运动平稳性，而且改善了传力性能。

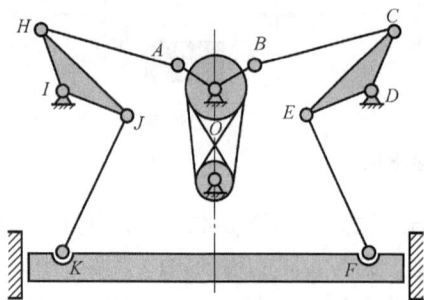

图 6-43　Ⅲ型并联组合机构

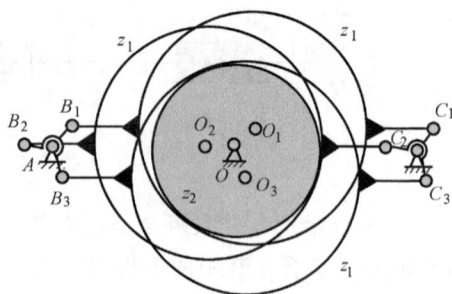

图 6-44　环减速器机构

五、机构的叠加组合与创新设计

机构的叠加组合是机构组合理论的重要内容，是机构创新设计的重要途径。

1. 机构的叠加组合

（1）基本概念　机构叠加组合是指在一个基本机构的可动构件上再安装一个以上基本

机构的组合方式。把支撑其他机构的基本机构称为基础机构，安装在基础机构可动构件上面的机构称为附加机构。

（2）分类　机构叠加组合有两种方法。图6-45所示框图为机构的叠加组合示意图，分别称为Ⅰ型叠加机构和Ⅱ型叠加机构。

1）Ⅰ型叠加机构。如图6-45a所示的叠加机构中，动力源作用在附加机构上，或者说主动机构为附加机构，还可以说由附加机构输入运动。附加机构在驱动基础机构运动的同时，也可以有自己的运动输出。附加机构

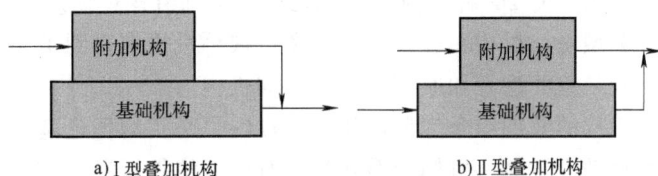

图6-45　机构的叠加组合

安装在基础机构的可动构件上，同时附加机构的输出构件驱动基础机构的某个构件。

2）Ⅱ型叠加机构。如图6-45b所示的叠加机构中，附加机构和基础机构分别有各自的动力源，或有各自的运动输入构件，最后由附加机构输出运动。Ⅱ型叠加机构的特点是附加机构安装在基础机构的可动构件上，再由设置在基础机构可动构件上的动力源驱动附加机构运动。进行多次叠加时，前一个机构即为后一个机构的基础机构。

3）组合示例。图6-46所示的机构是根据Ⅰ型叠加原理设计的机构。蜗杆传动机构为附加机构，行星轮系机构为基础机构。蜗杆传动机构安装在行星轮系机构的系杆H上，附加机构的输出蜗轮与基础机构的行星轮连接在一起，为基础机构提供输入运动，带动系杆缓慢转动。附加机构的蜗杆驱动扇叶转动，又可通过基础机构的运动实现附加机构的360°的全方位慢速转动，该机构可设计出理想的电风扇。

Ⅰ型叠加机构是设计摇头电风扇机构的理论基础，如图6-46a所示的机构即为常用电风扇的机构简图。如图6-46b所示的机构是按Ⅰ型叠加原理设计的双重轮系机构。一般情况下，以齿轮机构为附加机构，以连杆机构或齿轮机构为基础机构的叠加方式应用较为广泛。Ⅰ型叠加机构在军事装备中有广泛应用。

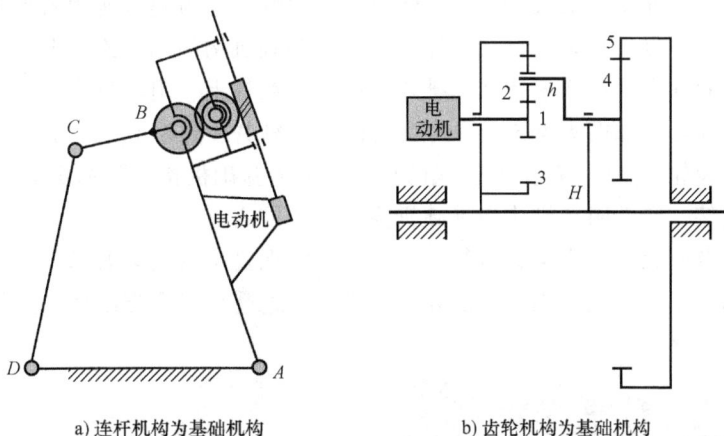

a) 连杆机构为基础机构　　b) 齿轮机构为基础机构

图6-46　Ⅰ型叠加机构示例

Ⅱ型叠加机构在工程中也有广泛应用。Ⅱ型叠加机构的特点是附加机构安装在基础机构的可动构件上，再由设置在基础机构可动构件上的动力源驱动附加机构运动。进行多次叠加

时，前一个机构即为后一个机构的基础机构。如图 6-47a 所示的户外摄影车机构即为 II 型叠加机构的示例。

平行四边形机构 *ABCD* 为基础机构，由液压缸 1 驱动 *BC* 杆运动。平行四边形机构 *CDFE* 为附加机构，并安装在基础机构的 *CD* 杆上。安装在基础机构 *AD* 杆上的液压缸 2 驱动附加机构的 *DF* 杆，使附加机构相对基础机构运动。平台的运动为叠加机构的复合运动。

II 型叠加机构在各种机器人和机械手机构中得到了非常广泛的应用。图 6-47b 所示的机械手就是按 II 型叠加原理设计的叠加机构。

机构的叠加组合为创建新机构提供了坚实的理论基础，特别在要求实现复杂的运动和特殊的运动规律时，机构的叠加组合有巨大的创新潜力。

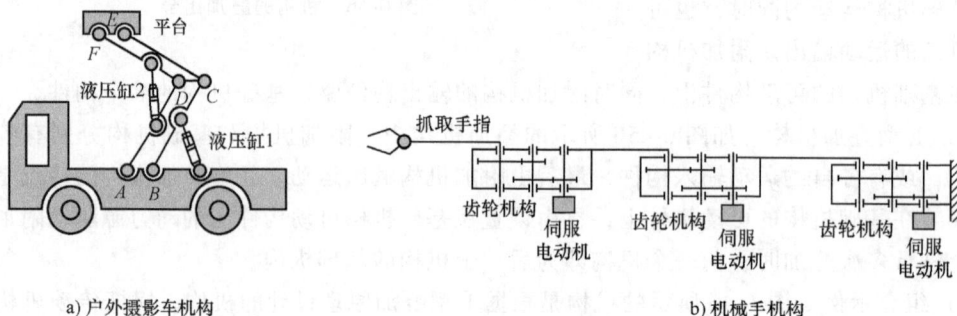

图 6-47　II 型叠加机构示例

2. 机构叠加组合的关键问题

机构叠加组合的概念明确，思路清晰。创新设计的关键问题是确定附加机构与基础机构之间的运动传递，或者附加机构的输出构件与基础机构的哪一个构件连接。

II 型叠加机构中，动力源安装在基础机构的可动构件上，驱动附加机构的一个可动构件，按附加机构数量依次连接即可。II 型叠加机构之间的连接方式较为简单，且规律性强，所以应用最为普遍。

I 型叠加机构的连接方式较为复杂，但也有规律性。如齿轮机构为附加机构，连杆机构为基础机构时，连接点选在附加机构的输出齿轮和基础机构的输入连杆上。基础机构是行星齿轮机构，可把附加齿轮机构安置在基础轮系机构的系杆上，附加机构的齿轮或系杆与基础机构的齿轮连接即可。如图 6-46b 所示的双重轮系机构中，齿轮 1、2、3 和系杆 *H* 组成的轮系为附加机构，齿轮 4、5 和系杆 *H* 组成的行星轮系为基础机构。附加机构的系杆 *H* 与基础机构的齿轮 4 连接，实现附加机构向基础机构的运动传递。

机构叠加组合而成的新机构具有很多优点，可实现复杂的运动要求，机构的传力功能较好，可减小传动功率，但设计构思难度较大。掌握上述叠加组合方法后，为创建叠加机构提供了理论基础。

六、机构的封闭组合与创新设计

1. 机构的封闭组合

（1）基本概念　一个二自由度机构中的两个输入构件或两个输出构件，或一个输入构件和一个输出构件用单自由度的机构连接起来，形成一个单自由度的机构，称为封闭式连接。其特征是基础机构为二自由度机构，附加机构为单自由度机构。具有二自由度的机构为基础机构，共有三个运动。因此附加单自由度的机构可封闭两个输入运动，或封闭两个输出运动，或封闭一个输入运动和一个输出运动。由于单自由度的机构连接了二自由度基础机构中的两个构件的运动，也就限制了被连接构件的一个独立运动，使组合机构的自由度减少一个，因此，封闭组合机构的自由度为1。

基础机构的三个运动中，有两个运动被另外一个附加机构封闭连接，因此不能分别单独设计基础机构和附加机构，必须将基础机构和附加机构看作一个整体考虑。明白其组合原理后，将为封闭组合机构的分析与设计提供有利条件。

（2）分类 根据封闭组合机构输入与输出特性的不同，共有三种封闭组合方法。一个单自由度的附加机构封闭基础机构的两个输入或输出运动，称为Ⅰ型封闭机构，如图6-48a所示（运动流程也可反向）。两个单自由度的附加机构封闭基础机构的两个输入或输出运动，称为Ⅱ型封闭机构，如图6-48b所示（运动流程也可反向）。一个单自由度的附加机构封闭基础机构一个输入运动和输出运动，称为Ⅲ型封闭组合机构，如图6-48c所示。

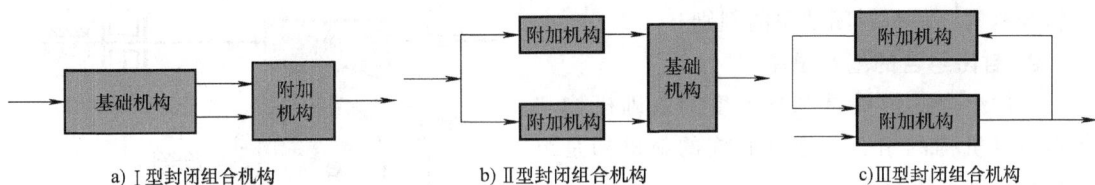

图 6-48 机构的封闭式组合示意框图

（3）封闭组合示例 如图6-49a所示的差动轮系有两个自由度，给定任意两个输入运动（如齿轮1、3），可实现系杆的预期输出运动。在齿轮1、3之间组合附加定轴轮系（齿轮4、5、6组成）后，可获得如图6-49b所示的Ⅰ型封闭机构，调整定轴轮系的传动比，可得到任意预期的系杆转速。把系杆 H 的输出运动通过定轴轮系（齿轮4、5、6）反馈到输入构件（齿轮3）后，可得到如图6-49c所示的Ⅲ型封闭组合机构。

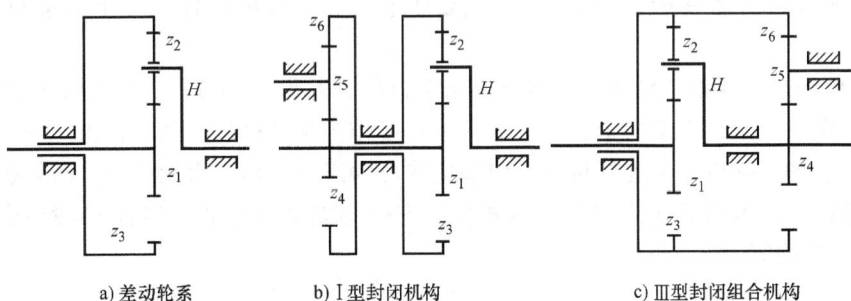

图 6-49 封闭机构组合示例之一

如图6-50a所示的机构中，由齿轮1、2、3和系杆 H 组成的差动轮系为基础机构，差动轮系的系杆和齿轮1经连杆机构 $ABCD$ 和齿轮机构21、24封闭，四杆机构和定轴齿轮机构组成两个附加机构。形成Ⅱ型齿轮连杆封闭组合机构，组合概念非常清晰。

如图6-50b所示机构中，二自由度的五杆机构 $OABCD$ 为基础机构，凸轮机构为封闭机构。五杆机构的两个连架杆分别与凸轮和推杆固连，形成Ⅰ型凸轮连杆封闭组合机构。

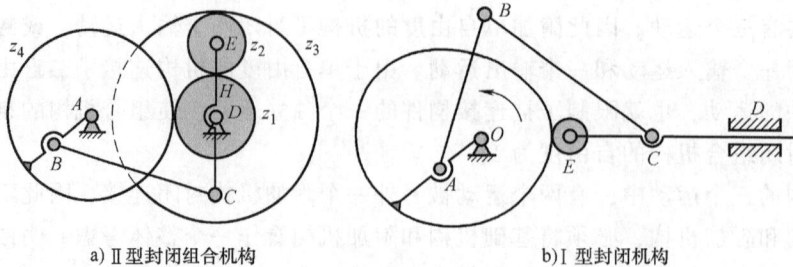

a) Ⅱ型封闭组合机构   b) Ⅰ型封闭机构

图 6-50　封闭机构组合示例之二

如图 6-51 所示机构中，凸轮机构封闭了二自由度蜗杆机构的蜗轮转动（基础机构的输出运动）和蜗杆的移动（基础机构的一个输入运动），是典型的Ⅲ型封闭组合机构。机构的封闭式组合将产生组合机构，组合机构可实现优良的运动特性。但是它有时会产生机构内部的封闭功率流，降低机械效率。所以，传力封闭组合机构要进行封闭功率的判别。

2. 封闭组合的基本思路

封闭组合的前提是二自由度的基础机构和单自由度机构的组合，组合而成的新机构是组合机构，基本组合思路如下。

1）常见的基础机构主要有五杆机构和差动轮系机构，附加封闭机构可以是齿轮机构、凸轮机构和四杆机构，有时也用间歇运动机构作为封闭机构。

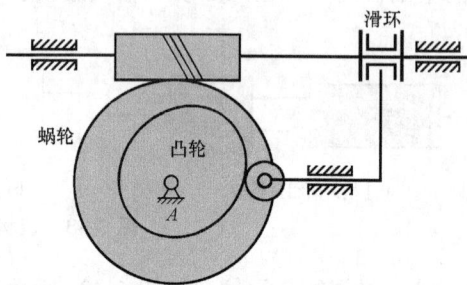

图 6-51　Ⅲ型封闭组合机构示例

2）附加机构封闭基础机构的两个输入运动或两个输出运动简便易行，在工程中的应用最为广泛。

3）附加机构封闭基础机构的一个输入构件和一个输出构件，输出运动反馈回输入构件。

4）机构的封闭式组合结果将导致形成组合机构，其设计和分析方法与基础机构和附加机构类型有密切关系。任意两个自由度的机构均可作为基础机构，而单自由度的机构则可作为附加机构。如基础机构为连杆机构，附加机构可为连杆机构、齿轮机构、凸轮机构和间歇运动机构等，这时可组成连杆-连杆组合机构、连杆-齿轮组合机构、连杆-凸轮组合机构、连杆-槽轮组合机构等。

七、其他类型的机构组合与创新设计

除上述几种非常典型的机构组合方法之外，还有一些其他机构组合方法。

1. 机构的混合组合方法

工程中实际使用的机构系统，经常联合使用上述组合方法，称为混合组合法。如串联组合后再并联组合，串联组合后再叠加杆组组合等。

2. 附加约束组合法

附加约束组合法是指在多自由度机构中，人为地增加约束条件，从而达到创新设计的目的。

如图 6-52 所示的机构中，五杆机构 $ABCDE$ 为一个二自由度的机构，用一个固定的凸轮高副约束 C 点的运动，可得到凸轮-连杆组合机构。改变凸轮的轮廓线形状，可实现滑块的预期运动。

在工程中，附加约束一般采用具有复杂曲线结构的高副。如图 6-52 所示的凸轮-连杆机构在纺织机械和印刷机械中有广泛应用。

附加约束法是多自由度机构转化为单自由度机构且能完成特定运动的有效创新方法。如图 6-53 所示的二自由度的轮系机构中，如果对内齿轮设置附加约束，即加装制动器 B，可改变系杆的转速。

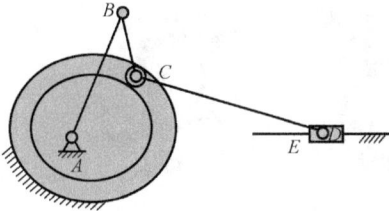

图 6-52　凸轮-连杆组合机构

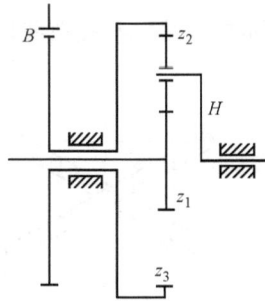

图 6-53　附加约束的轮系机构

附加约束种类的不同，对机构运动影响也不相同，设计时可针对不同机构区别对待。此外，利用机构的死点位置、自锁原理都可以解决工程中的许多机械设计问题，这里不再叙述。

八、剪叉机构及其创新设计

剪叉机构是一种连杆机构，具有良好的扩展特性和折叠特性，不但在各种领域中得到了广泛的应用，而且应用前景及应用范围还在扩大。

1. 剪叉机构的基本概念

两个杆件之间用一个转动副连接起来，其结构类似于剪刀，故称为剪叉机构。最简单的剪叉机构，又称为剪叉单元。多个剪叉单元相连接，构成了各种各样的剪叉机构。

如图 6-54a 所示的剪叉单元中，两杆等长，即 $AB = CD$，铰链位于两杆中间，称为 A 型剪叉单元，也称为对称剪叉单元，是应用最广泛的剪叉单元。如图 6-54b 所示的剪叉单元

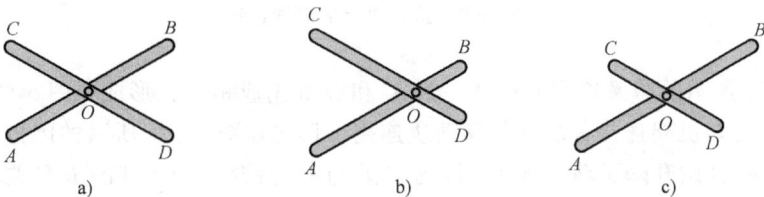

图 6-54　基本剪叉单元

中，两杆等长，$AB = CD$，铰链不在两杆中间，称为 B 型剪叉单元。如图 6-54c 所示的剪叉单元中两杆不等长，$AB \neq CD$，铰链位于两杆中间，称为 C 型剪叉单元（剪叉单元的类型，如 A、B、C 型为作者自行命名）。除此以外还有其他类型的剪叉单元，但可以看作是这几种剪叉单元的演化与变异。

2. 剪叉机构的组合与创新

我国是最早利用剪叉单元的基本原理设计剪叉机构的国家，如剪刀、钳子、折叠凳子等。单个剪叉单元在工程中应用的意义不大，但通过对剪叉单元进行各种组合，如串联组合、并联组合、叠加组合等，可设计出各种各样的功能不同的剪叉机构。

（1）单剪叉机构的设计　将图 6-55a 所示剪叉单元的外端 B、C 处用软绳连接，或用软布连接，可设计出折叠马扎，这是最简单的剪叉机构，两套简单剪叉机构并联，形成如图 6-55b、c 所示的马扎。马扎在我国应用历史悠久，至今也是常见的生活用品。

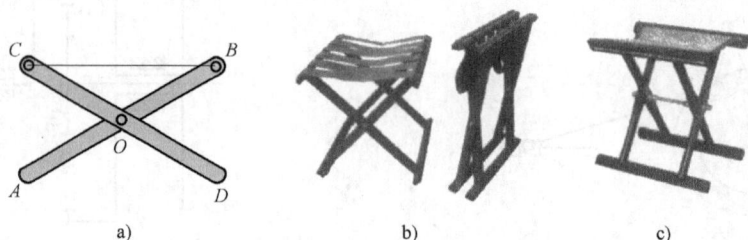

图 6-55　折叠马扎

若将剪叉单元中的某一杆伸长，可得到如图 6-56a 所示的折叠椅子。将伸长杆的尺寸与形状进行变异设计，可得到如图 6-56b 所示的折叠椅子，该椅子具有很好的艺术性。剪叉单元还可以设计成曲线形状。图 6-56c 所示为伸缩架，若干剪叉单元连接在一起，不但能增加伸缩距离，而且具有美观性和艺术性。

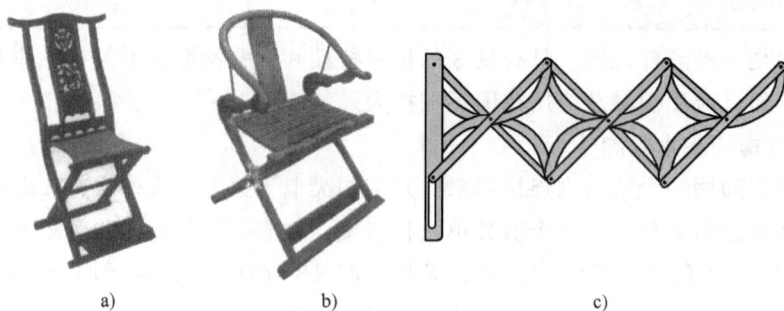

图 6-56　剪叉单元的变异设计

将图 6-57a 所示的剪叉单元外端 A、B、C 和 D 处制成销孔，形成如图 6-57b 所示的剪叉单元；再将 A 处与机架连接，D 处与移动块连接，形成如图 6-57c 所示的闭链机构 AOD。滑块移动时，C 和 B 做升降运动。如 DC 杆的 C 处与平台铰接，AB 杆的 B 处与滑块铰接，滑块与平台以移动副连接，可设计出如图 6-57d 所示的最简单的剪叉升降机构。为增大机构的刚度，一般需要两个剪叉机构并联使用。

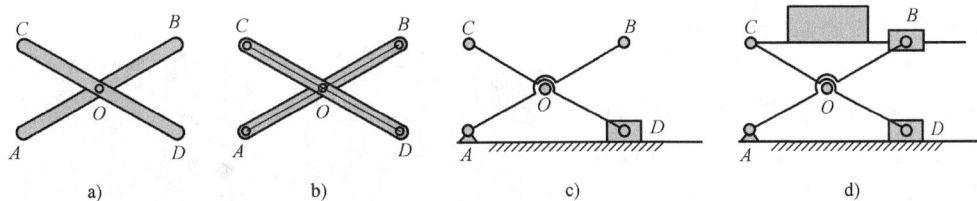

图 6-57　简单升降剪叉机构的设计

如图 6-58a 所示的剪叉单元中，B 和 C 连接一个Ⅱ级杆组 BEC，则可设计出如图 6-58b 所示的折叠凳，图 6-58c 所示为可坐状态。当然，也必须并联两套同样的剪叉机构才能稳定工作。

上述连接Ⅱ级杆组的方法也适于 B 型剪叉单元的组合设计。图 6-59a 所示为双 B 型剪叉单元连接Ⅱ级杆组 CDE 设计成的靠椅；图 6-59b 所示为 B 型剪叉单元组成的大桌子示意图。

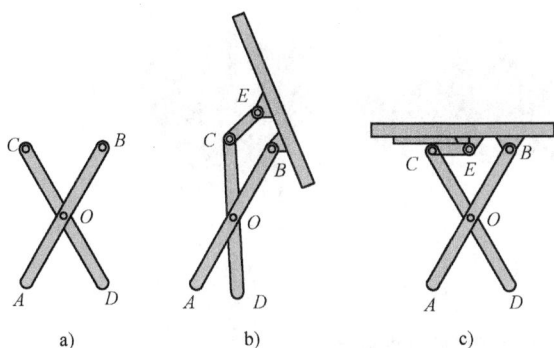

图 6-58　简单剪叉式凳子

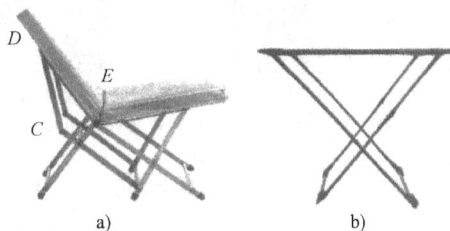

图 6-59　B 型剪叉单元组成的剪叉机构

（2）剪叉机构的组合设计　实际工程中，剪叉机构的组合应用最多。

1）并联与串联组合。剪叉机构作为支撑机构时，必须进行并联组合以增大支撑刚度和稳定性。这是因为在一个平面上的剪叉机构稳定性差、支撑刚度小，并联组合多个相同的剪叉机构是必要的。如图 6-60a 所示便携式剪叉折叠椅中，由前后左右四套简单的剪叉机构并联组成，后面加装两个竖杆，与左右后三个剪叉机构在 A 处设计成移动副。这样，四个平面剪叉单元就组成一个空间运动机构系统，上面套上椅布后，便是一个携带方便的可展椅。同样道理也可设计出便携式折叠桌，与之配套使用。多个平面剪叉机构串联，还可组成一个空间圆柱形机构系统，如图 6-60b 所示。该装置可作为便携式器皿。

图 6-60　简单剪叉单元的组合

多个平面剪叉机构并联与串联相结合，在工程中有着广泛的应用。图 6-61 所示为多个剪叉机构并联再串联组成的电动大门示意图。

剪叉机构在便携式折叠帐篷的设计中也有广泛应用。剪叉机构可设计出帐篷的可展支撑机构，也可设计出帐篷的顶部架构。如图 6-62a 所示帐篷的可展支撑机构和顶部架构全部由剪叉单元组合而成。如图 6-62b 所示帐篷的顶部架构由剪叉单元组设计而成，其收起状态如图 6-62c 所示。

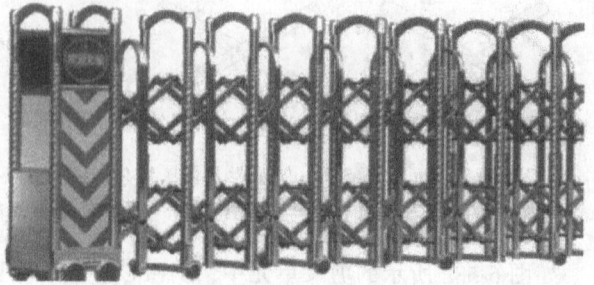

图 6-61   剪叉单元组合而成的电动大门

图 6-63 所示为多个剪叉单元混联组合后，设计成的可展折叠桌凳。

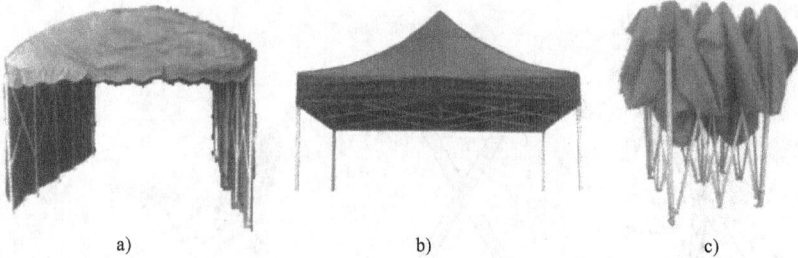

a)   b)   c)

图 6-62   剪叉单元组合而成的可展帐篷

2) 剪叉机构的叠加组合与设计。当剪叉机构用于举升重物时，一般在并联组合的基础上，再进行叠加组合。图 6-64a 所示为 A 型剪叉单元，图 6-64b 所示为其叠加组合。A 型剪叉机构的叠加组合是设计剪叉型起重机构的理论基础。

图 6-65a 所示为 B 型剪叉单元，图 6-65b 所示为其叠加组合。该类剪叉单元叠加组合设计时，两杆中心铰链点 O 的轨迹为曲线，利用该类型剪叉机构的叠加组合可进行结构的艺术设计。

图 6-63   剪叉单元组合而成的可展桌凳

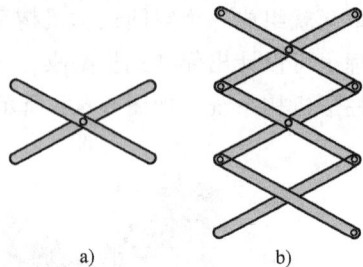

a)   b)

图 6-64   A 型剪叉单元叠加组合

图 6-66a 所示为 C 型剪叉单元，图 6-66b 所示为其叠加组合。该类剪叉单元叠加组合设计时，两杆中心铰链点 O 的轨迹为斜直线，利用该类型剪叉机构的叠加组合也可进行结构的艺术设计。

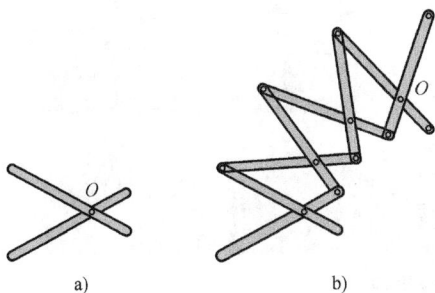

图 6-65　B 型剪叉单元的叠加组合

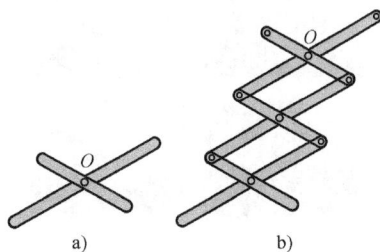

图 6-66　C 型剪叉单元的叠加组合

图 6-67a 所示为两级剪叉单元叠加组合而成的起重平台，采用液压驱动；图 6-67b 所示为 6 级剪叉单元叠加组合而成的可折叠起重平台，也采用液压驱动。剪叉单元叠加组合成的可折叠起重平台可安装在车辆上，由于运输方便，因而得到广泛应用。

图 6-67　剪叉单元叠加组合成的起重机

多级剪叉单元叠加组合而成的可伸缩机构不仅可用于起重平台，在其他领域也有广泛应用。如图 6-68 所示机构为剪叉单元叠加组合而成的梯子在室内的应用。

剪叉机构的种类很多，应用范围很广泛，其设计的基本问题是剪叉单元的选型、尺度综合以及连接方法。

在折叠可展机构的研究领域中，还出现了一种新型柔性机构。该类机构由几根封闭弹性钢丝包上尼龙布组成，可作为野外活动的便携式帐篷。图 6-69 所示为全柔性机构的展开与折叠过程。这

图 6-68　剪叉单元叠加组合而成的梯子

类全柔性机构的设计理论和设计方法研究较少，目前正在发展过程之中，相信这类全柔性机构的创新作品会越来越多。

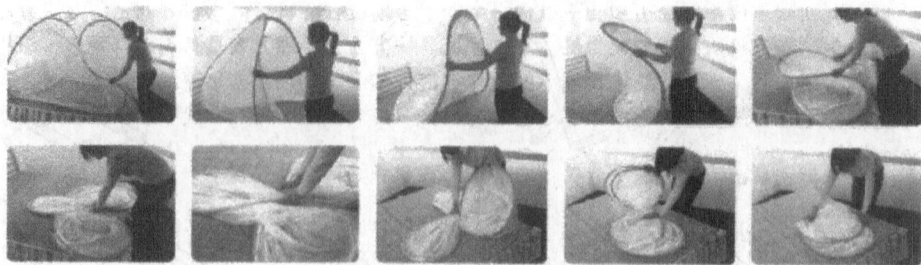

图 6-69　全柔性折叠机构

知识拓展　智能机器人发展简史

1920 年，Robot 术语首先出现在捷克著名剧作家卡雷尔·恰佩克（Karel Capek）的话剧"罗萨姆的全能机械工人"中。

1939 年，美国西屋电气公司发明了能够行走、说话，甚至抽烟的人形机器人 Elektro，并首次在该年的纽约世博会上公开展示。

1941 年，美国科幻作家艾萨克·阿西莫夫（Isaac Asimov）首先使用 Robotics 一词来描述、研究和应用机器人技术。

1942 年，阿西莫夫提出了著名的"机器人三定律"。

1942 年，美国 DeVilbiss 公司设计了首台可编程涂装机器人。

1951 年，法国人 Raymond Goertz 为原子能委员会设计了首台遥控关节臂。

1954 年，乔治·德沃尔设计的世界上首款多用途可编程机械臂 UNIMATE（Universal Automation），能够根据示教再现执行不同的作业任务，具有一定的通用性和灵活性。两年后乔治·德沃尔与约瑟夫·恩格尔伯格（Joseph Engelberger）一起创建了世界上第一家机器人公司 Unimation，至今该公司仍在生产和销售该机械臂产品。恩格尔伯格因而被称为机器人之父。

1956 年，在达特茅斯会议上，McCarthy 等人提出了人工智能的概念，智能体或智能机器人被界定和深入讨论。

1962 年，美国 AMF 公司研制出物料搬运机械臂 VERSTRAN，与 Unimation 公司生产的 UNIMATE 机械臂一起，成为世界上最早商用的工业机器人。

1968 年，首台由计算机控制的行走机器人在美国南加州大学问世。

1968 年，由 R. Mosher 研制的第一台手动控制的四足车 Walking Truck，步行速度高达 6.5km/h。

1968 年，美国斯坦福研究所（SRI）研制出世界上首台安装有视觉系统并由计算机控制的移动机器人 Shakey，该款智能机器人能够根据人的指令发现并抓取积木，但使用的计算机占地巨大。

1969 年，日本早稻田大学加藤一郎教授研制出全球首台具有空气气囊和人工肌肉的双足机器人 WAP-1，之后的 WAP-3 甚至可以上下楼梯或斜坡。

1973 年，世界上首台全尺寸人形机器人 WABOT-1 由加藤一郎教授发明。

1973 年，美国 Cincinnati Milacron 公司研发了首台微型计算机控制的工业机器人 T3。

1975 年，美国 Unimation 公司推出世界首台可编程通用机械操作臂（PUMA），标志着工业机器人技术开始走向成熟，这是一个里程碑事件。

1979 年，"斯坦福小车"问世，能够在摆满椅子的房间里进行基于摄像机视觉分析的避障自主行驶，这被视为是自动驾驶汽车的最早雏形。

1979 年，日本山梨大学的牧野洋发明了世界上首台装配机器人 SCARA。

1984 年，美国 Adept Technology 公司推出首台 SCARA 装配机器人 AdeptOne。

1988 年，第一台服务机器人 Helpmate 进入医院，为病人送饭、送药、送邮件。

1992 年，波士顿动力公司正式从美国麻省理工学院分离出来。在二十多年的时间里，相继推出了令世人惊叹的"大狗""猎豹""阿特拉斯"、Handle 等一系列仿生机械人。

1993 年，美国 CMU 的八脚行走机器人 Dante 试图探索南极洲的埃里伯斯火山。·1995 年，美国直觉手术机器人公司（Intuitive Surgical）在美国加州成立，次年推出了第一代达芬·奇微创手术机器人。2006 年推出第二代，2009 年推出第三代，2014 年发布的第四代达芬·奇手术机器人产品具有更佳的性能，之后还开发了配套的远程诊疗系统。

1996 年，日本本田公司研制出首台能够进行自调节的双足步行人形机器人 P2，一年后推出具有完全自主功能的人形机器人 P3。这是该公司最终推出著名人形机器人 ASIMO 的两个重要步骤。

1997 年，美国 NASA 的 PathFinder 轮式移动机器人探测器登陆火星，并向地球成功发回照片和数据。

1998 年，丹麦乐高公司推出 Mindstorms 玩具机器人套件，可以通过搭积木式的任意拼装，创造出各种形态的机器人。

1999 年，日本索尼公司发布机器狗"爱宝（AIBO）"，成为首台商用娱乐机器人。

1999 年，世界上首台"机器鱼"在日本三菱公司问世。

2001 年，美国 iRobot 公司研制的救援机器人 Packbot 在纽约世贸中心展开搜救行动，其后续版本已成功应用于阿富汗与伊拉克战争。

2002 年，著名的人形机器人 ASIMO 在日本正式问世，它身高 1.3m，能够以类似于人类的步姿行走和缓慢奔跑，被普遍视为一个里程碑事件。

2002 年，美国 iRobot 公司发布了第一代吸尘器机器人 Roomba，该款消费类机器人是目前世界上销量最大的家用服务机器人。

2005 年，韩国科学技术院（KIST）研制出号称世界上最智能的移动机器人 HUBO。

2006 年，微软公司推出 Microsoft Robotics Studio，机器人模块化、标准化的趋势日益明显。比尔·盖茨曾预言，个人机器人（PR）将如同个人计算机一样，走进千家万户，彻底改变人类的生活方式。

2012 年，美国"发现号"航天飞机将首台人形机器人宇航员 R2 送入国际空间站。

2012 年，美国内华达州机动车辆管理局（NDM）颁发了世界上首张自动驾驶汽车路测牌照。

2013 年，美国 Rethink 机器人公司推出新一代双臂工业机器人 Baxer，两年后发布了高性能协作机器人 Sawyer。

2014 年，日本软银公司发布全球首款消费类智能人形机器人 Pepper。

2014 年，瑞士 ABB 公司推出首款人机协作双臂机器人 YuMi。

2015 年，美国汉森机器人公司的"机器人索菲亚（Sophia）"诞生，两年后"索菲亚"被授予沙特公民身份，目前颇具争议。

第七章

CHAPTER 7

机械结构的创新设计 ◀

机构设计、机构的演化与变异设计、机构的组合设计等设计成果要变成产品，还必须经过机械的结构设计，才能转换为供加工用的图样，机械结构设计的过程也充满着创新。根据机构由运动副、构件、机架组成的特点，进行结构设计时，在满足强度、刚度的基础上，各类运动副的形状与结构、构件形状与结构、机架的形状与结构对产品的性能、成本等有重要意义。机械零件的集成化设计、机械产品的模块化设计，为机械结构的创新设计开辟了广阔的前景。

第一节　机械机构设计概述

机械的创新一般都要经历功能→机构→结构的思维过程。机械结构设计就是将原理方案设计结构化，即把机构系统转化为机械实体系统。一方面，原理方案及其创新需要通过结构设计得以实现；另一方面，结构设计不但要使零部件的形状和尺寸满足原理方案的要求，还必须解决与零部件结构有关的力学、工艺、材料、装配、使用、美观、成本、安全和环保等系列问题，因此，在结构设计过程中具有巨大的创新空间。结构设计的质量和创新水平的高低，对机械创新的成败起着十分关键的作用。在机械结构设计过程中，要充分考虑以下基本要求。

一、功能要求

机械结构设计就是将原理设计方案具体化，即构造一个能够满足功能要求的三维实体的零部件及其装配关系。概括地讲，各种零件的结构功能主要有承受载荷、传递运动和动力以及保证或保持有关零部件之间的相对位置或运动轨迹关系等。功能要求是结构设计的主要依据和必须满足的要求。

二、使用要求

对于承受载荷的零件，为保证零件在规定的使用期限内正常地实现其功能，在结构设计中应使零部件的结构受力合理，降低应力，减少变形，节省材料，以利于提高零件的强度、刚度和延长使用寿命。

三、结构工艺性要求

组成机器的零件要能最经济地制造出和装配好，应具有良好的结构工艺性。机器的成本主要取决于材料和制造费用，因此工艺性与经济性是密切相关的。通常应从以下六个方面考虑：①应使零件形状简单合理；②适应生产条件和规模；③合理选用毛坯类型；④便于切削加工；⑤便于装配和拆卸；⑥易于维护和修理。

四、人机学要求

在结构设计中必须考虑使用和安全问题，应优先采用具有直接（本身）安全作用的结构方案。此外应使结构造型美观，操作舒适，有利于环境保护。

对于由机构系统组成的机械来说，它的基本组成要素是：运动副、运动构件和固定构件（即机架）。它们在机械系统中的功能不同，因此设计的出发点也有所不同。根据机械的基本组成要素，可从功能要求出发分别考虑其结构化过程中的问题，这样的过程符合结构设计初学者的思维方式，同时也为今后结构创新设计能力的培养和逐步提高奠定了基础。

第二节　转动副的结构与创新设计

一、对转动副结构的基本要求

两个构件之间的相对运动是转动，可用转动副连接。转动副是机械中最常用的运动副。图 7-1a 所示是一个转动副的简图，图 7-1b 所示是它的结构化例子，构件 1 与构件 2 用销轴连接，两构件只能做相对转动。

对转动副结构的基本要求是保证两相对回转件的位置精度，能承受压力，减小摩擦损失和保证使用寿命。

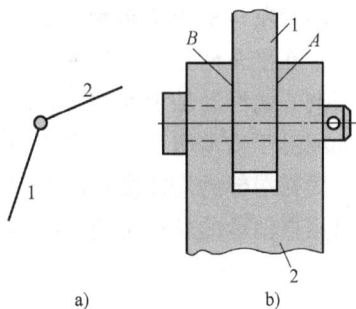

图 7-1　转动副

二、轴承用于转动副

两构件之间只要有相对运动就会产生摩擦。为了使如图 7-1 所示转动副减小相对转动时的摩擦和磨损，人们将相对转动中的圆柱表面部分用轴承替代。最早的轴承是滑动轴承。为了进一步减小摩擦，人们又发明了滚动轴承。随着工业的现代化进程，机器越来越向高速度和大功率方向发展，对于轴承的各方面性能要求也越来越高，新型轴承不断出现，为节能降耗做出了贡献。图 7-2 和图 7-3 所示分别是使用滑动轴承和滚动轴承实现转动副的例子。

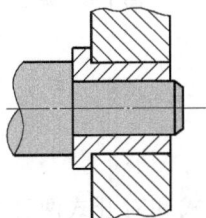

图 7-2　滑动轴承作为转动副

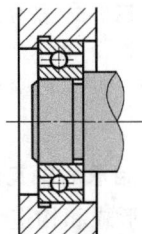

图 7-3　滚动轴承作为转动副

三、滑动轴承的特点及常见结构形式

滑动轴承的结构简单，适用于高速或低速重载以及结构上要求剖分等场合。滑动轴承按表面间的润滑状态可分为两种，即非液体润滑状态和液体润滑状态。润滑状态不同，对滑动轴承的结构提出的要求也不相同。

1. 滑动轴承的基本结构形式

常见的径向滑动轴承结构有整体式、剖分式和调心式。图7-4所示为整体式径向滑动轴承，它由轴承座1和整体轴瓦2组成。整体式滑动轴承具有结构简单、成本低、刚度大等优点，但在装拆时需要轴承或轴做较大的轴向移动，故装拆不便；而且当轴颈与轴瓦磨损后，无法调整之间的间隙。所以，这种结构常用于轻载、不需经常装拆且不重要的场合。

剖分式径向滑动轴承的结构如图7-5所示，它由轴承座1、轴承盖2、剖分式轴瓦7和双头螺柱3等组成。为

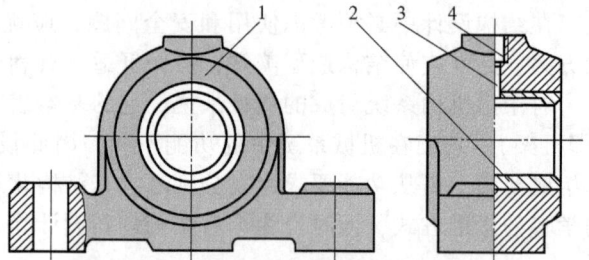

图7-4　整体式径向滑动轴承
1—轴承座　2—整体轴瓦　3—油孔　4—螺纹孔

防止轴承座与轴承盖间相对错动，接合面要做成阶梯形或设置止动销钉。这种结构装拆方便，且在接合面之间可放置垫片，通过调整垫片的厚薄可调整轴瓦和轴颈间的间隙。

调心式滑动轴承的结构如图7-6所示，其轴瓦和轴承座之间以球面形成配合，使得轴瓦和轴相对于轴承座可在一定范围内摆动，从而避免安装误差或轴的弯曲变形较大时，造成轴颈与轴瓦端部的局部接触所引起的剧烈偏磨和发热。但由于球面加工不易，所以这种结构一般只用在轴承的长径比较大的场合。

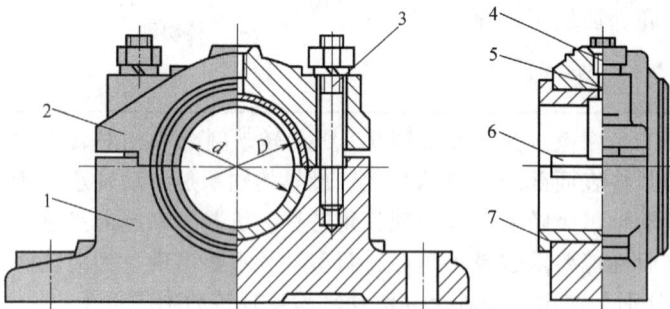

图7-5　剖分式径向滑动轴承
1—轴承座　2—轴承盖　3—双头螺柱　4—螺纹孔
5—油孔　6—油槽　7—剖分式轴瓦

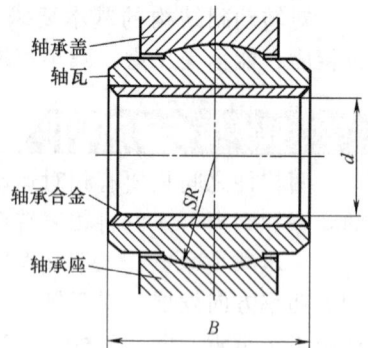

图7-6　调心式滑动轴承

2. 径向滑动轴承的轴瓦结构

（1）轴瓦的形式和构造　径向滑动轴承的轴瓦常有整体式和对开式两种结构，整体式轴瓦用于整体式轴承，而对开式轴瓦用于剖分式轴承。按制造工艺和材料不同，整体式轴瓦

有如图 7-6 所示调心式滑动轴承整体轴套（图 7-7a）和卷制轴套（图 7-7b）两种，卷制轴套由单层材料、双层材料或多层材料组成。非金属整体式轴瓦既可以是单纯的非金属轴套，也可以是在钢套上镶衬非金属材料。

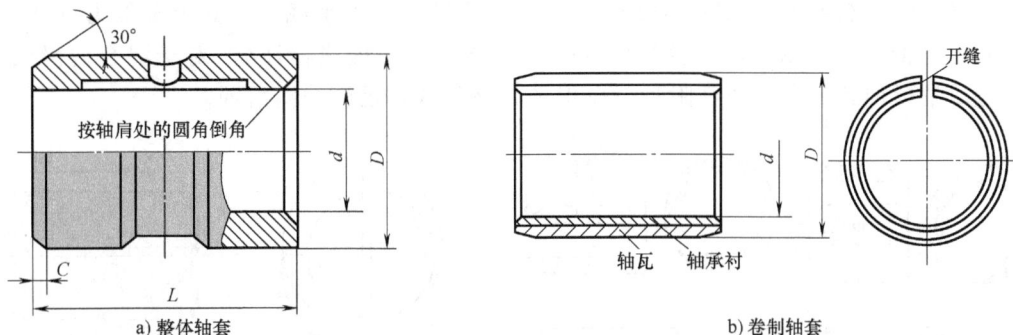

30°
按轴肩处的圆角倒角
开缝
轴瓦 轴承衬

a) 整体轴套　　　　　　　　　　b) 卷制轴套

图 7-7　整体式轴瓦

对开式轴瓦由上、下两半轴瓦组成，分厚壁轴瓦（图 7-8）和薄壁轴瓦（图 7-9）两种。为改善轴瓦表面的摩擦性质，厚壁轴瓦常附有轴承衬，即采用离心铸造法将轴承合金浇注在轴瓦内表面上的薄层材料。为使轴瓦和轴承衬贴合牢固，可在轴瓦内表面制出各种形式的沟槽，如图 7-8 所示。

与厚壁轴瓦不同，薄壁轴瓦可以直接用双金属板连续轧制的工艺进行大批量生产，质量稳定，成本也较低。但薄壁轴瓦刚度小，装配后的形状完全取决于轴承座的形状，因此需对轴承座精密加工。薄壁轴瓦在汽车发动机、柴油机中得到了广泛应用。

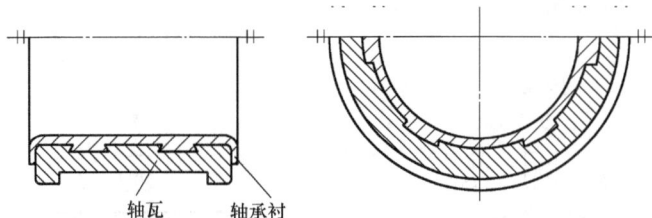

轴瓦　轴承衬

图 7-8　对开式厚壁轴瓦

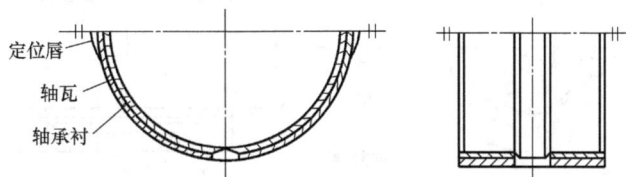

定位唇
轴瓦
轴承衬

图 7-9　对开式薄壁轴瓦

（2）轴瓦的定位　轴瓦和轴承座不允许有相对移动，因此可将轴瓦两端做成凸缘（图 7-8）用于轴向定位，或用销钉（或螺钉）将其固定在轴承座上（图 7-10）。

（3）油孔及油槽的开设　轴瓦为了把润滑油导入整个摩擦面间，使滑动轴承获得良好的润滑，轴瓦或轴颈上需开设油孔及油槽。油孔用于供应润滑圆柱销油，油槽用于输送和分布润滑油。图 7-11 所示为几种常见的油孔及油槽形式。

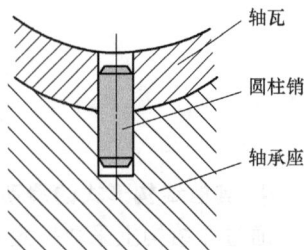

轴瓦
圆柱销
轴承座

图 7-10　销轴固定的轴瓦

油孔及油槽的开设原则是：①油槽的轴向长度应比轴瓦长度短（大约为轴瓦长度的80%），不能沿轴向完全开通，以免油从两端大量流失。②对于液体润滑轴承，油孔及油槽应开在非承载区，以免破坏承载区润滑油膜的连续性，如图7-10所示的销钉固定轴瓦降低了轴承的承载能力。如图7-12所示，如果油槽开在了承载区，其承载能力（用实线标注）显然低于不在承载区开设油槽时的承载能力（用虚线标注）。对于混合润滑轴承，油槽应尽量延伸到最大承载区附近，以保证在该处获得足够的润滑油。

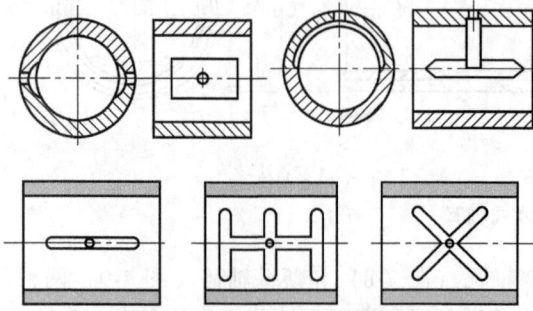

图 7-11　常见的油孔、油槽形式

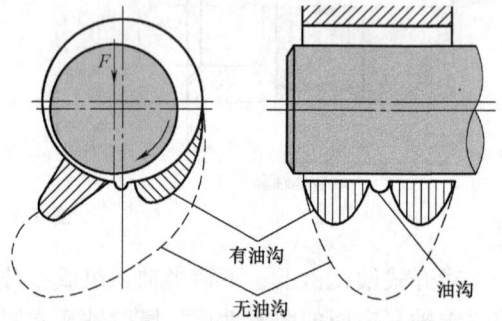

图 7-12　油槽位置对油膜承载能力的影响

3. 液体静压润滑轴承

动压润滑要求形成楔形间隙和比较高的相对滑动速度，因此动压滑动轴承不适用于高精度机床和重载低速机械中，而液体静压轴承却能较好地适应这种工作条件，液体静压径向轴承原理结构图如图7-13所示。

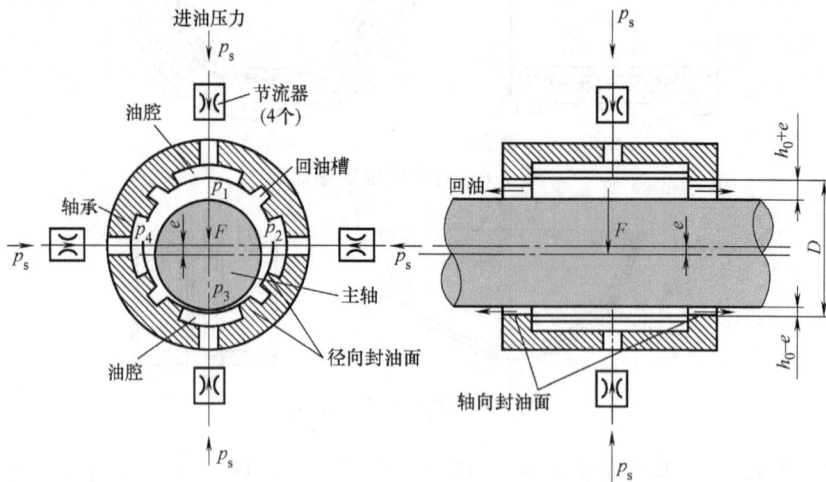

图 7-13　液体静压径向轴承原理结构图

4. 其他结构形式的滑动轴承

通过在结构上采取一定的措施，可以使轴承更好地满足使用要求。图7-14所示为一种间隙可调式滑动轴承。

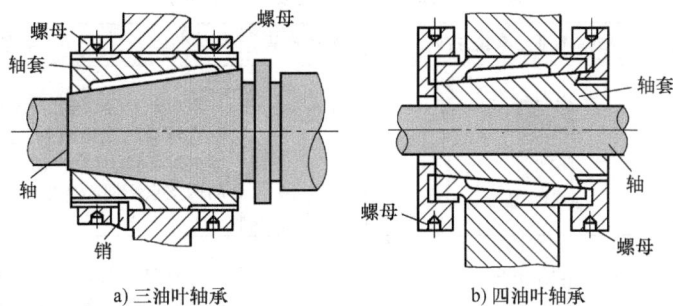

a) 三油叶轴承　　　　　　b) 四油叶轴承

图 7-14　间隙可调式滑动轴承

四、滚动轴承的特点及常见结构形式

滚动轴承的出现源于滚动优于滑动的思想。其形式和原理是简单的（图 7-15），但却能非常有效地减少各种机器中的摩擦和磨损。在 20 世纪，人们研制了很多形式的滚动轴承，而专业轴承公司的建立，使滚动轴承成为一种最有用、高质量和容易买到的机械零件。与滑动轴承相比，滚动轴承具有摩擦阻力小、效率高、润滑简便、易于互换且可以通过预紧提高刚度和旋转精度等优点。但抗冲击能力较差，高速时有噪声，径向尺寸较大，工作寿命也不及液体摩擦的滑动轴承。滚动轴承的主要类型和特点见表 7-1。滚动轴承是标准件，由专业工厂大量生产供应市场，类型和尺寸系列很多。一般设计者只需根据具体的工作条件，正确选择轴承的类型、尺寸和公差等级，并合理地进行轴承组合结构设计。

五、限制构件之间的相对轴向移动

在转动副的结构设计中应注意限制构件之间的相对轴向移动，如图 7-1b 所示，利用构件 2 上槽的侧面和构件 1 的两端面 A 和 B 的间隙配合确定两构件的相对轴向位置。在滚动轴承组合结构设计中，滚动轴承内圈与轴的固定以及轴承外圈与轴承座孔的轴向固定都是为了保证形成转动副的两构件具有确定的轴向位置。

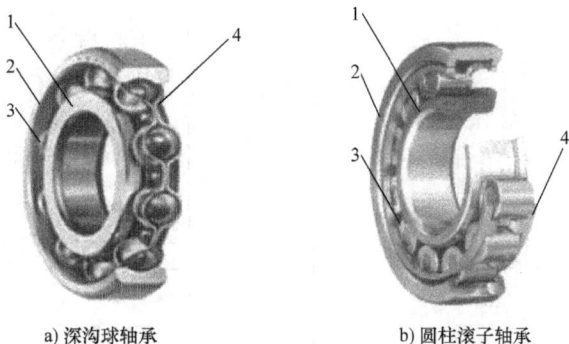

a) 深沟球轴承　　　　　　b) 圆柱滚子轴承

图 7-15　滚动轴承的基本结构

1—内圈　2—外圈　3—滚动体　4—保持架

表 7-1　滚动轴承的主要类型和特点

轴承类型	结构简图、承载方向	类型代号	特性
调心球轴承		1	主要承受径向载荷,能承受少量的轴向载荷,不宜承受纯轴向载荷,极限转速高。外圈滚道为内球面形,具有自动调心的性能,可以补偿轴的两支点不同心产生的角度偏差
调心滚子轴承		2	主要用于承受径向载荷,同时也能承受一定的轴向载荷。有高的径向承载能力,特别适用于重载或振动载荷下工作,但不能承受纯轴向载荷。调心性能良好,能补偿同轴度误差
推力调心滚子轴承		2	用于承受轴向载荷为主的轴向与径向联合载荷,但径向载荷不得超过轴向载荷的55%,并具有调心性。与其他推力滚子轴承相比,此种轴承摩擦系数较低,转速较高
圆锥滚子轴承		3	主要承受以径向载荷为主的径向与轴向联合载荷,而大锥角圆锥滚子轴承可以用于承受以轴向载荷为主的径、轴向联合载荷。轴承内、外圈可分离,装拆方便,成对使用
推力球轴承	 单向 双向	5	分离型轴承,只能承受轴向载荷。高速时离心力大,滚动体与保持架摩擦发热严重,寿命较低,故其极限转速很低 单向推力球轴承只能承受一个方向的轴向载荷 双向推力球轴承能承受两个方向的轴向载荷
深沟球轴承		6	主要用于承受径向载荷,也可承受一定的轴向载荷。当轴承的径向间隙加大时,具有角接触球轴承的功能,可承受较大的轴向载荷。此类轴承摩擦系数小,极限转速高。在转速较高不宜采用推力球轴承的情况下,可用该类轴承承受纯轴向载荷 结构简单、使用方便,是生产批量大、制造成本低、使用极为普遍的轴承
角接触球轴承		7	可以同时承受径向载荷和轴向载荷,也可以承受纯轴向载荷,其轴向承受载荷能力由接触角决定,并随接触角增大而增大,极限转速较高。通常成对使用

(续)

轴承类型	结构简图、承载方向	类型代号	特性
推力圆柱滚子轴承		8	能承受较大的单向轴向载荷,轴向刚度大,占用轴向空间小,极限转速低
圆柱滚子轴承		N	只能承受径向载荷,且径向承载能力大。内、外圈可分离,装拆比较方便,极限转速高 除图示外圈无挡边(N)结构外,还有内圈无挡边(NU)、外圈单挡边(NF)、内圈单挡边(NJ)等结构形式
滚针轴承		NA	只能承受径向载荷,且径向承载能力大。与其他类型的轴承相比,在内径相同的条件下,其外径尺寸最小。内、外圈可分离,极限转速低

第三节 移动副的结构与创新设计

一、对移动副结构的基本要求

连接做相对移动的两构件的运动副,称为移动副。如图 7-16 所示的构件 2,相对于构件 1 只能沿箭头所示的方向移动。内燃机中活塞和气缸之间所组成的运动副即为移动副。机床导轨是最常见的移动副。按摩擦性质导轨可分为滑动导轨和滚动导轨。

对移动副结构的基本要求有:导向和运动精度高,刚度大,耐磨性高及结构工艺性好等。此外,结构设计还要注意限制两构件的相对转动和间隙的调整。

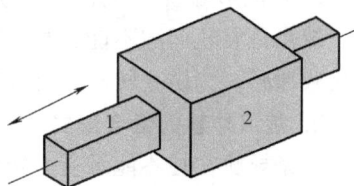

图 7-16 移动副的例子

二、滑动导轨的特点及常见结构形式

滑动导轨的动、静导轨面直接接触,其优点是结构简单,接触刚度大。缺点是摩擦阻力大,磨损快,低速运动时易产生爬行现象。

导轨由凸形和凹形两种形式相互配合组成。当凸形导轨为下导轨时,不易积存切屑、脏物,但也不易保存润滑油,故宜作为低速导轨,如车床的床身导轨。凹形导轨为下导轨则相反,可作为高速导轨,如磨床的床身导轨,但需有良好的保护装置,以防切屑、脏物掉入。各种滑动导轨截面形状见表 7-2。

表 7-2 滑动导轨截面形状

	对称 V 形	不对称 V 形	矩形	燕尾形	圆形
凸形	45°45°	90° 15°~30°		55°55°	

（续）

	对称 V 形	不对称 V 形	矩形	燕尾形	圆形
凹形	90°~120°	65°~70° 90°		55° 55°	

1. 导轨截面的基本形式

按导轨的截面形状，滑动导轨可分为 V 形、矩形、燕尾形和圆形等截面。

（1）V 形导轨　导轨磨损后能自动补偿，故导向精度较高。它的截面角度由载荷大小及导向要求决定，一般为 90°。为增加承载面积，减小压强，在导轨高度不变的条件下，采用较大的顶角（110°~120°）。为提高导向性，采用较小的顶角（60°）。如果导轨上所受的力，在两个方向上的分量相差很大，应采用不对称 V 形导轨，以使力的作用方向尽可能垂直于导轨面。

（2）矩形导轨　矩形导轨的特点是结构简单，制造、检验和修理较易。矩形导轨可以做得较宽，因而承载能力和刚度较大，应用广泛。缺点是磨损后不能自动补偿间隙，用镶条调整时，会降低导向精度。

（3）燕尾形导轨　燕尾形导轨主要优点是结构紧凑、调整间隙方便。缺点是几何形状比较复杂，难以达到很高的配合精度，并且导轨中的摩擦力较大，运动灵活性较差，因此，通常用于结构尺寸较小及导向精度与运动灵活性要求不高的场合。

（4）圆形导轨　圆形导轨的优点是导轨面的加工和检验比较简单，易于获得较高的精度。缺点是导轨间隙不能调整，特别是磨损后间隙不能调整和补偿，闭式圆形导轨对温度变化比较敏感。为防止转动，可在圆柱表面开槽或加工出平面。

2. 常用导轨的组合形式

单条导轨往往不能承受力矩载荷，故通常都采用两条导轨来承受载荷和进行导向，在重型机械上，还可采用3~4条导轨。常用滑动导轨的组合形式如下。

（1）双 V 形组合（图 7-17a）　两条导轨同时起着支撑和导向作用，故导轨的导向精度高，承载能力大，两条导轨磨损均匀，磨损后能自动补偿间隙，精度保持性好。但这种导轨的制造、检验和维修都比较困难，因为它要求四个导轨面都均匀接触，研磨劳动量较大。此外，这种导轨对温度变化比较敏感。

（2）V 形和平面形组合（图 7-17b）　这种组合保持了双 V 形组合导向精度高、承载能力大的特点，避免了由于热变形所引起的配合状况的变化，且工艺性比双 V 形组合导轨大为改观，因而应用很广。缺点是两条导轨磨损不均匀，磨损后不能自动调整间隙。

（3）矩形和平面形组合（图 7-17c）　承载能力高，制造简单。间隙受温度影响小，导

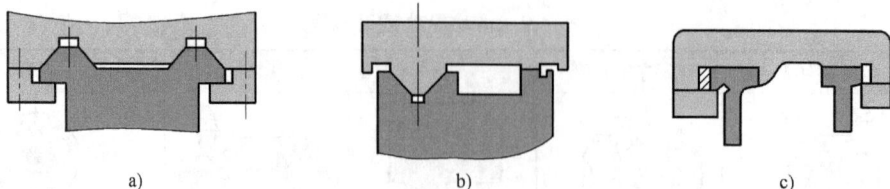

a)　　　　　　　　　　　b)　　　　　　　　　　　c)

图 7-17　导轨组合形式之一

向精度高。容易获得较高的平行度。侧导向面间隙可用镶条调整，侧向接触刚度较低。

（4）双矩形组合（图7-18a）　特点与矩形和平面形组合相同，但导向面之间的距离较大，侧向间隙受温度影响大，导向精度较矩形和平面形组合差。

（5）燕尾形和矩形组合（图7-18b）　能承受倾覆力矩，用矩形导轨承受大部分压力，用燕尾形导轨作为侧导向面，可减少压板的接触面，调整间隙简便。

（6）V形和燕尾形组合（7-18c）　组合成闭式导轨的接触面较少，便于调整间隙。V形导轨起导向作用，导向精度高。加工和测量都比较复杂。

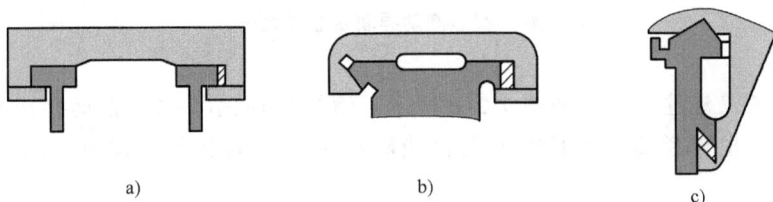

a)　　　　　　　　b)　　　　　　　　c)

图 7-18　导轨组合形式之二

（7）双圆形组合（图7-19a）　结构简单，圆柱面既是导向面又是支撑面。对两导轨的平行度要求高。导轨刚度较差，磨损后不易补偿。

（8）圆形和矩形组合（图7-19b）　矩形导轨可用镶条调整，对圆形导轨的位置精度要求较双圆形组合低。

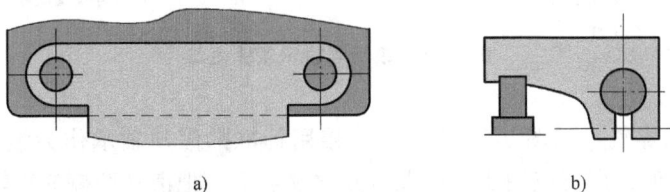

a)　　　　　　　　　　b)

图 7-19　导轨组合形式之三

3. 滚动导轨的特点及常见结构形式

滚动导轨是在运动部件和支撑部件之间放置滚动体，如滚珠、滚柱、滚动轴承等，使导轨运动时处于滚动摩擦状态。

与滑动导轨比较，滚动导轨的特点是：①摩擦系数小，并且静、动摩擦系数之差很小，故运动灵便，不易出现爬行现象；②导向和定位精度高，且精度保持性好；③磨损较小，工作寿命长，润滑简便；④结构较为复杂，加工比较困难，成本较高；⑤对脏物及导轨面的误差比较敏感。滚动导轨已在各种精密机械和仪器中得到广泛应用。

滚动导轨按滚动体的形状可分为滚珠导轨、滚柱导轨、滚动轴承导轨等。

（1）滚珠导轨　如图7-20a所示，具有结构紧凑、制造容易、成本相对较低的优点，缺点是刚度低、承载能力小。

（2）滚柱导轨　如图7-20b所示，具有刚度大、精度高、承载能力大的优点，主要缺点是对配对导轨平行度要求过高。

（3）滚针导轨　如图7-21a所示，承载能力大，径向尺寸比滚珠导轨紧凑，缺点是摩擦阻力稍大。

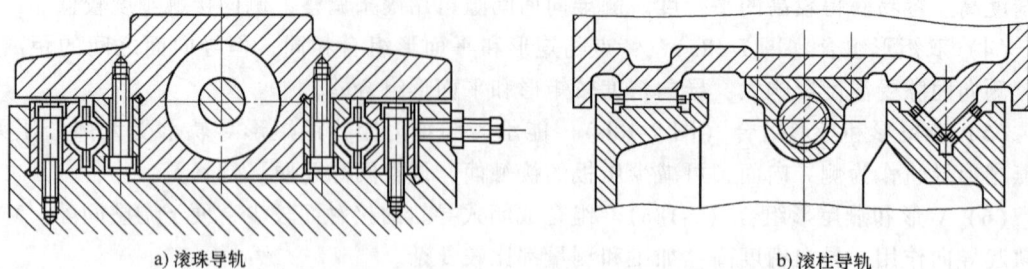

a) 滚珠导轨

b) 滚柱导轨

图 7-20　滚动导轨示意图之一

（4）十字交叉滚柱导轨　如图 7-21b 所示，滚柱长径比略<1，它具有精度高、动作灵敏、刚度大、结构较紧凑、承载能力大且能够承受多方向载荷等优点，缺点是制造比较困难。

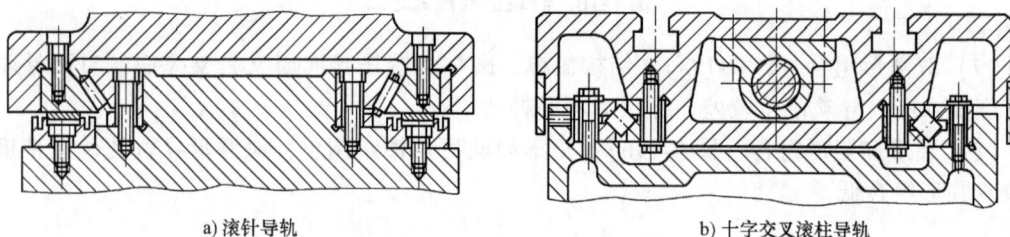

a) 滚针导轨

b) 十字交叉滚柱导轨

图 7-21　滚动导轨示意图之二

（5）滚动轴承导轨　如图 7-22 所示，直接用标准的滚动轴承作为滚动体，结构简单，易于制造，调整方便，广泛应用于一些大型光学仪器上。把滑动摩擦的导轨转换为滚动摩擦的导轨，是导轨设计中的技术突破，是设计中的创新。根据滑动摩擦转换为滚动摩擦的方式，还有许多没有出现的结构形式，也就说，滚动导轨还有非常大的创新空间。

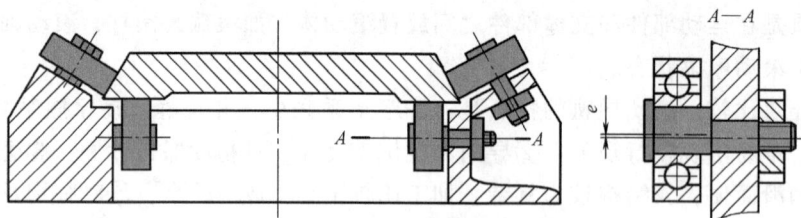

图 7-22　滚动轴承导轨

第四节　构件的结构与创新设计

相对机架运动的构件称为活动构件。为了满足便于制造、安装等要求，机构系统中的一个构件经常由多个零件组成，此时组成同一构件的不同零件之间需要连接和相对固定。连接的方法有多种，如螺纹连接以及各种用于轴毂连接的方法等。例如，齿轮相对机架的转动是通过轴与轴承实现的，一般的齿轮与轴并不制成一体，而是通过齿轮中心的毂孔与轴之间形成轴毂连接，并保证齿轮相对轴有确定的轴向位置。此时齿轮、轴及连接等组成的实体成为机构系统中的一个构件。在进行构件的结构设计时需考虑组成构件的各零件的连接关系，构件与运动副的连接关系及各组成零件本身的结构设计。

一、杆类构件

1. 结构形式

连杆机构中的构件大多制成杆状，图 7-23 所示为杆状构件的结构形式。杆状结构构造简单，加工方便，一般在杆长尺寸 R 较大时采用。图 7-24 所示为常见的杆类构件端部与其他构件形成铰接的结构形式。

有时杆类构件也做成盘状，如图 7-25 所示，此时构件本身可能就是一个带轮或齿轮，在圆盘上距中心 R 处装上销轴，以便和其他构件组成转动副，尺寸 R 即为杆长。这种回转体的质量均匀分布，故盘状结构能比杆状结构更适用于高速，常用作曲柄或摆杆。

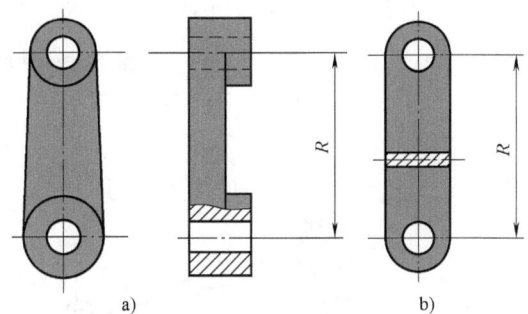

图 7-23　杆状构件

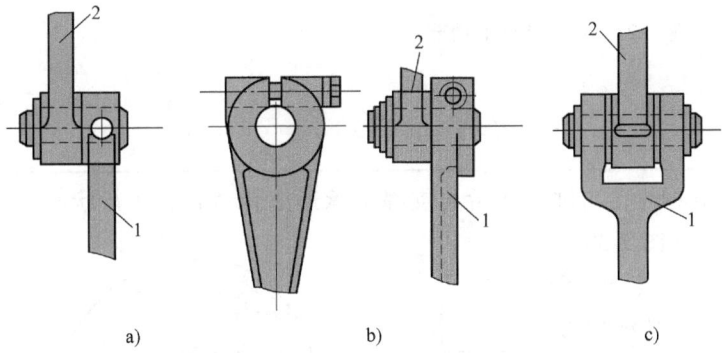

图 7-24　杆类构件端部的结构形式

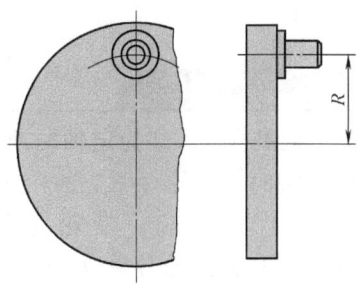

图 7-25　盘状的杆件

2. 可调节杆长的结构

调节构件的长度，可以改变从动杆的行程、摆角等运动参数。调节杆长的方法很多，图7-26 所示为两种曲柄长度可调的结构形式。如图 7-26a 所示，调节曲柄长度 R 时，可松开螺母 3，在杆 1 的长槽内移动销子 4，然后固紧。图 7-26b 所示为利用螺杆调节曲柄长度，转动螺杆 8，滑块 6 连同与它相固接的曲柄销 7 即在杆 5 的滑槽内上下移动，从而改变曲柄长度 R。图 7-27 所示是调节连杆长度的结构形式。图 7-27a 所示为利用固定螺钉 4 来调节连杆 2 的长度。如图 7-27b 所示的连杆 2 做成左右两半节，每节的一端带有螺纹，但旋向相反，并与连接套 4 构成螺旋副，转动连接套即可调节连杆 2 的长度。

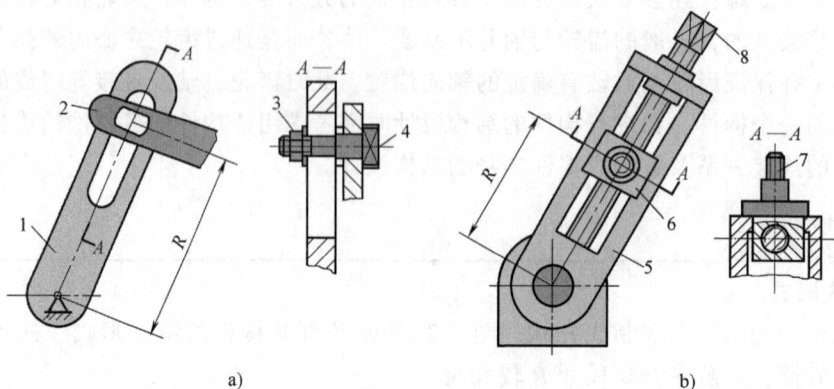

a)   b)

图 7-26 曲柄长度的调节

1、5—杆 2—连杆 3—螺母 4—销子 6—滑块 7—曲柄销 8—螺杆

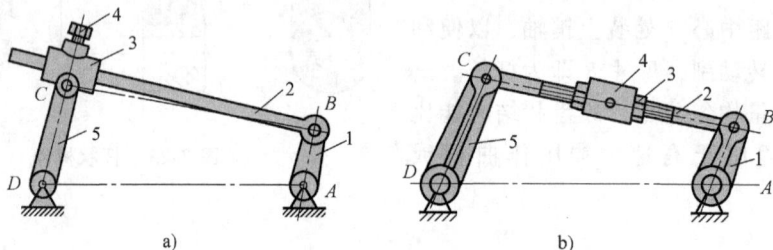

a)   b)

图 7-27 连杆长度的调节

二、盘类结构

此类构件大多为定轴转动，中心毂孔与轴连接后与支撑轴承形成转动副。如盘状凸轮（图 7-28）、齿轮（图 7-29）、蜗轮（图 7-30）、链轮（图 7-31）、带轮（图 7-32）、棘轮（图 7-33）、槽轮（图 7-34）等。一般轮缘的结构形式与构件的功能有关，轮辐的结构形式与构件的尺寸大小、材料以及加工工艺等有关，轮毂的结构形式要保证与轴形成可靠的轴毂连接。如齿轮的结构设计，当尺寸较小时采用实心式，尺寸较大时采用腹板式，尺寸很大时采用轮辐式（铸造毛坯）。对于蜗轮采用轮缘与轮毂的组合式结构，是由于轮缘与轮毂的材料往往不同，这样做的目的是节省较贵重的非铁金属材料。

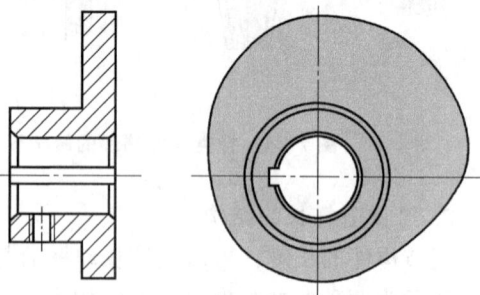

图 7-28 盘状凸轮结构

连杆机构中的曲柄在某些情况下常采用偏心轮结构，如图 7-35 所示。如图 7-36 中所示的构件 1 带有偏心轮的机构称为偏心轮机构，偏心距 e 即曲柄的长度。

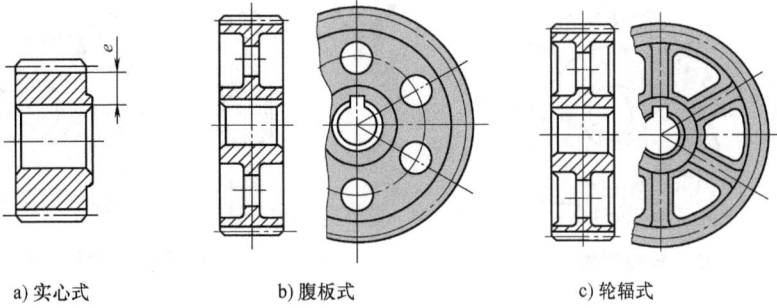

a) 实心式　　　　b) 腹板式　　　　c) 轮辐式

图 7-29　齿轮结构

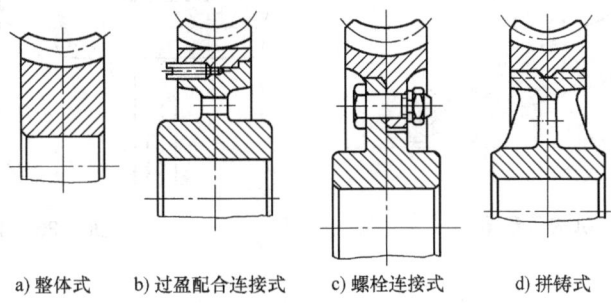

a) 整体式　　b) 过盈配合连接式　　c) 螺栓连接式　　d) 拼铸式

图 7-30　蜗轮结构

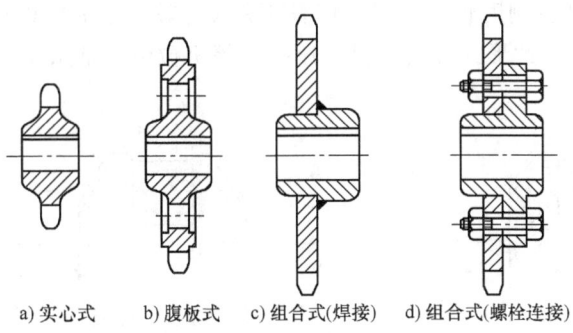

a) 实心式　　b) 腹板式　　c) 组合式(焊接)　　d) 组合式(螺栓连接)

图 7-31　链轮结构

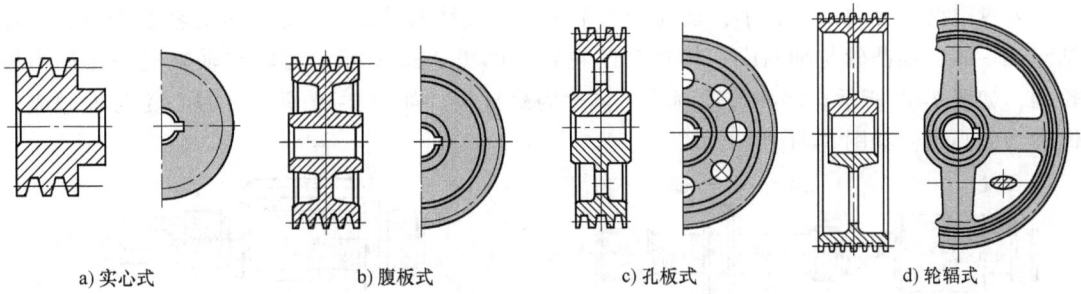

a) 实心式　　　　b) 腹板式　　　　c) 孔板式　　　　d) 轮辐式

图 7-32　带轮结构

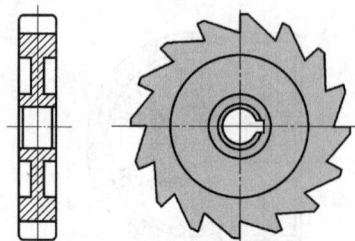

图 7-33　棘轮结构

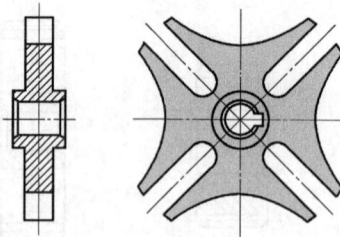

图 7-34　槽轮结构

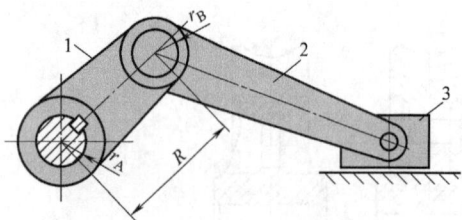

图 7-35　机构示意图

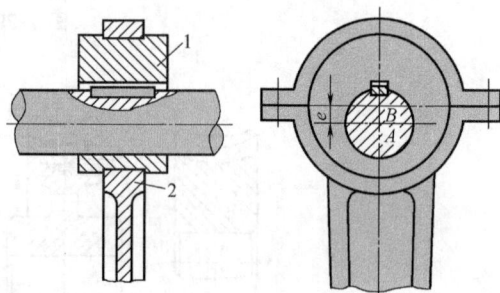

图 7-36　偏心轮

三、轴类结构

图 7-37 所示为两种形式的曲轴，在机构中常作为曲柄。如图 7-37a 所示的曲轴结构简单，但由于悬臂，强度及刚度较差。当工作载荷和尺寸较大或曲柄设在轴的中间部分时，可用图 7-37b 所示的形式，此形式在内燃机、压缩机等机械中经常采用，曲柄在中间轴颈处与剖分式连杆相连。

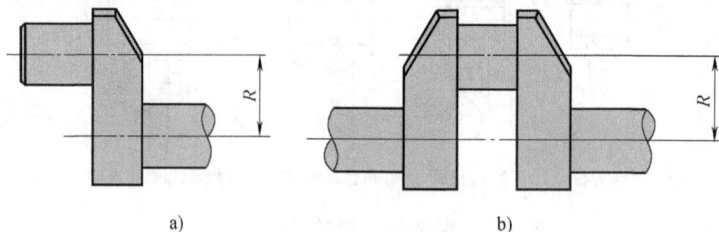

a)

b)

图 7-37　曲轴图

若盘类构件径向尺寸较小，而孔仍与轴采用连接结构导致强度过弱或无法实现时，常与轴制成一体，如凸轮与轴制成一体称为凸轮轴，如图 7-38 所示。齿轮与轴制成一体称为齿轮轴，如图 7-39 所示。蜗杆与轴制成一体称为蜗杆轴，如图 7-40 所示。偏心轮与轴做成一体称为偏心轴，如图 7-41 所示。

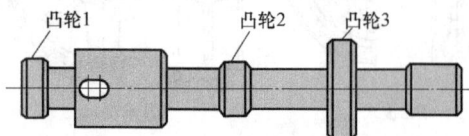

图 7-38　凸轮轴

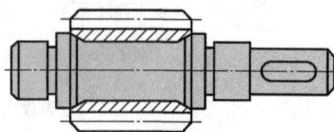

图 7-39　齿轮轴

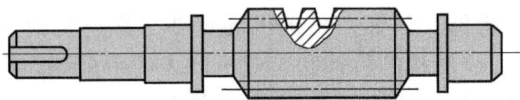

图 7-40 蜗杆轴

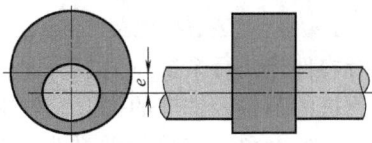

图 7-41 偏心轴

轴的主要作用是支撑回转零件，应用最多的是直轴，其结构设计主要是保证轴上零件的连接、定位以及满足加工、装配工艺性等要求。图 7-38 ~ 图 7-41 所示为典型的轴类构件。如图 7-42 所示为典型的轴的结构，它可以保证齿轮、半联轴器及滚动轴承内圈等的装配及定位要求。

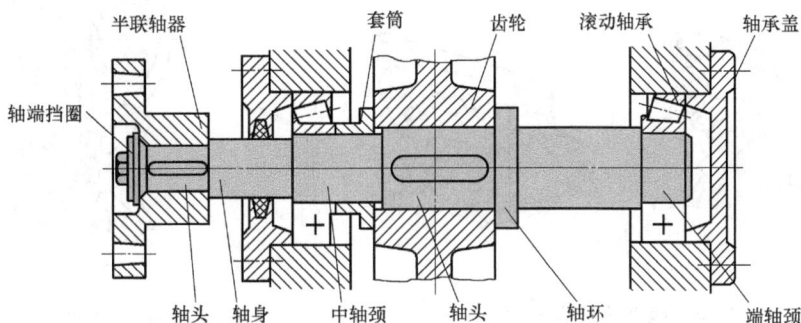

图 7-42 轴的结构

四、其他活动构件

凸轮机构的从动件、棘轮机构的棘爪、槽轮机构的拨盘等构件各具有一定的结构形式，如图 7-43 所示的凸轮机构中滚子从动件的结构形式，图 7-44 所示的棘轮机构中棘爪的结构形式以及图 7-45 所示的槽轮机构中拨盘的结构形式。

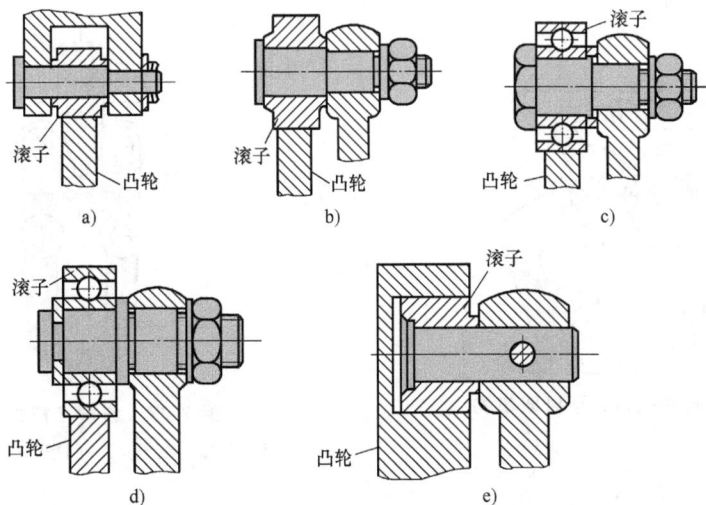

图 7-43 滚子从动件的结构形式

五、执行机构的执行构件

执行构件是执行系统中直接完成工作任务的构件,例如,挖掘机的铲斗、推土机的刀架、起重机的吊钩、铣床的铣刀、轧钢机的轧辊、缝纫机的机针和工业机器人的手爪等。执行构件与工作对象直接接触并携带它完成一定的工作,或在工作对象上完成诸如喷涂、洗涤、锻压等动作。执行构件的结构形式根据机构执行的功能不同而多种多样,即使功能相同也可以有不同的结构形式。它们的结构设计最需要设计者的创新思维,其设计好坏对机械设计成败起着至关重要的作用。

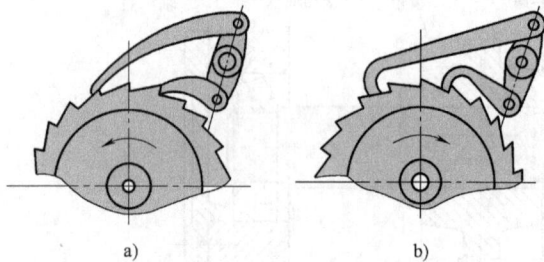

图 7-44　棘爪的结构形式

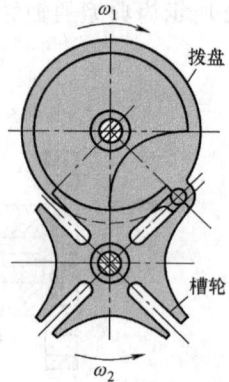

图 7-45　拨盘的结构形式

下面通过四个例子反映执行构件结构设计的多样性和巧妙性。

1. 机械手结构

图 7-46 所示为齿轮式自锁型抓取机构,该机构以气缸为动力带动齿轮,从而带动手爪做开闭动作。当手爪闭合抓住工件在图示位置时,工件对手爪的作用力 G 的方向线在手爪回转中心的外侧,故可实现自锁夹紧。

图 7-47 所示为斜楔杠杆式夹持器,当斜楔 3 往复运动时,手爪 4 绕固定轴 O_1、O_2 摆动完成夹持或松开工件。

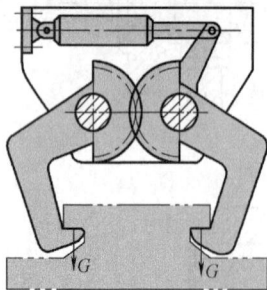

图 7-46　齿轮式自锁型抓取机构

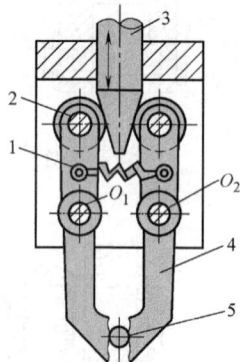

图 7-47　斜楔杠杆式夹持器
1—弹簧　2—滚子　3—斜楔　4—手爪　5—工件

2. 泵结构

图 7-48 所示为两轮同形的六齿摆线齿轮泵,轮 1 和轮 2 分别绕固定轴线 A 和 B 旋转,

每个轮都有六个相同的齿形 d，其轮廓线为摆线的一部分。当两轮转动时，液体按图示箭头方向由 a 向 b 连续流动。两轮上用特殊轮廓线制出的齿形 d，用来把吸入腔和输出腔隔开。在两轮的轴上分别用键连接两个相同齿数的啮合齿轮。齿轮 1 和 2 为执行构件。

图 7-49 所示为曲柄摇块机构型摆缸式活塞泵。图中曲柄 1 绕固定轴线 A 旋转，且与活塞杆 3 用转动副 B 连接，活塞杆 3 可在摆缸 2 的缸体 a 中往复移动，摆缸 2 绕固定轴线 C 转动。当曲柄 1 转动时，摆缸 2 摆动并轮换地与具有吸入口 b 和输出口 d 的泵腔连通。摆缸 2 和活塞杆 3 为执行构件。

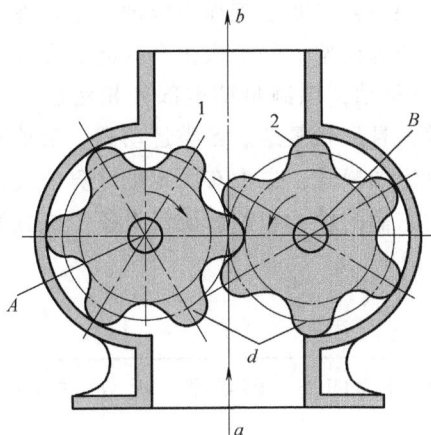

图 7-48 六齿摆线齿轮泵图

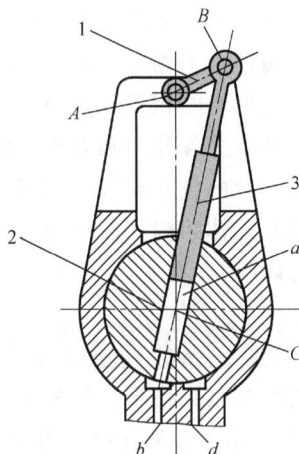

图 7-49 曲柄摇块机构型摆缸式活塞泵
1—曲柄 2—摆缸 3—活塞杆

3. 送料装置

图 7-50 所示为曲柄滑块式送料装置，工件 a 从料仓 1 落在 P—P 平台上，曲柄 2 周期性地从左极限位置转过一周通过连杆 3 带动推杆（滑块）4 移动，它推动工件 a 并使其进入接料器（图中未表示）。当曲柄 2 回复至左极限位置时，下一个工件又落于平台 P—P 上。推杆（滑块）4 是执行构件。

4. 颚式破碎机

图 7-51 所示为颚式破碎机。当带轮 1 带动偏心轴 2 转动时，由于悬挂在偏心轴 2 上的

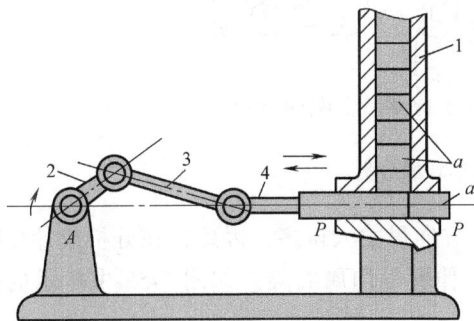

图 7-50 曲柄滑块式送料装置
1—料仓 2—曲柄 3—连杆 4—推杆

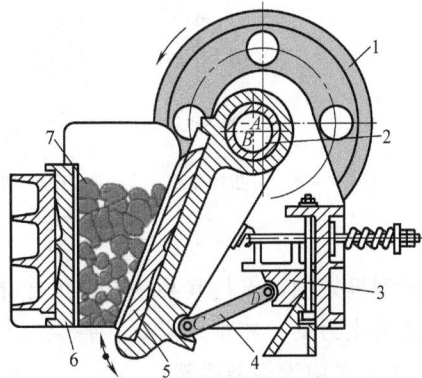

图 7-51 颚式破碎机
1—带轮 2—偏心轴 3—调整块 4—摇杆
5—动颚板 6—定颚板 7—物料

动颚板 5 在下部与摇杆 4 铰接，使得动颚板做复杂的平面运动。楔形间隙中的物料 7 在从大口到小口的运动过程中通过动颚板的往复运动将大块物料挤碎成小块。动颚板 5 可视为执行构件。

第五节　机架的结构与创新设计

机架是机构中不动的构件，在实际机械系统中机架实体主要起支撑和容纳其他构件的作用。支架、箱体、工作台、床身、底座等支撑件均可视为机架。一个机械系统的支撑件可能不止一个，它们有的相互固定连接，有的可以做相对移动，以满足调整部件相对位置的要求。机架零件承受各种力和力矩的作用，一般体积较大且形状复杂。各类运动副、活动构件的设计都有一定的设计模式，而机架的设计则没有固定的模式，也没有固定的计算公式，需要根据机械的总体结构和设计经验确定机架的类型，它们的设计和制造质量对整个机械的质量有很大的影响。

一、机架的分类和基本要求

机架的种类虽然很多，但根据其结构形状可大体分为四类，即梁型、板型、框型和箱型，图 7-52 所示为各类典型的机架示意图。

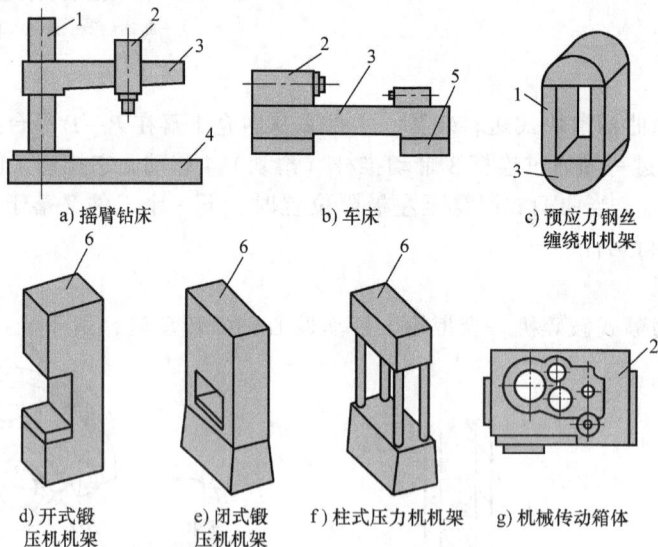

a) 摇臂钻床　　　　b) 车床　　　　c) 预应力钢丝缠绕机机架

d) 开式锻　　e) 闭式锻　　f) 柱式压力机机架　　g) 机械传动箱体
压机机架　　压机机架

图 7-52　机架按结构形状的分类

梁型机架的特点是其某一方向尺寸比其他两个方向尺寸大得多，因此，在分析或计算时可将其简化为梁，如车床床身、各类立柱、横梁、伸臂等均属此类。如图 7-52 中所示的构件 1、3 和 5 均为梁型机架。

板型机架的特点是其某一方向尺寸比其他两个方向尺寸小得多，可近似地简化为板件，如钻床工作台及某些机器的较薄的底座等。如图 7-52 中所示的构件 4 为板型机架。

框型机架具有框架结构,如轧钢机机架、锻压机机身等。如图 7-52 中所示的构件 6 为框型机架。

箱型机架是三个方向的尺寸差不多的封闭体,如减速器箱体、泵体、发动机缸体等。如图 7-52 中所示的构件 2 为箱型机架。

机架类零部件的设计要求有:足够的强度和刚度,足够的精度,较好的工艺性,较好的尺寸稳定性和抗振性,外形美观;还要考虑到吊装、安放水平、电气部件安装等问题。因此,机架的结构设计要满足机械对机架的功能要求。

二、保证机架功能的结构措施

1. 合理确定截面的形状和尺寸

机架的受力和变形情况往往很复杂,而对其影响较大者为弯曲、扭转或者二者的组合。截面积相同而形状不同时,其截面惯性矩和极惯性矩差别很大,因此其抗弯和抗扭刚度差别也很大。

1)无论圆形、方形,还是矩形,空心截面都比实心的刚度大,故机架一般设计成空心形状。

2)无论实心截面或者空心截面,在受力方向上,尺寸大的抗弯刚度大,圆形截面的抗扭刚度高,矩形截面沿长轴方向抗弯刚度高。

3)加大外轮廓尺寸,减小壁厚可提高抗弯、抗扭刚度。

4)封闭截面比开口截面刚度大。

由上可知,根据载荷特性合理地确定机架的截面形状和尺寸,就可以在减轻质量、降低成本的基础上提高其抗弯和抗扭刚度。

2. 合理布置隔板和加强肋

隔板和加强肋也称肋板和肋条。合理布置隔板和加强肋通常比增加支撑件的壁厚的综合效果更好。

(1)隔板 隔板实际上是一种内壁,它可连接两个或两个以上的外壁。对梁形支撑件来说,隔板有纵向、横向和斜向之分。纵向隔板的抗弯效果好,而横向隔板的抗扭作用大,斜向隔板则介于上述两者之间。所以,应根据支撑件的受力特点来选择隔板类型和布置方式。

应该注意,纵向隔板布置在弯曲平面内才能有效地提高抗弯刚度,因为此时隔板的抗弯惯性矩最大。此外,增加横向隔板还会减小壁的翘曲和截面畸变。图 7-53b 所示为合理的纵向隔板布置,图 7-53a 所示则为不合理的纵向隔板布置。

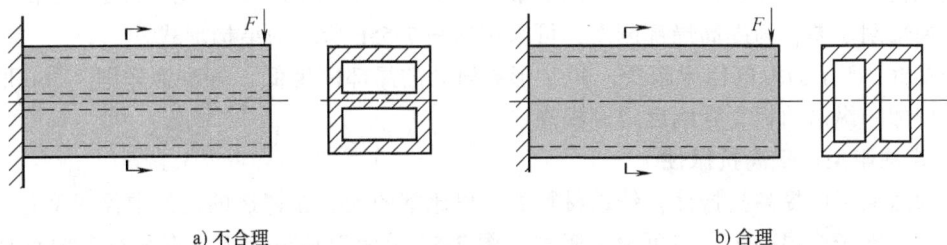

a) 不合理   b) 合理

图 7-53 纵向隔板的布置

（2）加强肋　加强肋的作用主要在于提高外壁的局部刚度，以减小其局部变形和薄壁振动，一般布置在壁的内侧。有时也布置在壳体外侧。图 7-54 所示为加强肋的几种常见形式。其中。如图 7-54a 所示用于加强导轨的刚度。如图 7-54b 所示用于提高轴承座的刚度。其余三种则用于壁板面积大于 400mm×400mm 的构件，以防止产生薄壁振动和局部变形。其中，如图 7-54c 所示的结构最简单、工艺性最好，但刚度也最低，可用于较窄或受力较小的板形机架上。如图 7-54d 所示的结构刚度最高，但铸造工艺性差，需要几种不同型芯，成本较高。如图 7-54e 所示结构居于上述二者之间。常见的还有米字形和蜂窝形肋，刚度更高，工艺性也更差，仅用于非常重要的机架上。肋的高度一般可取为壁厚的 4~5 倍，肋的厚度可取为壁厚的 0.8 倍左右。

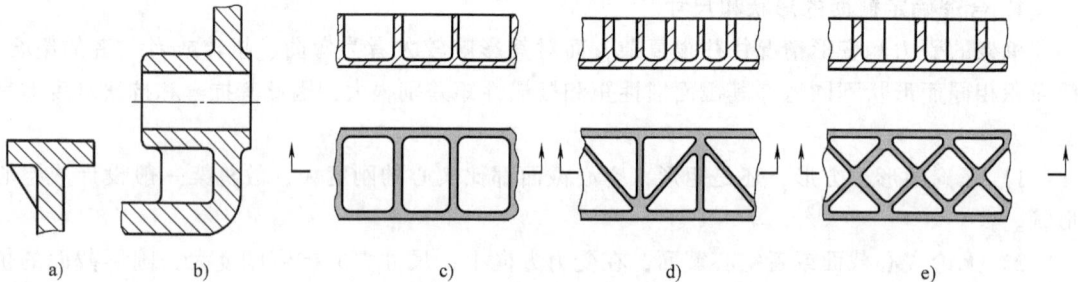

图 7-54　加强肋的几种常见形式

3. 合理开孔和加盖

在机架壁上开孔会降低刚度，但因结构和工艺要求常常需要开孔。当开孔面积小于所在壁面积的 0.2 倍时，对刚度影响较小。当大于 0.2 倍时，抗扭刚度降低很多。故孔宽或孔径以不大于壁宽的 1/4 为宜，且应开在支撑件壁的几何中心附近或中心线附近。

开口对抗弯刚度影响较小，若加盖且拧紧螺栓，抗弯刚度可接近未开孔的水平，且嵌入盖比覆盖盖效果更好。抗扭刚度在加盖后可恢复到原来的 35%~41%。

4. 提高局部刚度和接触刚度

所谓局部刚度是指支撑件上与其他零件或地基相连接部分的刚度。当为凸缘连接时，其局部刚度主要取决于凸缘刚度、螺栓刚度和接触刚度。当为导轨连接时，则主要反映在导轨与本体连接处的刚度上。

为保证接触刚度，应使接合面上的压强不小于 1.5~2MPa，表面粗糙度 Ra 值不能超过 8μm。同时，应适当确定螺栓直径、数量和布置形式。例如，从抗弯出发考虑螺栓应集中在受拉面，从抗扭出发则要求螺栓均布在四周。

用螺栓连接时，连接部分可有不同的形式，如图 7-55 所示。其中图 7-55a 所示的结构简单，但局部刚度差，为提高局部刚度，可采用如图 7-55b 所示的结构形式。

图 7-56a 所示为龙门刨床床身，其 V 形导轨处的局部刚度低，若改为如图 7-56b 所示的结构，即加一纵向肋板，则刚度得到提高。

5. 增加阻尼以提高抗振性

增加阻尼可以提高抗振性，铸铁材料的阻尼比钢的大。在铸造的机架中保留型芯，在焊接件中填充砂子或混凝土，均可增加阻尼。图 7-57 所示为某车床床身有无型芯两种情况下固有频率和阻尼的比较。由图可见，虽然二者的固有频率相差不多，但由于型芯的吸振作用

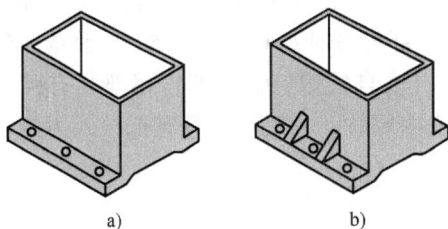

图 7-55　连接部分的结构

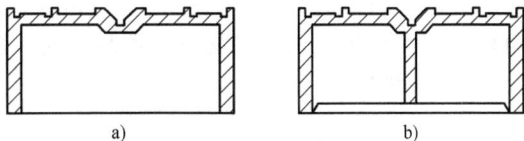

图 7-56　提高导轨连接处局部刚度

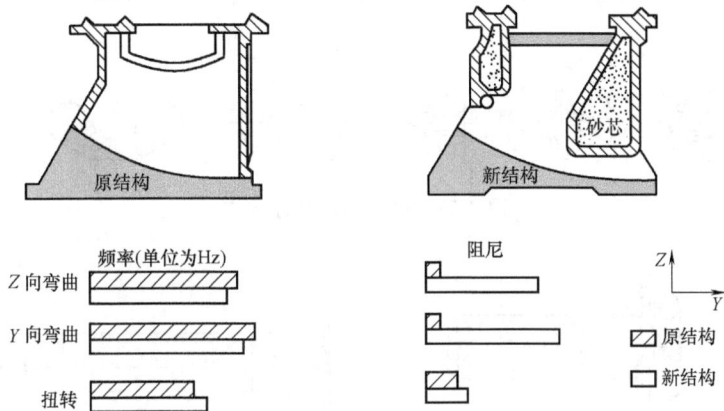

图 7-57　床身结构的抗振性

使阻尼增大很多，从而提高了床身的抗振性。其不足之处是增加了床身的质量。

6. 材料的选择

应根据机械系统机架的功能要求来选择它的材料。例如，在机床上，当导轨与机架做成一体时，按导轨的要求来选择材料。当采用镶嵌导轨或机架上无导轨时，则仅按机架的要求选择材料。机架的材料有铸铁、钢、轻金属和非金属。由于机架的结构复杂，多用铸铁件，受力较大的用铸钢件，生产批量很少或尺寸很大而铸造困难的用焊接件。为了减轻机械质量可用铸铝作为机架，而要求高精度的仪器可用铸铜机架以保证尺寸稳定性。

7. 结构工艺性

设计机架必须注意它的结构工艺性，包括铸造、焊接或铆接以及机械加工的工艺性。例如，铸件的壁厚应尽量均匀或截面变化平缓，要有出砂孔便于水爆清砂或机械化清砂，要有起吊孔等。

第六节　机械零件结构的集成化与创新设计

机械结构的集成化设计是指一个构件实现多个功能的结构设计。集成化设计具有突出的优点：①简化产品开发周期，降低开发成本；②提高系统性能和可靠性；③减轻质量，节约材料和成本；④减少零件数量，简化程序。其缺点是制造复杂。结构的集成化设计是结构创新设计的一个重要途径。

功能集成可以是在零件原有功能的基础上增加新的功能，也可将不同功能的零件在结构上合并。图 7-58 所示为将扳拧功能集成设计到螺钉头部的各种结构。图 7-59 所示是头部具有很高防松能力的三合一螺钉。图 7-60 所示为一种自攻自锁螺钉，该螺钉尾部具有弧形三角截面，可直接拧入金属材料的预制孔内，挤压形成内螺纹，它是一种具有低拧入力矩、高锁紧性能的螺钉。

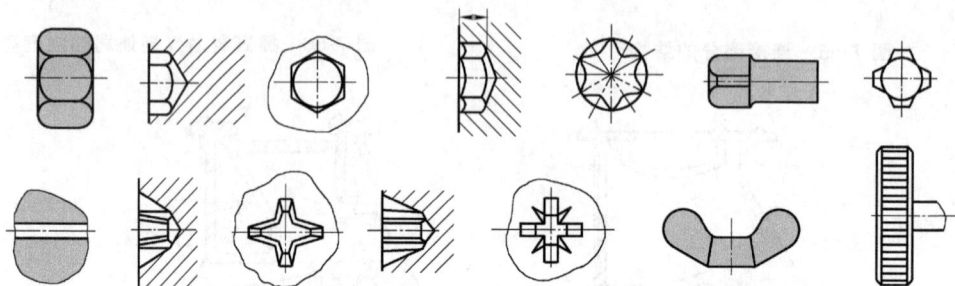

图 7-58　螺钉头的扳拧结构

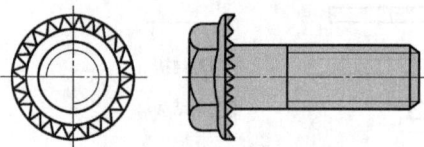

图 7-59　法兰面螺钉头

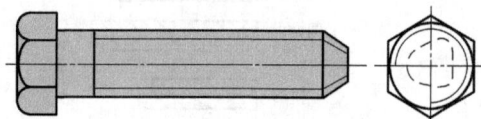

图 7-60　自攻自锁螺钉

图 7-61 所示为一种带轮与飞轮的集成功能零件，按带传动要求设计轮缘的带槽与直径，按飞轮转动惯量要求设计轮缘的宽度及其结构形状。

现代滚动轴承的设计中更是体现了集成化的设计理念。如侧面带有防尘盖的深沟球轴承（图 7-62a），外圈带止动槽的深沟球轴承（图 7-62b）。这些结构形式使支撑结构更加简单、紧凑。

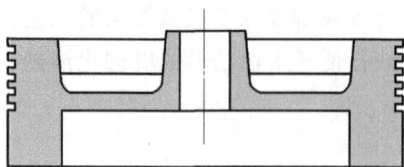

图 7-61　带轮与飞轮集成

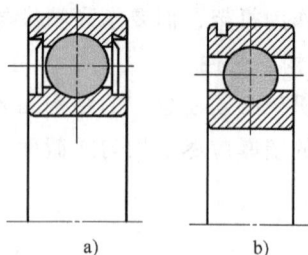

a)　　　　　b)

图 7-62　功能集成的滚动轴承图

图 7-63 所示为在航空发动机中应用的将齿轮、轴承和轴集成的轴系结构。这种结构设计大大减轻了轴系的质量，并提高了系统的可靠性。

机械零件的集成化设计不仅代表了未来机械设计的发展方向，而且在设计过程中具有非常大的创新空间。尽管我国目前集成化设计与制造的水平还较落后，但在不远的将来，我国在集成化设计与制造水平方面一定会进入世界先进行列。

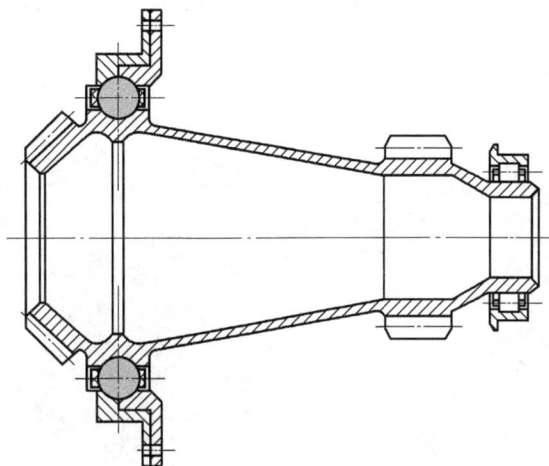

图 7-63　齿轮-轴-轴承的集成

第七节　机械产品的模块化与创新设计

一、模块化设计的概念

　　模块并不是一个新的概念，如建筑用的砖、板、梁就是构成建筑物的基本模块。由模块所构成的系统称为模块系统，也可称为组合系统。模块系统的概念是受到儿童积木的启发而得出的。一套儿童积木由形状、大小及颜色相同或不相同的一定数量的积木块组成，用这些积木块进行不同的搭配、组合就构成不同的玩具造型。因此，积木块就是这一模块系统的基本模块，用积木块进行不同搭配、组合的方法和原理就是最简单、最基本的模块化设计。

　　机械产品的模块化设计始于 20 世纪初。1920 年左右，模块化设计原理开始用于机床设计。目前，模块化设计的思想已经渗透到许多领域，如机床、减速器、家电和计算机等。

　　模块是指一组具有同一功能和接合要素（指连接部位的形状、尺寸和连接件间的配合或啮合等），但性能、规格或结构不同却能互换的单元。模块化设计是在对产品进行市场预测、功能分析的基础上，划分并设计出一系列通用的功能模块，根据用户的要求，对这些模块进行选择和组合，就可以构成不同功能，或功能相同但性能不同、规格不同的产品。这种设计方法称为模块化设计。

　　图 7-64 所示为数控车床和加工中心的模块化设计的例子。以少数几类基本模块部件，如床身、主轴箱和刀架等为基础，可以组成多种不同规格、性能、用途和功能的数控车床或加工中心。例如，用图 7-64 中细双点画线所示不同长度的床身可组成不同规格的数控车床或加工中心。应用不同主轴箱和带有动力刀座的转塔刀架可构成具有车、铣复合加工用途的加工中心。配置高转速主轴箱和大功率的主轴电动机可实现高速加工。安装上料装置的模块可使该类数控机床增加自动输送棒料的功能。

　　除机床行业外，其他机械产品也渐趋向于模块化设计。例如，德国弗兰德公司（FLENDER）开发的模块化减速器系列和西门子公司用模块化原理设计的工业汽轮机。目前，国外已有由关节模块、连杆模块等模块化装配的机器人产品问世。

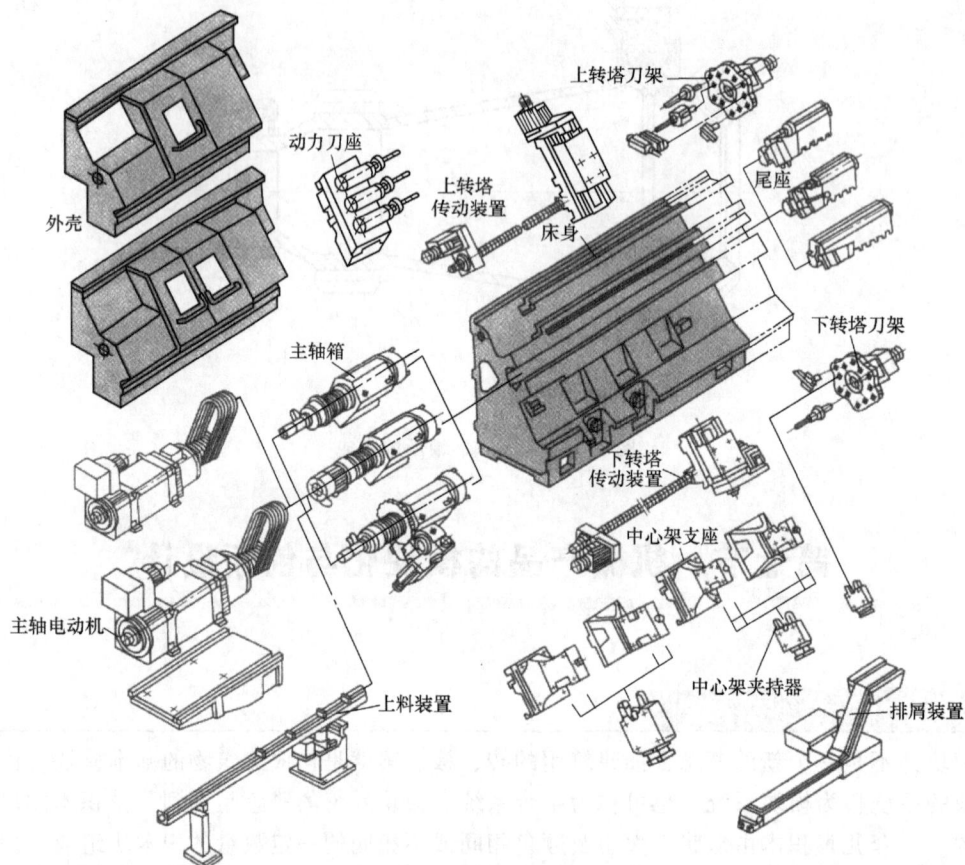

图 7-64　数控车床模块化

二、模块化设计的优点

产品采用模块化设计具有多方面的优势，具体表现如下。

1）模块化设计为产品的市场竞争提供了有力手段。当今市场竞争激烈，要求产品形态多变，性能各异，结构上具有高度的灵活性。模块化设计特别适用于那些品种多、批量小、结构复杂的产品。

2）模块化设计有利于开发新技术。模块化设计使得设计工作简化，避免了大量的重复设计工作，便于优化设计及发展新产品、新品种。这对缩短产品研制周期，加快产品的更新换代，提高复杂产品的可靠性、可维修性和综合保障能力，减少全寿命周期内的费用投入意义重大。

3）模块化设计有利于组织生产。模块化设计将复杂产品的非标准单件生产变成结构相同、工艺相同的批量生产，使得生产过程简化，有利于实现生产自动化和工艺标准化，提高了生产效率，缩短了生产周期，降低了生产成本。

4）模块化设计提高了产品的可靠性。品种多、批量小的产品由于设计工作多变、生产工艺不稳定，质量不易得到保证。模块化设计容易积累经验，大批量生产也便于提高产品的加工精度和保障产品质量。

5）模块化设计提高了产品的可维修性。模块化设计使得产品结构简化、接口标准，容易将易损部件集中设计或者选择设计，方便了产品的维修及升级换代。

6）模块化设计使得复杂产品的分区、分道建造，检验、调试成为可能，避免了可能的返工及各工种的互相干扰。

7）模块化设计易于建立分布式组织机构并进行分布式控制，易于进行异地设计、生产和调度。

三、模块化设计的主要方式

1. 横系列模块化设计

该方式不改变产品主参数，而是利用模块发展变型产品。它是在基型品种上更换或添加模块，形成新的变型品种。例如，更换端面铣床的铣头，可以加装立铣头、卧铣头和转塔铣头等，形成立式铣床、卧式铣床或转塔铣床。该方式易实现，应用最广。

2. 纵系列模块化设计

在同一类型中对不同规格的基型产品进行设计。主参数不同，动力参数也往往不同，导致结构形式和尺寸不同，因此较横系列模块化设计复杂。若把与动力参数有关的零部件设计成相同的通用模块，势必造成强度或刚度的欠缺或冗余，欠缺影响功能发挥，冗余则造成结构庞大、材料浪费。因此，在与动力参数有关的模块设计时，往往合理划分区段，只在同区段内模块通用。而对于与动力或尺寸无关的模块，则可在更大范围内通用。

3. 横系列和跨系列模块化设计

除发展横系列产品外，改变某些模块还能得到其他系列产品的，便属于横系列和跨系列模块化设计了。德国沙曼机床厂生产的模块化镗铣床，除可以发展横系列的数控及各型镗铣加工中心外，更换立柱、滑座及工作台，即可将镗铣床变为跨系列的落地镗床。

4. 全系列模块化设计

全系列包括纵系列和横系列。例如，德国某厂生产的工具铣床，除可改变为立铣头、卧铣头、转塔铣头等形成横系列产品外，还可以改变床身、横梁的高度和长度，得到三种纵系列的产品。

5. 全系列和跨系列模块化设计

这种方式主要是在全系列基础上进行结构比较类似的跨产品的模块化设计。例如，全系列的龙门铣床结构与龙门刨床和龙门导轨磨床相似，可以发展跨系列模块化设计。

四、模块化设计的关键

1. 模块标准化和通用化

它是指模块结构标准化，尤其是模块接口标准化和通用化。模块化设计所依赖的是模块的组合，即连接或啮合，又称为接口。显然，为了保证不同功能模块的组合和相同功能模块的互换，必须提高其标准化、通用化、规格化的程度。例如，具有相同功能、不同性能的单元一定要具有相同的安装基面和相同的安装尺寸，才能保证模块的有效组合。

2. 模块的划分

模块化设计的原则是力求以少数模块组成尽可能多的产品，并在满足要求的基础上使产品精度高、性能稳定、结构简单、成本低廉，且模块结构应尽量简单、规范，模块间的联系尽可能简单。因此，如何科学地、有节制地划分模块，是模块化设计中很有艺术性的一项工作，既要照顾制造管理方便，具有较大的灵活性，避免组合时产生混乱，又要考虑到该模块系列将来的扩展和向专用、变型产品的辐射。划分的好坏直接影响到模块系列设计得成功与否。总的说来，划分前必须对系统进行仔细的、系统的功能分析和结构分析，并要注意以下几点。

1) 模块在整个系统中的作用及其更换的可能性和必要性。
2) 保持模块在功能及结构方面有一定的独立性和完整性。
3) 模块间的接合要素要便于连接与分离。
4) 模块的划分不影响系统的主要功能

五、模块化设计实例

电磁环境检测系统中，要求锅状天线能绕水平轴在 90°范围内旋转，而且能绕垂直轴360°旋转，整套运动系统安装在三角支架上。因此组成该系统的模块有天线模块、绕水平轴旋转模块、绕垂直轴旋转模块、支撑模块和控制模块，如图 7-65 所示。

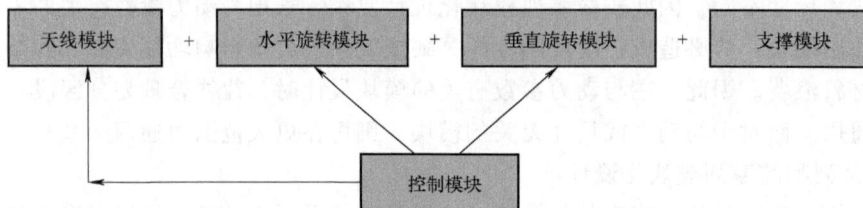

图 7-65　电磁环境检测系统的模块

控制模块不属于机械范围，这里不予讨论。其中，天线模块可根据检测距离使其尺寸规格化和系列化，形成系列模块。水平旋转模块可按照天线尺寸规格化和系列化，形成系列模块。电动缸系列产品可直接用于该模块，电动缸系列的示意图如图 7-66 所示。垂直旋转模块也可按照天线尺寸规格化和系列化，形成系列模块；谐波齿轮减速器和内平动齿轮减速器可作为该系列模块，电动机与减速器组合的示意图如图 7-67 所示。对应的支撑模块也根据三角支架的尺寸系列化，并形成系列模块。

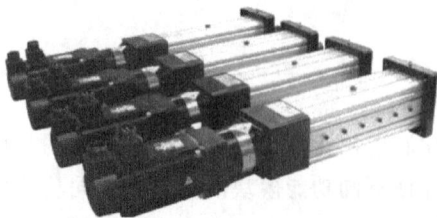

图 7-66　电动缸

图 7-67　电动机与减速器

图 7-68a 所示为电动机系列示意图，图 7-68b 所示为直线导轨组合系列示意图，图 7-68c 所示为滚珠丝杠组合系列示意图。

图 7-69a 所示为球窝轴承系列示意图，图 7-69b 所示为机床滑轨组合模块示意图。

模块化设计为机械创新提供了广阔的空间。其中，把电动机、减速器、电动缸、天线和支架进行模块化的组合，可得到一系列不同要求的电磁环境检测系统。图 7-70 所示为根据模块化设计的成果。

a) 电动机   b) 直线导轨   c) 滚珠丝杠

图 7-68 典型模块示意图一

a) 球窝轴承

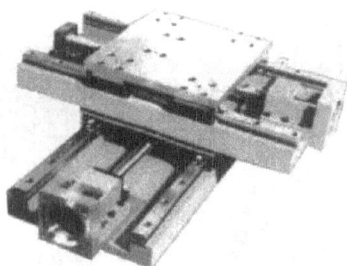

b) 机床滑轨

图 7-69 典型模块示意图二

图 7-70 电磁环境检测系统

另外，虚拟轴机床也是由上平台、下平台、滚珠丝杠、万向联轴器和电动机等模块组成的。

模块化设计提高了产品质量，缩短了设计周期，是机械设计的发展方向。不同模块的组合，为设计新产品也提供了良好前景。所以，模块化设计充满了创新。

知识拓展 Stewart 机构的应用创新设计

1965 年，Stewart 首次提出一种空间六自由度的并联机构（又称 6SPS 机构），该机构系统运动简图如图 7-71 所示。这种机构的动平台可以实现空间六个自由度的运动，即可实现

绕 X、Y、Z 轴的转动和沿 X、Y、Z 轴的移动，这种新机构是典型的机构创新。这种新机构的应用创新主要体现在以下两个领域。

1. 运动模拟器

飞行员在天空飞行时，飞机经常进行空间六自由度的翻转飞行，以满足复杂的空战要求。训练飞行员适应这种复杂运动的地面训练器通常采用 Stewart 机构。只要把飞行员置于动平台之上即可实现正常的训练要求。汽车驾驶员驾驶车辆在复杂路面行驶时，也面临空间复杂运动情况。把车辆置于 6SPS 机构的动平台之上，在视频技术的辅助下，可模拟驾驶人在复杂路面的行驶，用于检验车辆的性能和驾驶人的培训。6SPS 机构已经在运动模拟器领域得到

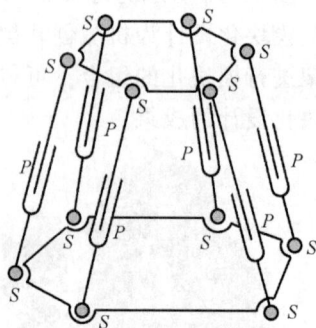

图 7-71　Stewart 机构
系统运动简图

广泛应用，如图 7-72a 所示机构为运动模拟器示意图。图 7-72b、c 所示为汽车驾驶模拟器。

2. 并联机床

如果在动平台的中心处安装铣刀，在定平台上安装工件，则 Stewart 机构可作为并联机床，用于加工复杂形体的机械零件。美国、英国、德国、俄罗斯等国在并联机床领域的研究比较领先，我国在该领域的研究也已达到国际先进水平。图 7-73 所示为并联机床。

Stewart 机构是一种新机构，是重要的机构创新。当这种机构被应用到工程实际中，为发展生产和科学技术服务时，又是一种应用创新。所以，机构的创新设计和机构的应用创新设计同样重要，有时机构的应用创新显得更为重要。

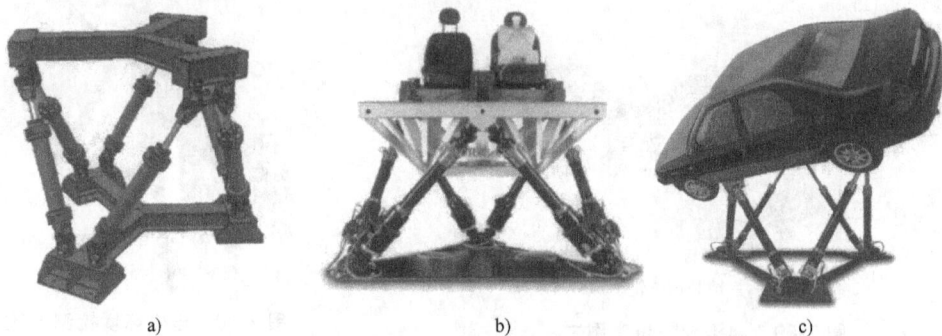

a)　　　　　　　　b)　　　　　　　　c)

图 7-72　运动模拟器示意图

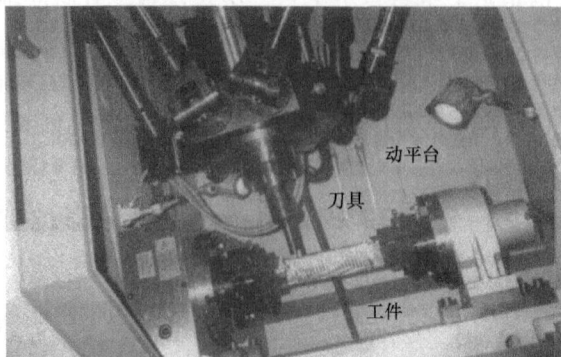

图 7-73　并联机床

第八章
CHAPTER 8
反求工程及创新设计

第一节　反求设计概述

一、反求工程

　　当今世界科学技术的发展日新月异，产品的科技含量越来越高，高新技术产品已进入家庭，世界进入了知识经济的时代。也就是说，在当今世界上，只有科学技术才能兴国。由于各国科学技术发展的不平衡，经济发展速度的差距很大。一些发达国家在计算机技术、微电子技术、人工智能技术、生命科学技术、信息工程技术、材料科学技术、空间科学技术、制造工程技术等领域处于领先地位。因此，引进发达国家的先进技术为己所用，是发展本国经济的最佳途径。把别的国家的先进科技成果加以引进，消化吸收，改进提高或进行创新设计，进而发展自己的新技术、开发新产品，是发展民族经济的捷径。这一过程称为反求工程。

　　第二次世界大战后的日本经济复兴就得益于开展反求工程。第二次世界大战结束后，日本的国民经济基本处于瘫痪状态。1950 年的国民生产总值仅为英国的 1/29，经济落后于美国 30 年。日本把引入国外先进科学技术作为坚定不移的国策，凡是国外先进和适用的技术，都积极引入，其中 80% 为专利和图样，其经济复苏很快。1945—1970 年，引进国外技术的投资仅为 60 亿美元，而花费 150 亿美元用于反求工程的研究。平均掌握每项技术的时间为 2~3 年。如自行研制，则需投资约为 1800 亿美元，掌握每项技术的时间为 12~15 年。日本在引入技术的同时，没有盲目地仿造，十分注意对反求工程的研究，对先进技术进行消化、吸收和国产化。他们的口号是：第一台引进，第二台国产化，第三台出口。通过对反求工程的研究，改进并提高引进技术，迅速实现产品的国产化，在应用过程中不断完善自己的产品，开发创新出许多新产品，并逐步形成了自己的工业体系。成功地运用反求工程，使日本政府节约了 65% 的研究时间和 90% 的研究经费。20 世纪 70 年代初，日本的工业已达到欧美发达国家的水平。

　　重视反求工程研究的国家很多，韩国的兴起也与开展反求工程研究有关。在科学技术飞速发展的今天，任何一个国家的科学技术都不能全部领先世界，也难以永远领先世界。因此，开展反求工程研究是掌握先进科学技术的重要途径之一。

发展国民经济，特别是世界进入知识经济的时代，主要依赖于高新科学技术。发展高新科学技术，一是依靠自己的科研力量，开发研制新产品，也就是过去常说的自力更生。二是引进别的国家先进的科学技术成果，消化吸收，加以改进提高，也就是现在常说的反求工程。我国在实行对外改革开放、对内搞活的经济政策以前，过分地强调了独立自主、自力更生的发展经济之路，对外交流很少，这极大地影响了我国科学技术的发展速度。在实行改革开放政策以后，重视了技术引进工作，但存在重应用、轻分析的倾向。随着科学技术的飞速发展，广大科技人员认识到了在引进技术的基础上创新设计的重要性，反求工程开始得到重视。在对引进技术的应用进行分析、研究的基础上，创新设计出许多适合我国国情的新产品，促进了我国民族经济的增长。

二、反求工程的过程

1. 产品的引进过程

引进产品要进行调查研究，保证是国内急需产品或国际先进产品。

2. 引进技术的应用过程

学会引进产品或生产设备的技术操作和维修，令其在生产中发挥作用，并创造经济效益。在生产实践中，了解其结构、生产工艺、技术性能、特点以及不足之处，做到知其然。

3. 引进技术的消化过程

对引进产品或生产设备的工作原理、结构、材料、制造工艺、管理方法等各项内容进行深入的分析研究，用现代的设计理论、设计方法及测试手段对其性能进行计算测定，了解其结构尺寸、材料配方、工艺流程、技术标准、质量控制、安全保护等技术条件，特别要找出它的关键技术，做到知其所以然。

4. 引进技术的反求过程

在上述基础上，消化、综合引进的技术，采众家之长，进行创新设计，开发出具有本国特色的新产品；最后完成从技术引进到技术输出的过程，创造出更大的经济效益。这一过程是反求工程中的最重要的环节，也是利用反求工程进行创新设计的最后结果阶段。

三、反求设计

反求设计是对已有的产品或技术进行分析研究，掌握其功能原理、零部件的设计参数、结构、尺寸、材料、关键技术等指标，再根据现代设计理论与方法，对原产品进行仿造设计、改进设计或创新设计的过程，称为反求设计。反求设计已成为世界各国发展科学技术、开发新产品的重要设计方法之一。

反求设计一般有三种形式。

（1）仿造设计 完全按照引进的产品进行设计，制造的产品与引入产品相同。一些技术力量和经济力量比较薄弱的厂家在引进的产品相对先进时，常采用仿造设计的方法。

（2）改进设计 在对原产品分析研究的基础上，进行局部的改造性设计，其性能与特征基本上同原产品，但局部性能有所改善。我国的大部分厂家都采取了这种反求设计。

（3）创新设计　以原产品为基础，充分运用创新的设计思维与创新技法，设计、制造出优于原产品的新产品。反求工程中的创新设计是我国及其他发展中国家目前大力提倡的方法。

四、反求设计是创新的重要方法

一般情况下，有两种创新方式。第一种是从无到有，完全凭借基本知识、思维、灵感与丰富的经验。第二种是从有到新，借助已有的产品、图样、影像等已存在的可感观的实物，创新出更先进、更完美的产品。反求设计就属于第二种创新方式。

世界各国利用反求工程进行创新设计的实例很多。

日本的SONY公司从美国引入在军事领域中应用的晶体管专利技术后，进行反求设计，将其反求结果用于民用，开发出晶体管收音机，并迅速占领了国际市场，获得了显著的经济效益。

日本的本田公司从世界各国引进500多种型号的摩托车，对其进行反求设计，综合其优点，研制出耗油少、噪声小、成本低、性能好、造型美的新型本田摩托车，风靡全世界，垄断了国际市场，为日本的出口创汇做出巨大的贡献。

我国广州至深圳的高速列车就是引入日本子弹头列车的技术后，对其进行分析研究，反求设计，达到了局部的改进与创新。2007年的运行过程中，列车时速已经达到250km/h，广州至深圳的时间仅45min。

五、反求设计与知识产权

科学技术的发展与知识产权的保护密切相关。知识产权是无形资产，无形资产具有很大的潜在价值，是客观存在的经济要素，具有有形资产不可替代的价值，甚至具有超乎想象的价值。因此，世界各国都加强了对本国知识产权的保护。

在从事反求设计时，一定要懂得知识产权，既不要侵害别人的专利权、著作权、商标权等受保护的知识产权，同时也要注意保护自己所创新部分的知识产权。引入技术与知识产权密切相关，而对引入技术进行反求设计的结果与知识产权更是密切相关。所以，一定要处理好引入技术与反求设计的知识产权关系。也就是说，从事反求设计的人员必须学习与知识产权相关的法律和法规。

第二节　技术引进与反求工程

技术引进在促进世界各国的科技与社会进步，促进生产力与经济的高速发展方面起了很大的作用。但光引进还不行，还要对引进技术进行深入的研究、吸收、消化和再创新，并在此基础上开发出新的产品，形成技术体系，这一过程就是反求工程（Reverse Engineering）。

反求工程是一个将反求思维和移植创造原理应用于工程实践的创新过程，是针对消化、吸收先进技术的一系列分析方法和应用技术的组合。

在20世纪中后期，世界各国基于引进技术的反求工程的应用已非常广泛，在经济技术发展中，总结了许多应用反求工程进行技术创新的经验，其中以日本的技术引进与创新最为突出。

反求设计方法在现阶段的基本设计思想是：分析已有产品或设计方案，明确产品各个组成部分并进行适当分解。明确产品不同部件之间的内在联系，包括功能联系、组装联系等。然后在更高的、更加抽象的设计层次上获取产品模型的表示方法。最后从功能、原理、布局等不同的需求角度对产品模型进行修改和再设计。

第三节 反求创新设计

从工程技术角度看，根据反求对象的不同，反求设计可分为实物反求、软件反求和影像反求三类。

一、实物反求

顾名思义，它是在已有实物条件下，通过试验、测绘和详细分析，再创造出新产品的过程。实物反求包括功能、性能、方案、结构、材质、精度、使用规范等众多方面的反求。实物反求的对象可以是整机、部件组件和零件。通常实物反求的对象大多是比较先进的设备、产品，包括从国外引进的和国内的先进产品。实物反求应用于技术引进的硬件模式中，以扩大生产能力为主要目的，在此基础之上，开发创新的新产品。实物反求设计有如下特点：①具有形象直观的实物；②可对产品的性能、功能、材料等直接进行测试分析，获得详细的产品技术资料；③可对产品各组成部分的尺寸直接进行测试分析，获得产品的尺寸参数；④起点高，缩短了产品的开发周期；⑤实物样品与新产品之间有可比性，有利于提高新产品开发的质量。实物反求设计一般要经历如图 8-1 所示的过程。

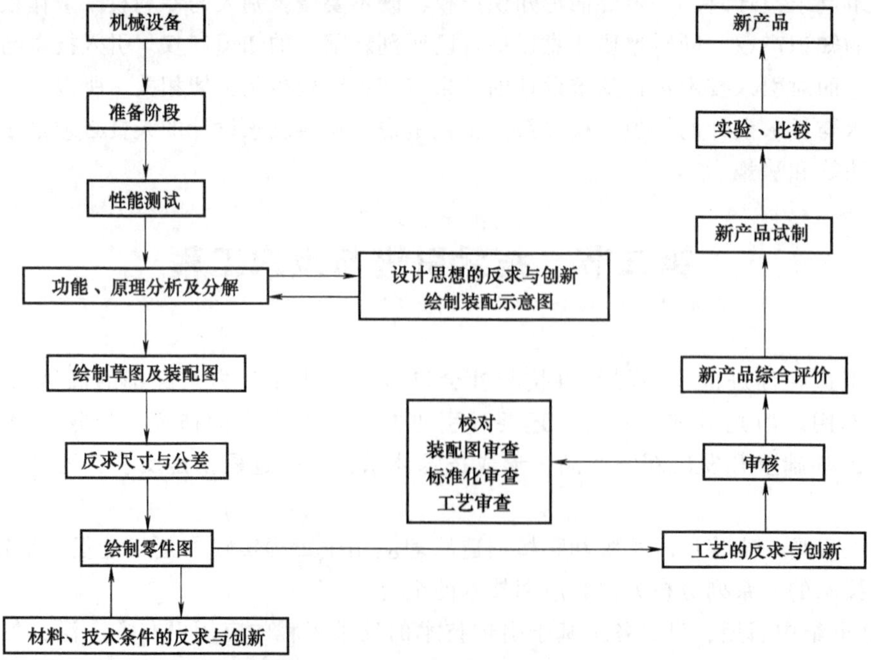

图 8-1 实物反求设计的一般过程

由上述分析可知，实物反求设计的创新性可以体现在产品设计中的许多方面：设计思想、方案选择、零部件结构设计、尺寸公差设计、材料选择、工艺设计等都有设计师发挥创造的空间。

1. 设计思想反求分析与创新

了解产品设计的指导思想是反求设计的重要前提。不同时期的产品在设计指导思想方面是不同的，并与社会的发展及科技发展水平密切相关。例如，在早期人们往往是从完善功能、扩展功能、降低成本方面开发产品，但随着社会的发展、人民生活水平的提高，在保证功能的前提下，产品的精美造型、工作生活的舒适性等方面上升为主要矛盾：冰箱要求能美化人们家居生活或能满足人们的健康需求，计算机键盘、鼠标必须使操作人员手位舒适，汽车座椅设计能够缓解驾驶员的疲劳等。

又比如，为贯彻可持续发展战略，满足人们对产品的节能、保护环境等要求，工程师们提出了绿色设计的指导思想，即从产品的设计、加工、装配、使用、报废整个生命周期充分考虑产品的环境属性（可回收性、可拆卸性、可维修性、重复利用性等），防止影响环境的噪声或废弃物产生，使零件或材料在产品达到寿命周期时以最高附加值回收并重复利用。从绿色设计的指导思想出发，许多产品在选择材料时注意选择无毒、无污染、废弃物排放量少的材料（避免含铅、镍、汞等），并减少材料种类。IBM计算机中所有塑料制品都采用同样的材料，并刻有识别标志，便于回收。并用精模压铸保持表面精度，采用弹性连接结构替代金属铰链，因此，材料和零件成本大大降低。无氟冰箱、无烟抽油烟机也是应健康、环保要求而生的。

在另外一些场合，降低噪声变得非常重要，成了产品设计中的主要矛盾。例如，家庭用空调，降低噪声始终都是人们的追求。又比如某公司开发的低噪声电动机，其中消噪器在机壳内测定并产生音频，与电动机产生的噪声相位差180°而将其部分抵消，可减少约50%的噪声。将其用于炉灶排风扇上，可提高效率37%，噪声下降15dB。

2. 原理方案反求分析与创新

产品是针对其功能要求进行设计的，而实现相同功能的原理方案是多种多样的。了解现有原理方案的工作原理和机构组成，探索其构思过程和特点，通过反求，设计变异出更多能实现同样功能的新原理解法，在此基础上进行优化，以获得性能更好的产品。

如图8-2所示的无发动机惯性玩具汽车，除用飞轮（惯性轮）存储动力外，还利用惯性原理使汽车在遇到障碍物时反向行驶。通过原理方案分析可以知道该汽车中的飞轮及小齿轮

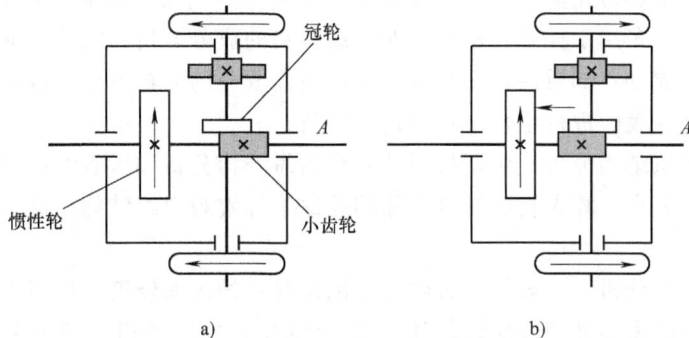

a)   b)

图 8-2 惯性玩具汽车

所在轴 A 可以沿轴向滑动，当汽车遇到障碍物后，由于惯性作用，滑移小齿轮前冲，从图 8-2a 所示的位置达到图 8-2b 所示的位置，小齿轮与冠轮另一侧相啮合，使车轮反向倒行。

3. 零部件的反求分析与创新

结构设计不仅仅是原理方案的具体化过程，还必须要考虑许多细节。除了要考虑提高产品性能（提高强度、刚度、精度、寿命，减少磨损，降低噪声等），还要考虑工艺、装配、美观、成本、安全、环保等诸多方面的要求和限制。

不同的反求对象，零、部件尺寸分析方法有所不同。对于实物或图样，可以测量分析零部件形体尺寸；对于照片、图像，可通过透视法求得尺寸之间的比例，再按参照物确定各尺寸。对于具有复杂曲线曲面的零件，则要采用一些先进的测绘手段及测绘仪器（如三坐标测量机）方可实现反求测绘。

精度是衡量反求对象性能的重要指标之一，也直接影响产品的成本。零件尺寸易于获得，但尺寸精度却难以确定，这也是反求设计中的难点，合理分析、设计零件精度及其分配关系，对提高产品的装配精度、力学性能，降低产品成本至关重要。

在确定基本尺寸之后，求得与实测尺寸的差值，并由该差值查阅公差表。根据基本尺寸，选择配合精度，按差值小于或等于所对应公差的一半的原则，最后确定公差的精度等级和对应的公差值。

零件表面粗糙度可以用粗糙度仪较准确地测量出来，再根据零件功能、测量值、加工方法，参照国家标准，选择合理的表面粗糙度值。

4. 零件材料的反求分析与创新

机械零件材料及热处理方法的选择将直接影响零件的强度、刚度、使用寿命和可靠性等性能指标，因此在一些产品中材料及热处理方式的选择显得非常重要，并可能成为该产品的关键技术。

一般采用表面观测、化学分析和金相检验等方式确定材料的化学成分、组织结构和表面处理情况，并通过物理试验测定材料的各种物理性能和主要的力学性能，确定材料牌号及热处理方式。有时需通过材料分析进行材料替换，替换的原则是首先满足力学、物理性能，其次满足化学成分的要求，并参照其他同类产品，确定替换材料的牌号及技术条件。

材料反求分析包括材料成分反求分析，材料组织结构反求分析和材料硬度反求分析。

（1）零件材料的化学成分分析 可以通过以下方法确定：①火花鉴别法，根据材料与砂轮磨削后产生的火花判别材料的成分；②音质判别法，根据敲击材料声音的清脆不同，判别材料的成分；③原子发射光谱分析法，通过几至几十毫克的粉末对材料成分进行定量分析；④红外光谱分析法，多用于橡胶、塑料等非金属材料的成分分析；⑤化学成分分析法，用于定量分析金属材料成分；⑥微探针分析法，材料表面成分的分析方法，利用电子探针、离子探针等仪器对材料的表面进行定性分析或定量分析。

（2）材料的组织结构分析 包括材料的宏观组织结构分析和微观组织结构分析，用放大镜观察材料的晶粒大小、淬火硬层的分布和缩孔缺陷等宏观组织结构。利用显微镜观察材料的微观组织结构。

（3）材料的硬度分析 一般是通过硬度计测定材料的表面硬度，然后根据硬度或表面处理的厚度判别材料的表面处理方法。例如，在 1983 年，中原油田从美国引进英格索兰公司的注水泵，用于高压注水。使用中发现，材料为 42CrMo 的泵头在水压>36MPa 工作时寿命急剧下降，发生开裂失效。经分析是由于油田污水腐蚀引起裂纹所致。于是从强度、耐腐蚀性和韧性三方面综合考虑，用耐腐蚀、高强度的低碳马氏体不锈钢作为泵体材料，解决了高压注水泵的关键问题。

5. 工艺反求分析与创新

许多先进设备的关键技术是先进的工艺，因此分析产品的加工过程和关键工艺十分必要。在工艺反求分析的基础上，结合企业的实际制造工艺水平，改进工艺方案，或选择合理工艺参数，确定新的产品制造工艺方法。例如，戴纳卡斯特公司生产的电气元件接线盒中，大批电缆支架所用的锌铅镁合金螺母顶部有宽缝，只有局部螺纹。为抵抗螺钉使支架螺孔两侧分开的力，螺母外部为方形，放在模压的塑料外壳中。经过分析发现，之所以设计这种特别的结构是因为采用压铸工艺制造内螺纹孔（图 8-3）。压铸工艺

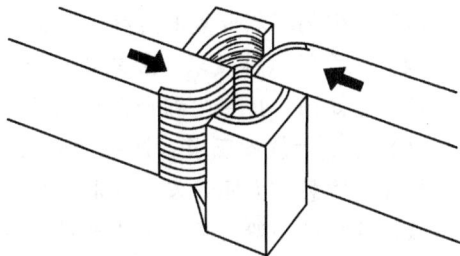

图 8-3　压铸内螺纹孔

1min 可以生产 100 个零件，精度达 30μm，模具寿命 100 万次，大大提高了效率，降低了成本。

6. 其他方面内容的反求与创新

（1）外观造型反求分析与创新　在市场经济条件下，产品的外观造型在商品竞争中起着重要的作用。在对产品外观造型分析时，应从产品的美学原则、用户的需求心理及商品价值等角度来分析。例如，美学原理包括合理的尺度、比例，造型上的对称与均衡、稳定与轻巧、统一与变化、节奏与韵律等。此外，色彩也能美化产品并引起感情效果。对有关产品色调的选择与配色、色彩的对比与调和等方面进行相应分析，有利于了解它的设计风格。

（2）工作性能反求分析与创新　运用各种测试手段，仔细分析产品的运动特性、动力特性、工作特性等，掌握原产品的设计方法和设计规范，并提出改进措施。例如，某机床厂与法国 Vernier 公司合作，开发生产 DB420 型工作台不升降铣床。在测试了原铣床的部件几何精度，机床静刚度，主传动效率，主轴部件热变形、温升，并进行切削振动、激振和噪声等试验之后，抓住了刚度和热变形的主要矛盾。主要矛盾的解决，使新产品工作性能得到了很大改善。

对产品的管理、使用、维护和包装技术等的分析也很重要。管理的好坏直接影响产品效能的发挥。例如，分析了解重要零部件及易损零部件就有助于产品的维修、改进设计和创新设计。

二、软件反求

产品样本、产品标准、设计说明书、使用说明书、产品图样、操作与管理规范和质量保证手册等技术资料文件均称为技术软件。依据这些技术软件设计新产品的过程，称为软件反求。与实物反求相比，软件反求应用于技术引进的软件模式中，以增强国家创新能力为目的，具有更高层次。

通过软件反求一般可知产品的功能、原理方案和结构组成，若有产品图样则还可以详细了解零件的材料、尺寸和精度。

软件反求设计具有以下特点

（1）抽象性技术软件 不是实物，只是一些抽象的文字、公式、数据和图样等，要发挥人们的想象力。因此，软件反求是一个处理抽象信息的过程。

（2）科学性软件反求 要求人们从各种技术信息中，去伪存真，从低级到高级，逐步探索、反求出设计对象的技术奥秘，获取可为我所用的技术信息。

（3）技术性软件反求 大部分工作是一个分析、计算的逻辑思维过程，也是从抽象思维到形象思维的不断反复的过程，因此，软件反求具有高度的技术性。

（4）综合性软件反求 要求综合运用决策理论、模糊理论、相似理论、计算机技术等多门学科的知识，是一门综合性很强的技术。

（5）创造性软件反求 是一个创造、创新的过程。软件反求设计应充分发挥人的创造性及集体的智慧，大胆开发，大胆创新。

软件反求的一般过程：①必要性论证，包括对引进对象进行市场调研及技术先进性、可操作性论证等；②软件反求成功的可能性论证，并非所有技术软件都能反求成功；③原理、方案、技术条件反求设计；④零、部件结构、工艺反求设计；⑤产品的使用、维护、管理反求；⑥产品综合性能测定及评价。

例如在 20 世纪 80 年代初，我国从西方国家引进振动压路机技术资料。根据技术资料制造生产出仿造机之后，发现仿造机的非振动部件和驾驶室的振动过大，操作条件差。在对振动压路机技术资料及仿造机进行反求分析之后，发现引进的振动压路机技术是利用垂直振动实现路面压紧的（图 8-4a），在实际应用中由垂直振动带来的负面影响很难以消除。因此，工程设计人员就提出了用水平振动代替垂直振动，创新设计了如图 8-4b 所示的新型振动压路机。新型的水平振动压路机不仅防止了垂直振动引起的负面影响，而且滚轮不脱离地面，静载荷得到了充分的利用，能量集中在压实层上，使路面能被均匀压实。

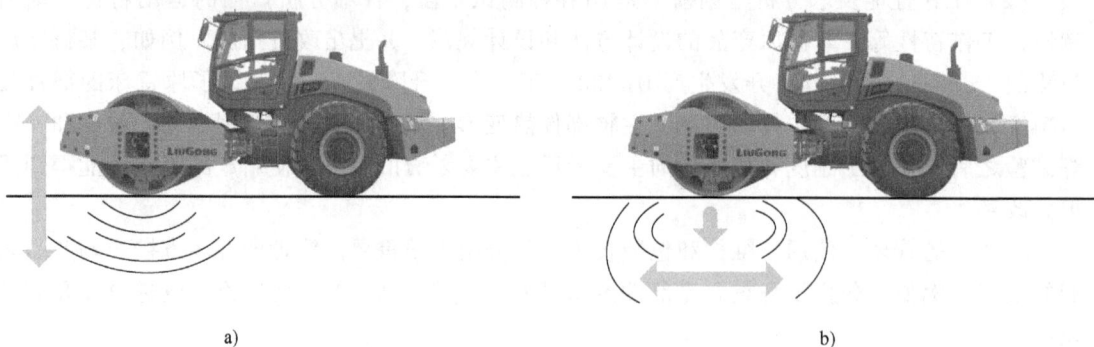

a)   b)

图 8-4　振动压路机

三、影像反求

既无实物，又无技术软件，仅有产品照片、图片、广告介绍、参观印象和影视画面等，设计信息很少，基于这些信息来构思、想象开发新产品，称为影像反求，这是反求对象中难度最大的并最赋有创新性的反求设计。影像反求本身就是创新过程。

影像反求目前还未形成成熟的技术，一般要利用透视变换和透视投影，形成不同透视图，从外形、尺寸、比例和专业知识，琢磨其功能和性能，进而分析其内部可能的结构，并要求设计者具有较丰富的设计实践经验。在进行影像反求时，可从下面五个方面来考虑。

1）可从影像资料获得一些新产品设计概念，并进行创新设计。某研究所从国外一些给水设备的照片，看到喷灌给水的前景，并受照片上有关产品的启发，开发出一种经济实用、性能良好的喷灌给水栓系列产品。

2）结合影像信息，可根据产品的工作要求分析其功能和原理方案。例如，从执行系统的动作和原动机情况分析传动系统的功能和组成机构。国外某杂志介绍一种结构小巧的省力扳手，增力十几倍，这种扳手适用于妇女、少年给汽车换胎、拧螺母。根据其照片输出、输入轴同轴及圆盘形外轮廓，分析它采用了行星轮系，以大传动比减速增矩。在此基础上设计的省力扳手，效果很好。

3）根据影像信息、外部已知信息，参照功能和工作原理进行推理，分析产品的结构和材料。例如，可通过影像色彩判断材料种类，通过传动系统的外形判断传动类型。

4）为了较准确地得到产品形体的尺寸，需要根据影像信息，采用透视图原理求出各尺寸之间的比例，然后用参照物对比法确定其中某些尺寸，通过比例求得物体的全部尺寸。参照物可为已知尺寸的人、物或景。例如，图片中产品旁边有操作工人，根据人平均身高约1.7m，可按比例求得设备其他尺寸。日本专家曾依据大庆油田炼油塔的一张照片估算出炼油塔的容积和生产规模，其参照物是油塔上的金属爬梯。一般高大建筑物金属爬梯宽为$400\sim600$mm，高约为$300n$（n为台阶数），参照爬梯估算出炼油塔的高度和直径，就很容易计算出容积。

5）借助计算机图像处理技术来处理影像信息。可利用摄像机将照片中的图像信息输入计算机，经过处理得到三维 CAD 实体模型及其相关尺寸。

知识拓展 西方各国机械发明创造史简介

西方各国在科学技术领域的发展，特别是在机械工程领域的发明创造，在公元14世纪以后逐步超过中国。从中世纪沉睡中醒来的欧洲，约在公元16世纪进入了文艺复兴时代。机械工程领域中的发明创造如雨后春笋，机械制造业空前发展。文艺复兴时期的代表人物，意大利著名画家达·芬奇（Leonaldo da Vinci）设计了变速器、纺织机、泵、飞机、车床、锉刀制作机、自动锯和螺纹加工机等大量机械，并画了印刷机、钟表、压缩机、起重机、卷扬机和货币制造机等大量机械草图。一场大规模的工业革命在欧洲发生，大批的发明家涌现出来。各种专科学校、大学和工厂纷纷建立。机械代替了大量的手工业，生产迅速发展。

1738年，英国的怀特（John Wyatt）和鲍尔（Lewis Paul）设计并制造了纺织机，于1758年取得了改进后的纺织机专利。

1760年，英国的哈格里沃斯（Jams Hargreaves）改造了纺织机，使纺纱和织布开始分工。

1769年，在英国格拉斯哥大学工作的瓦特（Jams Watt）经过十余年的努力和不断改进，在爱丁堡制造出第一台蒸汽机。1780年，蒸汽机为工厂提供了强大的动力，成为动力之王。蒸汽机的成功经历了多人的努力。1680年，荷兰的物理学家惠更斯（Christian Huygens）通过气压使活塞运动。英国人塞维利（Thomas Savery）制造了利用蒸汽汲水的机械。英国人纽克曼（Thomas Newcomen）完成了汽压机的制造。最后才由瓦特发明了蒸汽机。

1804年，英国人特莱维茨克（Richad Trevithick）发明并制造出第一台蒸汽机车，并由英国人斯蒂芬森（George Stephenson）在1829年最后完善成功。1830年法国修筑了从圣亚田到里昂的铁路，1835年，德国修筑了从纽伦堡到菲尔特的铁路。蒸汽机车与铁路的普及，使交通运输发展很快，促进了西方工业生产的发展。铁路时代，促进了西方的机械文明。

1850年，英国的佛朗西斯（James Bicheno Francis）设计并制造了固定叶片外置、转动叶轮安装在内侧的水轮机，水从叶轮外周流向内侧，佛朗西斯水轮机被广泛使用。

1870年，美国的佩尔顿（Lester Allen Pelton）发明了冲击式水轮机。

1873年，在维也纳举行的世界博览会上，由于偶然的因素而发明了电动机。由于操作失误，在实验发电机时，外部电流流向了发电机，发电机却突然转动起来。这一意外的发现，触动了科学家的灵感。不久，实用的电动机诞生了。

1879年，美国的发明家爱迪生（Thomas Alva Edison）发明了电灯。英国的法拉第（Michael Faraday）阐述了发电机和电动机的原理。比利时的格拉姆（Zenobe Theophili Gramine）制造出第一台实用的发电机。它由蒸汽机驱动，主要用于照明和电镀。

1879年，德国西门子（Erust Werner Vonsiemens）研制成功第一台电气机车。四年后，英国开设世界上第一条电气铁路。

1882年，瑞典科学家拉瓦尔（Carl Gustaf Patrik Laval）研制出了冲击型汽轮机。

1884年，意大利的帕兹森研制出了反击型汽轮机。

1897年，德国狄塞尔（Rudolf Diesel）发明了著名的狄塞尔内燃机。自此后，解决了汽车、轮船等许多机器的动力源问题。机械工业发展进入一个新阶段。

电的发现，给人类带来了光明。电动机的发明引起一场新的动力革命。

战争的爆发与持续，加速了枪炮等武器的研制与生产。欧洲的战争、英美战争、美墨战争、第一次世界大战等战事不断，对兵器的配件要求导致了互换性的发明。良好的互换性必须有高精度的测量工具和加工机床来保证。因此，19世纪的机床和测量工具的发明与革新进展很快。同时，钢铁工业也获得很快发展。互换性的发明使机械工业进入大批量的生产阶段。

西方各国的机械发明史主要集中在文艺复兴以后的工业革命期间，历史较短，但发展迅速，奠定了现代工业的基础。总结其发展很快的原因之一就是对科学技术的重视。很多著名的大学就是在那一时期建立的。

第九章

CHAPTER 9

机械系统运动方案与创新设计

机械系统运动方案的设计是机械设计过程中的重要组成部分，也是最富有创造性的设计工作。探讨实现机械预期的工作任务，包括采取哪种类型的机构，这些机构如何组合在一起，如何协调这些机构之间的运动，如何判断这些机构的性能、经济性和可靠性等综合指标等，构成了机械系统运动方案的基本内容。拟定机械系统的运动方案，不但是设计人员专业知识的具体应用，也是设计人员创造性思维的具体应用。

第一节　机械系统概述

工程中实际应用的机械可分为三大类型。第一类是仅由单一基本机构组成的最简单的机械系统。这些基本机构可能是齿轮机构、凸轮机构、连杆机构或其他常用机构，其设计方法在机械原理和机械设计课程中已经学过。由单一基本机构组成的最简单机械系统作为工具的应用场合比较多，如图 9-1a 所示的由连杆机构组成的强力钳，图 9-1b、c 和 d 所示的由螺旋机构组成的开瓶器。

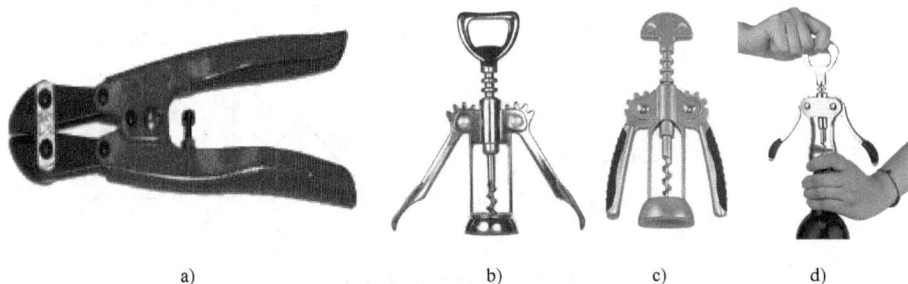

图 9-1　简单机械示例一

图 9-2a 所示为滑轮起重机构，图 9-2b 所示为齿轮升降机构。这些由单一机构组成的简单机械在工程中得到了广泛的应用。该类机械虽然结构简单，但种类十分繁多，用途多种多样，在人类生活和工作中发挥着非常重要的作用，其设计构思都十分巧妙。

这类机械的运动方案设计重点主要是机构的类型选择与机构的设计问题，其中创造性思维、工作经历有决定作用。

第二类是由若干个独立的基本机构组成的机械系统，但各独立工作的机构运动必须满足运动协调的条件。如压力机中的冲压机构和送料机构是单独的基本机构，但二者之间的运动关系必须满足先完成送料动作后再进行冲压动作。也就是说该类机械运动方案的设计重点不仅包含机构的选型设计，还必须进行机构间的运动协调设计。

这类机械系统运动方案的特点是根据机械的具体工作要求，分别确定满足不同工作要求的机构，各机构之间可没有任何结构上的连接，也可有结构上的连接，但各机构的运动次序必须满足工作要求。也就是说，通

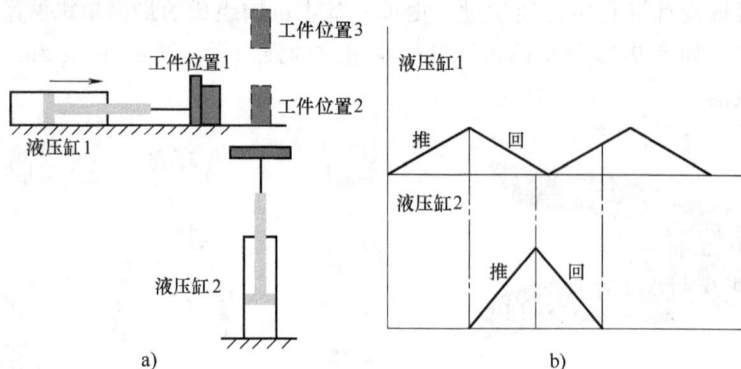

a) 滑轮起重机构　　　　b) 齿轮升降机构

图 9-2　简单机械示例二

过机械运动的协调设计，最终满足总体的运动要求。运动协调的手段可以通过机械连接手段，也可以通过控制手段。这类机械在工程中的应用非常广泛，特别在自动化生产领域的应用更为广泛。

如图 9-3a 所示的液压机构系统中，液压缸 1 和液压缸 2 是两个独立的机构。液压缸 1 把工件送到工作位置 2，触动起动液压缸 2 的开关后，即刻返回原位。液压缸 2 再把工件送到工作位置 3。两个液压缸的协调运动才能完成既定的工作要求。为避免两个液压缸运动发生干涉，必须进行如图 9-3b 所示的运动协调设计。当液压缸 1 将物体移动到位并开始后移时，液压缸 2 开始起动。当液压缸 2 将物体移动到位时，液压缸 1 必须返回，二者不能发生碰撞。图 9-3b 也称运动循环图的设计。

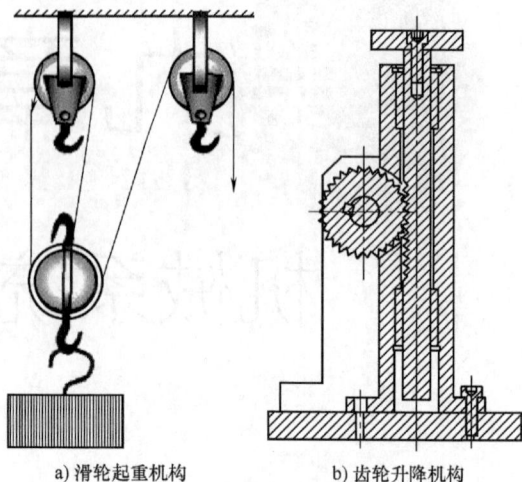

图 9-3　机构工作的协调

第三类是由若干个单一的基本机构经过串联、并联、叠加等组合方式连接到一起的机械系统。

这类机械在工程中得到了最为广泛地应用。不同种类或相同种类的机构经过某种形式的连接，组成一个复杂的机械系统，完成预期的工作任务。这类机械系统的设计方法在机构组合与创新设计中已经论述过，其重点是选取何种基本机构进行何种连接，才能完成预期工作

目标。

第三类机械系统是工程中应用最广泛、设计最复杂、难度最大的机械系统。

第二节　机械系统运动方案的基本知识

机械系统的种类虽然繁多，但对其进行分析后，其组成情况基本相同。机械大都由原动机、传动系统、工作执行系统和控制系统组成。也有部分机械没有传动系统，直接由原动机驱动工作机，如水力发电机组中，水轮机是原动机，直接驱动发电机，但此类机械种类较少。

一、原动机

原动机是把其他形式的能量转化为机械能的机器，为机器的运转提供动力。按原动机转换能量的方式可将其分为以下三大类。

1. 电动机

把电能转换为机械能的机器。常用的电动机有三相交流异步电动机、单相交流异步电动机、直流电动机、交流和直流伺服电动机以及步进电动机等。三相交流异步电动机和较大型直流电动机常用于工业生产领域，单相交流异步电动机常用于家用电器，交流和直流伺服电动机以及步进电动机常用于自动化程度较高的控制领域。电动机是在固定设备中应用最广泛的原动机。

2. 内燃机

把热能转换为机械能的机器。常用的内燃机主要有汽油机和柴油机，主要用于活动范围很大的各类移动式机械中。中小型车辆中常用汽油机为原动机，大型车辆，如各类工程机械、内燃机车、装甲车辆和舰船等机械常用柴油机作为原动机。随着石油资源的消耗和空气污染的加剧，人们正在积极探索能代替石油产品的新兴能源，如从水中分解出氢气作为燃料的燃氢发动机已处于实验阶段。

3. 一次能源型原动机

上述电动机和内燃机的原料都是二次能源，电能来自水力发电、火力发电、地热发电、潮汐发电、风力发电和核发电等二次加工。内燃机用的汽油或柴油也是由开采的石油冶炼出的二次能源。其缺点是受到地球上的资源储存量的限制及价格较贵。一次能源型原动机是指直接利用地球上的能源转换为机械能的机器。常用的一次能源型原动机主要有水轮机、风力机和太阳能发电机等。因此，开发利用水力、风力、太阳能、地热能和潮汐能等一次能源，是 21 世纪动力工程的一项艰巨任务。

在进行原动机的选择时，本章主要涉及电动机，读者可结合具体工作需要和所学的相关知识选择适当的电动机。

二、机械运动系统

机器中的传动系统和工作执行系统统称为机械的运动系统。以内燃机和电动机为原动机时，其转速较高，不能满足工作执行机构的低速、高速或变速要求，在原动机输出端往往要连接实现速度变换的传动系统。一般常用的传动系统有齿轮传动、带传动和链条传动等。有时,传动系统的目的是改变运动方向或运动条件。如汽车变速器的输出轴与后桥输入轴不在一个平面中,而且相距较远,万向联轴器就能满足这种传动要求。机械传动系统的机构形式比较简单,设计难度不是很大,而机器的工作执行系统则要复杂得多。不同机器的工作执行系统决然不同,但其传动形式却可相同。例如,一般汽车和汽车吊的传动形式一样,都是由连接内燃机的变速器、万向轴和后桥组成。而汽车的工作执行系统由车轮、车厢等组成,汽车吊的工作执行系统则由车轮及吊车组成。图9-4所示为汽车和汽车吊对比图。

a)   b)

图9-4　汽车和汽车吊对比图

由机械传动系统和工作执行系统组成的机械系统运动方案的设计是机械设计的核心内容。

三、机械的控制系统

机械设备中的控制系统所应用的控制方法主要有机械控制、电气控制和自动控制。控制系统在机械中的作用越来越突出,传统的手工操作正在被自动化的控制手段所代替,而且向智能化方向发展。

电气控制系统体积小、操作方便、无污染和安全可靠,可进行远距离控制。通过不同的传感器可把位移、速度、加速度、温度、压力、色彩和气味等物理量的变化转变为电量的变化,然后由控制系统的计算机进行处理。

1. 对原动机进行控制

电动机的结构简单、维修方便和价格低廉,是应用最为广泛的动力机。对交流电动机的控制主要是开、关、停、与正反转的控制,对直流电动机与步进电动机的控制主要是开、关、停、正反转及其调速的控制。图9-5所示为常见的三相交流异步电动机的控制电路原理图,可实现开、关、停、正反转的工作要求,如再安装限位开关,还可以方便地进行机械的位置控制。

如图9-5所示,L1、L2、L3代表三相线,QS代表三相开关,FU代表熔丝,起短路保护作用。SB1、SB2代表连锁按钮开关,可实现正反转点动控制。SB3代表制动按钮开关,KM1、KM2代表正反转的接触器,兼失压或欠压保护作用。FR代表过载保护器。

2. 对电磁铁的控制

电磁铁是重要的开关元件,接触器、继电器、各类电磁阀和电磁开关都是按电磁转换的

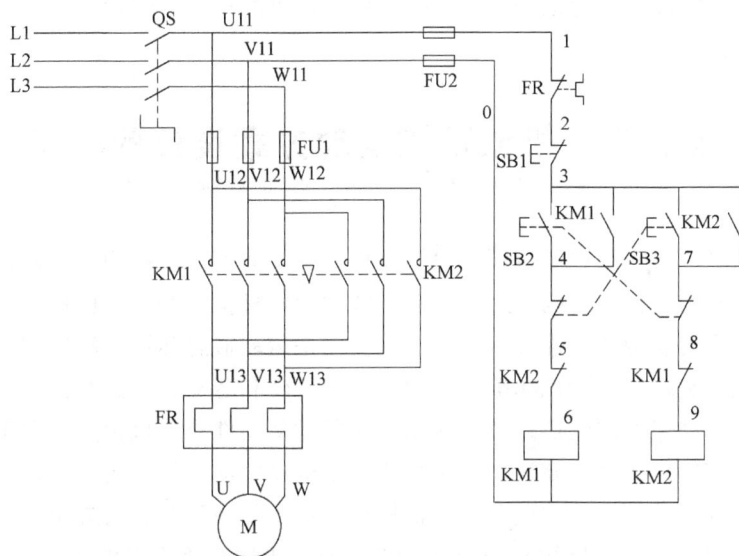

图 9-5 三相交流异步电动机控制电路原理图

原理实现接通与断开的动作，从而实现控制机械中执行机构的各种不同动作。

现代控制系统的设计不仅需要计算机技术、接口技术、模拟电路、数字电路、传感器技术、软件设计和电力拖动等方面的知识，还需要一定的生产工艺知识。

一般说来，可把控制对象分为两类。

第一类是以位移、速度、加速度、温度和压力等数量的大小作为控制对象，并按表示数量信号的种类分为模拟控制与数字控制。把位移、速度、加速度、温度和压力的大小转换为对应的电压或电流信号，称之为模拟量。对模拟信号进行处理，称为模拟控制。模拟控制精度不高，但控制电路简单，使用方便。把位移、速度、加速度、温度和压力的大小转换为对应的数字信号，称之为数字量。对数字信号进行处理，称为数字控制。

第二类是以物体的有、无、动、停等逻辑状态为控制对象，称为逻辑控制。逻辑控制可用二值 0、1 的逻辑控制信号来表示。

以数量的大小、精度的高低为对象的控制系统中，经常检测输出的结果与输入指令的误差，并对误差随时进行修正，称这种控制方式为闭环控制。把输出的结果返回输入端与输入指令比较的过程，称为反馈控制。与此不同，输出的结果不返回输入端的控制方式，称为开环控制。

由于现代机械在向高速、高精度方向发展，闭环控制的应用越来越广泛。例如，机械手、机器人运动的点、位控制，都必须按反馈信号及时修正其动作，以完成精密的工作要求。在反馈控制过程中，通过对其输出信号的反馈，及时捕捉各参数的相互关系，进行高速、高精度的控制。在此基础上，发展和完善了现代控制理论。

综上所述，现代机械的控制系统集计算机、传感器、接口电路、电器元件、电子元件、光电元件和电磁元件等硬件环境及软件环境为一体，且在向自动化、精密化、高速化和智能化的方向发展，其安全性、可靠性的程度不断提高。在机电一体化机械中，机械的控制系统将起更加重要的作用。

本章在讨论机械系统运动方案时，不涉及原动机和控制系统的选择，主要讨论其机械运动系统。而机构是完成机械运动的主体部分，所以这里的机械系统运动方案的设计问题即是讨论机构系统的设计问题。

第三节 机械系统运动方案设计的构思

　　机构种类很多，其作用也不相同。曲柄摇杆机构、曲柄滑块机构、曲柄摇块机构、双曲柄机构、双摇杆机构、正弦机构、正切机构、转动导杆机构、摆动导杆机构和平行四边形机构等都是具有不同运动特性的连杆机构，主要功能是运动形态和运动轨迹的变换。圆柱齿轮机构、锥齿轮机构和蜗杆蜗轮机构等主要用于运动速度和运动方向的变换。带传动机构和链传动机构也用于运动速度的变换。直动从动件和摆动从动件凸轮机构主要用于运动规律的变换。棘轮机构、槽轮机构等间歇运动机构主要用于运动中动、停的运动变换。螺旋机构主要用于转动到移动的运动变换。这些单一的机构在工程中得到了广泛的应用。但机械运动系统中，把单一的机构（或基本机构）组合在一起形成的机构系统应用更加广泛。

　　在一个机构系统中，起速度变换作用的机构，或减速、或增速、或变速，一般称其为传动机构。担负工作任务的执行机构，其机构种类与工作任务密切相关，一般称之为工作执行机构。起辅助作用或保护作用的机构，一般称之为辅助机构。各种机构协调动作，从而完成机构系统的工作任务。

一、传动机构系统的组成

　　传动机构的主要作用是进行速度变化，有时也能进行运动方向的变换。最常见的传动机构系统有齿轮传动、带传动、链传动和螺旋传动等。

1. 齿轮机构传动系统

　　圆柱齿轮之间的组合、圆柱齿轮与锥齿轮的组合、齿轮与蜗轮蜗杆传动的组合是常见的齿轮传动机构系统。

　　图 9-6a 所示齿轮机构为二级圆柱齿轮传动，图 9-6b 所示齿轮机构为一级锥齿轮传动和一级圆柱齿轮传动组成的齿轮传动系统。一般情况下，锥齿轮传动要放在高速级。图 9-6c 所示机构为圆柱齿轮组成的少齿差行星传动机构，该机构可获得较大的传动比。图 9-6d 所示机构为二级蜗杆减速器，传动比很大，但机械效率过低。图 9-6e 所示机构为齿轮机构与

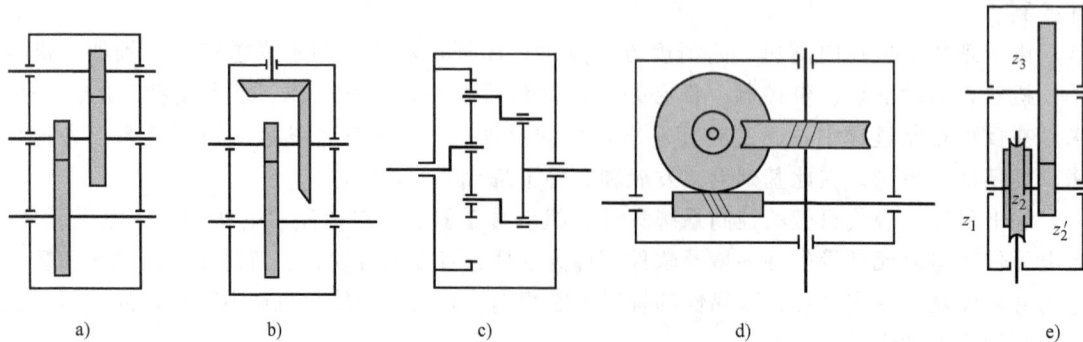

图 9-6　齿轮传动系统

蜗杆机构的组合，蜗杆传动一般放在高速级。

在齿轮传动机构的组合中，齿轮类型按工作要求确定，齿轮机构的对数按总传动比的大小确定。以调速为主的机械传动系统中，最常用的机构组合形式是齿轮机构的组合或带传动机构与齿轮机构的组合。齿轮机构的组合系统主要有减速器和变速器，减速器的设计大都实现了标准化。有些产品中将电动机与减速器一体化，使用非常方便。

2. 带传动与齿轮传动的组合系统

当原动机与齿轮传动机构相距较远，或传动比较大，或有过载要靠机械手段保护原动机的要求时，常采用带传动与齿轮传动的组合传动系统。这时常把带传动放在高速级。图 9-7 所示为带传动与圆柱齿轮传动的组合系统。带传动也可和其他齿轮机构组合。

3. 齿轮传动与螺旋传动的组合系统

螺旋传动机构是机械中常用的机构，特别是在驱动工作台移动的场合应用更多。由于工作台的移动速度不能过高，在螺旋机构前面一般放置齿轮减速机构。图 9-8 所示为齿轮传动与螺旋传动的组合系统。

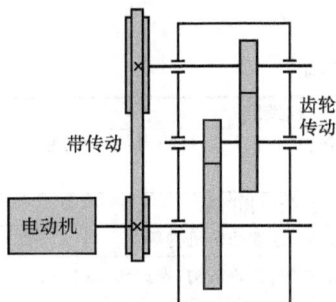

图 9-7　带传动与圆柱齿轮传动组合系统

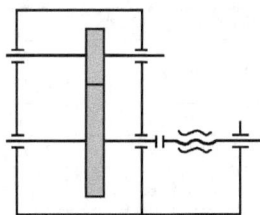

图 9-8　齿轮传动与螺旋传动组合系统

齿轮机构也常和链传动机构组成传动系统。根据使用要求，链传动机构一般在低速级。

4. 齿轮机构与万向联轴器机构的组合

当两个齿轮机构相距很远，且不共轴线时，常采用齿轮机构和万向联轴器机构的组合，以实现特定传动的目的。例如，汽车发动机变速器与后桥齿轮之间距离较大，而且变速器位置高于后桥齿轮轴线位置，上述组合可达此目的。图 9-9 所示为齿轮机构与万向联轴器机构的组合示意图。

如图 9-9 所示，发动机的输出轴与齿轮变速箱的输入轴相连接，万向联轴器把变速箱的输出轴与后桥（差速器）的输入轴连接起来，起到运动和动力的传递作用。

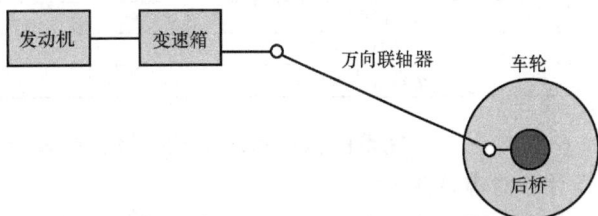

图 9-9　齿轮机构与万向联轴器机构的组合示意图

5. 机械传动系统构思的基本准则

在进行机械传动系统设计时，要注意以下事项：

1）在满足传动要求的前提下，尽量使机构数目少，使传动链短。这样可提高机械效率，降低生产成本。

2）合理分配各级传动机构的传动比。传动比的分配原则是：带传动的传动比 ≤3，单级齿轮传动比 ≤5。

3）合理安排传动机构的次序。当总传动比≥8时，要考虑多级传动。如有带传动时，一般将带传动放置到高速级，如采用不同类型的齿轮机构组合，锥齿轮传动或蜗杆传动一般在高速级。链传动一般不宜在高速级。

4）在满足要求的前提下，尽量采用平面传动机构，使制造、组装与维修更加方便。

5）在对尺寸要求较小时，可采用行星轮系机构。

二、工作执行机构的组成

工作执行机构的组合非常复杂，没有一定的规律，只能按照具体待设计机器的功能要求设计。

不同的机械可能具有相近的传动系统，但其工作执行机构系统截然不同。所以工作执行机构多种多样，设计时必须从机器的功能出发考虑工作执行机构的系统设计。不同机器的功能不同，工作执行机构不同。

常见的动作与实现相近动作的机构类型很多，将其有机组合可获得一系列的新机构。各种运动与实现对应运动要求的机构类型见表9-1，各种功能要求与对应该要求的机构类型见表9-2，可供机构选型时参考。

表9-1 运动变换与对应机构

运动形态	机构类型
转动转换为连续转动	齿轮机构,带传动机构,链传动机构,平行四边形机构,转动导杆机构,双转块机构等
转动转换为往复摆动	曲柄摇杆机构,摆动导杆机构,摆动凸轮机构等
转动转换为间歇转动	棘轮机构,槽轮机构,不完全齿轮机构,分度凸轮机构等
转动转换为往复移动	齿轮齿条机构,曲柄滑块机构,正弦机构,凸轮机构,螺旋传动机构等
转动转换为平面运动	平面连杆机构,行星轮系机构
移动转换为连续转动	齿轮齿条机构(齿条主动),曲柄滑块机构(滑块主动),反凸轮机构
移动转换为往复摆动	反凸轮机构,滑块机构(滑块主动)
移动转换为移动	反凸轮机构,双滑块机构

表9-2 其他功能与对应的机构

功能要求	机构类型
轨迹要求	平面连杆机构,行星轮系机构
自锁要求	蜗杆机构,螺旋机构
位移要求	差动螺旋机构
运动放大要求	平面连杆机构
力的放大要求	平面连杆机构
运动合成或分解	差动轮系与二自由度的其他机构

一般情况下，完整的机构系统运动方案由传动装置和工作执行装置组成。传动装置的构思设计相对容易些。

当结构要求非常紧凑时，可采用齿轮机构的组合（也称轮系机构）作为减速系统。当原动机距离工作执行系统较远时，可采用带传动机构与齿轮机构的组合。当传动比较大时，可采用蜗杆减速器。当系统要求自锁时，也可采用蜗杆减速器。

工作执行装置千变万化，其设计取决于机器的功能和动作要求，只有了解表9-1和表9-2中列举的机构功能后，才能很好地进行构思设计。

第四节 机械系统的运动方案协调设计

机械工程中，有很多机械是由几个简单的基本机构组成的，它们之间没有进行任何连接，而是独立存在，但它们之间的运动却要求互相配合、协调动作，此类设计问题称为机构系统的运动协调设计。现代机械中，运动协调设计有两种途径。其一是通过对电动机的时序控制实现机械的运动协调设计，此类方法简单但可靠性差些。其二是通过机械手段实现机械的运动协调设计。此类方法同样简单、实用，但可靠性好些。本节主要介绍采用机械手段实现机械的运动协调设计的方法。

一、机械系统的运动协调

有些机械的动作单一，如钻床、电风扇、洗衣机、卷扬机、打夯机等机械都是完成较简单的工作，无需进行运动协调设计。但也有很多机械动作较为复杂，要求执行多个动作，各动作之间要求协调运动，以完成特定的工作。如压力机的设计中，为保证操作人员的人身安全，要求冲压动作与送料动作必须协调，否则会发生机器伤人事故。

如图 9-10 所示压力机中，机构 ABC 为冲压机构，机构 FGH 为送料机构。要求在冲压结束后，冲压头回升过程中送料机构开始送料，到冲压头下降过程的某一时刻送料机构完成送料并返回原位。冲压机构与送料机构的动作必须

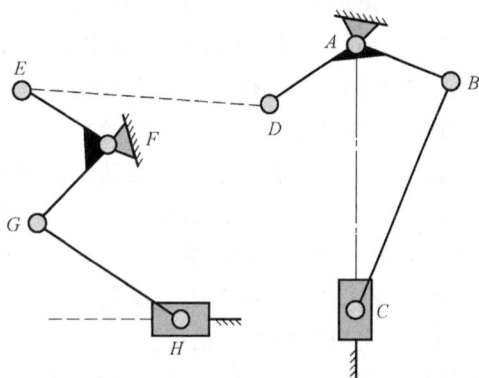

图 9-10 压力机的机构系统

协调。冲压机构 ABC 的设计可按冲压要求设计，送料机构 FGH 不但要满足送料位移要求，其尺寸与位置必须满足运动协调的条件。设计时可通过连杆 DE 连接两个机构。

二、运动循环图的设计

设计有周期性运动循环的机械时，为了使各执行机构能按照工艺动作有序地互相配合动作，提高生产率，必须进行运动循环设计。这种表明在机械的一个工作循环中各执行机构的运动配合关系的图形称之为机械运动循环图。

执行机构的运动循环图大都用直角坐标表示，但也有直线式运动循环图和圆周式运动循环图。这里仅介绍直角坐标式运动循环图。图 9-11 所示为一简易压力机的运动循环图，横坐标表示执行机构的运动周期，纵坐标表示执行机构的运动状态。每一个执行机构的运动状态均可在循环图上表示，通过合理设计可以实现它们

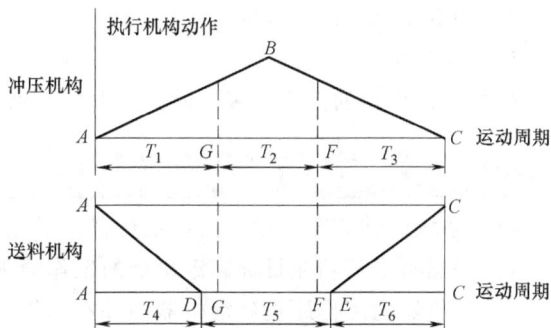

图 9-11 压力机运动循环图

之间的协调配合。

如图 9-11 所示，上图为冲压机构的运动循环图。*AB* 为工作行程，*BC* 为回程，其中 *GF* 为冲压过程。下图为送料机构的运动循环图，*EC* 为开始送料阶段，*AD* 为退出送料阶段。在冲压阶段，送料机构必须在 *DE* 阶段不动，使其运动不发生干涉。运动循环图的设计结果不是唯一的，设计过程中，要使机构之间的运动协调实现最佳配合。

第五节　机械系统运动方案设计的过程与评估

一、机械设计的一般步骤

机械系统运动方案的设计与机械设计步骤密切相关，下面首先简要介绍机械设计的一般步骤：

1）市场调查，确定待设计产品的社会需求与经济效益，探讨产品开发的可能性与必要性。

2）提出产品的功能目标，明确设计任务。

3）选择机器的工作原理，确定工艺动作过程。实现机械功能目标的方法很多，不同方法的工作原理不同。例如，机器的功能目标是加工齿轮，采用仿形法、展成法、挤压法等方法均可实现该功能目标，但不同的方法所对应的机械工作原理截然不同。工作原理的设计将决定机器的成本、精度、寿命及其经济效益。

4）按机器的动作要求确定所选择的机构数目与机构类型。不同的机构类型可实现相同的动作要求，例如，执行机构的往复摆动可通过曲柄摇杆机构、摆动凸轮机构、摆动导杆机构等来实现，合理选择机构类型很重要。

5）确定机器的工作执行机构与传动机构，进行机械运动方案的总体设计。传动机构可进行速度变换、运动形态变换，动作的主体靠执行机构实现，执行机构可以是简单机构，更多的情况是多个机构的组合。机械系统运动方案的设计体现了机械设计过程中的创造性。

6）进行运动协调设计。把多个机构的运动按机械设计要求协调起来，是机械系统设计的重点内容之一。这与机械工作的可靠性和生产效率密切相关。

7）进行机构的尺度综合和传动机构的设计。各机构类型确定后，确定它们的具体尺寸或传动机构的传动比是机械设计中的理论计算部分。

8）进行机械结构设计，编写设计说明书。该部分工作量大，涉及机械系统装配图的设计、零件图的设计等大量工作，所需的知识面广。

9）制造样机并进行测试。

10）批量生产。

机械设计步骤的提法很多，但并无本质差别。

二、机械系统运动方案设计的内容

机械系统运动方案的设计内容主要有以下几个方面：

1）根据机器的功能目标确定机器的工作原理。

2）按机器的工作原理确定机器的基本动作。

3）确定传动机构类型与原动机类型。

4）按机器的基本动作选择实现对应动作的执行机构。

5）进行运动协调设计，完成机械运动方案的总体设计。

6）对机械运动方案进行评估，选择最优方案。

7）进行尺度综合，设计机构系统的机构运动简图。

机械系统运动方案的设计是机械设计中最富有创造性的一部分工作，详细内容前面已有论述。通过具体的课程设计可进一步加深设计印象，此处不再过多论述。

三、机械系统运动方案的评价指标

机械系统运动方案具有多解性，如何从众多的设计方案中求得最佳解，是一个较为复杂的问题。在对运动方案进行评价时，应从动作的合理性、实用性、可比性、工作的可靠性、产品的经济性、绿色性等多方面加以考虑。其评价方法也很多，如关联矩阵法、模糊评价法、评分法等。

机械系统运动方案的评价指标体系主要有：

（1）功能指标　主要指实现预期设计目标的优劣程度，与同类产品相比的新颖性及创新性等指标。

（2）技术指标　主要指产品的运动特性（位移、速度、加速度）、运动精度、力学特性（运动副的约束反力、惯性力）、强度、刚度、可靠性、使用寿命等指标。

（3）经济指标　主要指材料、制作与维修、能耗大小等指标。

（4）绿色指标　主要指产品在制造、使用、维护等过程中是否污染环境以及报废产品的可回收性等指标。

在方案的评价过程中，上述指标还要细化。

四、机械系统运动方案的评价方法

目前流行的评价方法有：关联矩阵法、模糊评价法和评分法，其中评分法最为简单。评分法又分为加法评分法、连乘评分法和加乘评分法。下面介绍最简单的加法评分法。加法评分法中，把相应评价指标列表，每项指标按优劣程度设置用分数表达的评价尺度，各项指标的分值相加，总分数高者表示方案好。

机械运动方案的加法评分法见表9-3。

表9-3　机械运动方案的加法评分法

序号	评价项目	评价等级	评价分数	序号	评价项目	评价等级	评价分数
1	完成实现功能目标情况	优	10	4	运转精度的高低	优	10
		良	8			良	8
		中	4			中	4
		差	3			差	0
2	工作原理的先进程度	优	10	5	方案的复杂程度	简单	10
		良	8			较复杂	5
		中	4			复杂	0
		差	0	6	方案的实用性	实用	10
3	工作效率的高低	优	10			一般	5
		良	8			不实用	0
		中	4	7	方案的可靠性	优	10
		差	0			良	8

（续）

序号	评价项目	评价等级	评价分数	序号	评价项目	评价等级	评价分数
7	方案的可靠性	中	4	9	方案的经济性	优	10
		差	0			良	8
8	方案的新颖性	优	10			中	4
		良	8			差	0
		中	4	10	方案的绿色性	优	10
		差	0			良	5
						中	0
累计评价分数							

根据上述表格，可对机械运动方案进行打分，分数高者为优秀方案。

当各方案的分数比较接近时，不要简单按分数高低进行评价，也可用其他评价方法再进行评价。总之，不要轻易肯定，也不要轻易否定。

知识拓展　汽车的演变和创新设计

汽车是指能自带能源的机动轮式无轨车辆，它是使用最广泛的交通运输工具，从早期汽车发展到现代汽车，经历了 200 多年。按运输对象，汽车可分为客运汽车和货运汽车（简称货车）两大类。

1. 早期汽车的发展

初期的汽车都是轿车，用以代替载客的马车。当时的汽车发动机功率很小，不足以驱动运货和载运较多乘客的货车和客车。货车是在 1896 年 30kW 发动机问世之后才出现的，客车出现于 1898 年。早期汽车主要包括蒸汽汽车、蓄电池电力汽车和汽油发动机汽车三种。

一般认为，1769 年法国尼古拉斯古诺制成的三轮蒸汽汽车是第一辆真正能够行驶的汽车（图 9-12），可载四人，每次蒸汽压力升高后可行驶 20min，曾达到 3.6km/h 的速度。1784 年，默多克制成的一辆蒸汽汽车曾在英国康华尔路上试行。英国人特里维西克对高压蒸汽机的应用做出了很大贡献。他于 1801 年制成他的第一辆蒸汽汽车并驾驶它驶上山坡。特里维西克曾驾车一次行驶 135km，平均速度达 14.2km/h。

图 9-12　尼古拉斯古诺的蒸汽汽车

在 19 世纪中叶，英、法、美等国有许多人研制蒸汽汽车，并制成蒸汽客车在城市内或城市间行驶，但因蒸汽客车噪声大、黑烟多、破坏路面，而且不安全，引起公众反对而停止行驶。蒸汽汽车在汽油发动机汽车出现后仍有发展。1906 年，美国制造了一辆蒸汽赛车，时速达到 205.4km/h，以后蒸汽汽车虽逐渐衰落，但直至 1926 年还有工厂生产。

蓄电池电力汽车于 1881 年在巴黎首次出现，早期的发展速度高于汽油机汽车。19 世纪末至 20 世纪初，在美国汽车的拥有量中，蓄电池汽车占 38%（蒸汽汽车占 40%，汽油发动机汽车占 22%）。1912 年，蓄电池汽车达到发展的顶峰，当时在美国登记的有三万多辆。蓄电池汽车起动、加速、减速都很简便，振动小，噪声低，维修保养工作量小，很受欢迎，但蓄电池汽车速度低，一次充电后的行驶距离小，需要经常充电。在汽油发动机汽车逐渐完善后，蓄电池汽车很快被取代，但短程的搬运车辆仍较多采用蓄电池-电动机驱动系统。

19 世纪 60~70 年代，煤气发动机和汽油发动机相继出现，为汽车的发展打开了新的前景。

奔驰和戴姆勒是汽油发动机汽车的最主要和最成功的创建人。1885 年初，奔驰的单气缸二冲程汽油发动机三轮汽车（图 9-13）围绕其工厂行驶四圈。1883 年，戴姆勒制成当时真正高速的单气缸四冲程汽油发动机，设计转速达到 700r/min。1886 年 1 月 29 日，奔驰取得世界上第一辆汽车的专利。1886 年，戴姆勒制成第一辆四轮汽车（图 9-14）。1889 年，他对以前的车型进行了较大的改进，至 1890 年，其汽车的销售量达到 350 辆。1893 年，奔驰也转而制造四轮汽车。

图 9-13 奔驰一号车

图 9-14 戴姆勒一号车

1891 年，法国的庞阿尔和勒瓦索改进了汽车的设计，将汽油发动机装在汽车前部，汽车逐渐形成自己的独特形式，而不再是装有发动机的马车。至 20 世纪初，汽油发动机汽车设计已大体定型，即两轴四轮、前轮转向、后轮驱动和制动（1923 年起普遍采用四轮制动），并采用了充气轮胎和封闭式车身。前置的四冲程水冷式汽油发动机的动力通过离合器、变速器和传动轴传到装有差动机构的后轴和后轮。这种结构形式使汽车质量恰当地分配于转向的前轮和驱动的后轮，用于驱动的后轮不转向，用于转向的前轮不驱动，结构比较简单。

2. 现代汽车的发展

现代汽车的发展大约经历了三个阶段。

第一阶段从 19 世纪末到 20 世纪 30 年代，汽车的发展主要着眼于类型完备化和结构完善化。适合汽车使用的高速汽油发动机和柴油发动机、艾克曼式转向梯形连杆机构、等速万向联轴器、弧锥齿轮传动、双曲面齿轮传动、带有同步器的变速器、四轮制动、液压减振器和充气轮胎等，都是这一时期的发展成就。

从 1912 年开始，汽车上装设了发电机-蓄电池-起动马达系统，还以电池点火系统代替了磁电点火系统。由于有了较充分的电源，汽车的照明和信号系统完备起来，使汽车可以安全地在城乡道路上高速行驶。

早期汽车的车身和马车车身一样，在木制骨架上蒙覆铁皮。1910 年前后汽车开始大量生产，逐渐改用金属车身。由于采用经过热处理的合金钢曲轴，汽车用汽油发动机的转速已能达到 3000r/min。

第二阶段从 20 世纪 30 年代到 60 年代，由于资本主义经济相对繁荣，石油供应充足，价格低廉，因此汽车发展的主要目标是满足使用者对汽车的方便、舒适、高速和装饰等方面的要求。当时在美国的轿车使用者较少考虑他们的要求对社会的影响。

为了降低汽车高度，曾采用中凹式车架，并出现过水滴式的流线型和翘尾翼等，以减少空气阻力和增加车身的外观装饰。在部件结构方面采用了前轮独立悬架系统，并一度采用过空气悬架和平衡式油汽悬架等。1940 年，汽车采用液力自动变速器。动力转向系统在 20 世纪 30 年代开始用于重型货车和军用汽车，到 20 世纪 40 年代开始用于轿车和客车。第二次世界大战期间，军用汽车已开始使用低压轮胎、中央充气、全轮驱动和全轮独立悬架等结构。20 世纪 50 年代的汽车较为普遍地采用动力制动操纵系统。这时，轿车发动机的功率曾达到 280kW，轿车的最高速度达到 200km/h。20 世纪 50 年代以后，轿车开始采用低断面、宽轮辋、低气压的无内胎子午线轮胎，进一步提高了汽车的舒适性和安全性。

在这一阶段，客车和货车发展也很迅速。1935 年左右，大功率高速柴油机的出现，使货车载重量达到 15t。20 世纪 60 年代中期，工矿用自卸车载重量已达到百吨级。

第三阶段为 20 世纪 60 年代以后，随着高速公路的发展、行车速度的提高和汽车拥有量的迅速增加，带来了汽车交通安全和环境污染等问题。这时，汽车发展的主要目标是既满足使用者的要求，又必须符合政府条例法令的规定。1971 年中东战争后，石油涨价，能源问题突出，节省能源又成为汽车发展的目标。

在安全方面，要求加装乘员安全带，使用合成纤维树脂、烧结粉末金属和金属陶瓷等新的摩擦材料、盘式制动器、双管路和车轮防抱的制动系统等。汽车开始采用防眩目的远近光大灯，易于观察的仪表，能吸收冲击能量的转向机柱，在发生事故时能吸收冲击能量，而不至于发生过大变形，并能保持车门不打开的车身结构等。

20 世纪 70 年代中期以后，为了更进一步节约能源，减轻汽车排气污染，提高汽车的舒适性、稳定性和安全性，许多轿车安装了前轮驱动系统、全轮独立悬架、四轮盘式制动器和数字显示仪表。汽车内部布置追求宽敞舒适，外形更加紧凑简洁。更多的轿车采用了柴油机，在重型货车和超重型的工矿自卸车的柴油机上，更多地安装了废气蜗轮增压器，有的还安装了中冷器。为了减轻保养工作量，许多汽车的部件内还安装了终生润滑或密封的装置。

在这一阶段中，由于计算机辅助设计的应用，某些设计方案可以不经试制而得出初步结论，并且在设计中运用了 20 世纪 50~60 年代发展起来的累积疲劳寿命理论、有限元法、断裂力学分析、应力测定等新的理论和方法，强度和寿命数据的计算比以前更为精确。

有限寿命设计方法的推广使汽车的质量有所减轻。因此，汽车的成本和价格也有所降低，汽车的技术经济性能得到提高，可使用较小的发动机而不降低行驶能力，或在使用原有的发动机的条件下提高汽车的行驶能力。

3. 汽车车身的演变

（1）马车型车身　1885 年，德国的两位工程师戴姆勒和奔驰分别试制出 1.1 马力[⊖]和 0.85 马力单缸汽油发动机，并成功地试制出第一台汽车，但当时的汽车车身基本还是沿用马车型（图 9-15，图 9-16）。

　⊖　1 马力 = 735.499W。

图 9-15 1894 年的标致小轿车

图 9-16 1910 年的福特 T 型车

当时的马车型车身与我国古时的兵车车身并无本质上的区别。不过是一种厢型加上座椅，车身上部或为敞篷或为活动布篷用来挡雨、挡光。这样的车身难以抵挡较强烈的风雨侵袭，给乘坐者带来了极大的不便。

（2）厢式车身　1915 年，美国福特汽车公司设计、生产了一种新型的厢式车身（图 9-17，图 9-18），车厢上部装有门窗，人们把装有这类车身的汽车称为厢型汽车。实际上这种车身只是在原来的马车型车身上做了轻微的改进，但这种改进却使乘车人免受了风雨灰尘的侵袭。

图 9-17 1915 年的福特 T 型车

图 9-18 1928 年的雪佛莱汽车

说起厢型车身不由让人想到人们现在乘坐的客车，现在的客车车身不论是豪华型还是普通型，也不论车身内饰和外形如何变化，供乘客使用的空间都是长方体的厢型空间，也就是说，厢型车身延续至今仍然有着不可替代的生命力。厢式车身的阻力大，大大妨碍了汽车前进的速度。

（3）甲壳虫车身　为了减少车身阻力，提高汽车速度，1933 年，波尔舍博士把甲壳虫的自然美及其形状空气阻力很小的特点如实地、天才地运用到车身造型上，得到了甲壳虫车身（图 9-19，图 9-20）。甲壳虫形车身迎风阻力小，空气动力学的原理在这种车身上得到了很好的应用，也为以后在车身外形设计上运用仿生学开创了先河。

图 9-19 1936 年的林肯和风牌小轿车

图 9-20 大众牌 1200 甲壳虫形小轿车

（4）船形车身　1949年，美国福特公司研制出了船形车身（图9-21，图9-22）。它一改传统的造型设计模式，把前翼子板和发动机罩、后翼子板和行李舱罩溶于一体（图9-22），大灯和散热器罩也形成一了整体，车身两侧形成了平滑的面，车室位于车中部，整个车身造型仿如一只小船，所以人们把这类车称为船形汽车。船形车身设计上体现了人机工程学中以人为主体的设计思想，使人们便于操纵汽车及乘坐更为舒适。由于船形车身将发动机前置，使汽车重心相对前移，且加大了行李舱，使风压中心位于汽车重心之后，从而也避免了甲壳虫形车身对横风不稳定的问题。时至今日，现在的轿车无论为流线形还是在前翼子板与发动机罩之间大圆角过渡，或者在轿车尾部作变动，都能看到船形车身的影子。

图 9-21　1949 年的福特 V8 型汽车

图 9-22　1959 年的通用小轿车

（5）鱼形车身　由于船形车身尾部过分向后伸出，从而形成阶梯状，这样，当汽车高速行驶时会产生较强的空气涡流。为了克服这个问题，设计者把船形车身的后窗玻璃逐渐倾斜，使车身从侧面看上去后窗部位成为斜背式，形状上很像鱼的脊背，人们把这种形状的车身称作鱼形车身（图9-23）。鱼形汽车和甲壳虫形汽车光从背部看很相近，但仔细观察可以看出鱼形汽车的背部和地面的角度比较小，尾部较长。鱼形车身比起船形车身有很多优点：它使围绕车身的气流比较平顺，空气涡流较小，而且车室宽大，视野开阔，侧面形状阻力较小，同时增大了行李舱容积。但是，它也存在一些缺点，由于鱼形车身后窗玻璃倾斜太大，从而使玻璃强度下降，而且增加了透光面积，使车内夏季温度很高，同时也存在横风不稳定等问题。

图 9-23　1952 年的别克牌小轿车

（6）楔形车身　汽车设计者们此后又发明了一种楔形车身，该车身整体向前下方倾斜，车身后部陡然平直。这种车身外形不但能有效地克服汽车升力等问题，而且适用于高速行驶的汽车。从外表看，这种车身造型清爽利落，简洁大方，非常具有时代气息，让人看了确实有一种美的享受。

车身外形从马车型、甲壳虫形、船形、鱼形到楔形的演变经历了漫长的过程。随着时代发展，人们文化生活水平提高，用户对汽车这个运动的物体已不单单满足于它的力学性能，对汽车车身的审美意识已提到一个很高的层次。近年来，在国内举办的国际车展，多种多样的车身外形在人们面前展示了一个五彩缤纷的艺术世界。不难看出，车身设计已经作为一个单独的学科，需要更多的人去开拓。

第三篇

多学科综合创新设计

第十章
CHAPTER 10

多学科创新设计 ◀

第一节　新材料概述

新材料是指初次利用的劳动对象，包括自然材料、合成材料以及经过加工性能发生了变化的自然材料。这些新材料比传统材料更符合生产提出的新要求，并能保证取得更大的社会经济效果，提高产品的工艺水平、质量水平、技术水平和使用性能，加速工艺过程。新材料是正在发展的具有优异性能的结构材料和有特殊性质的功能材料。新材料的内容不是一成不变的，它将随着科学技术的发展不断更新内容。新材料的研制和生产已成为当前新的工业技术革命的主要内容之一并得到世界各国的普遍关注。一般认为满足高技术发展需要的一些关键材料也属于新材料的范畴。

新材料包括新材料及其相关产品和技术装备。与传统材料一样，新材料可以从结构组成、功能和应用领域等多种不同角度进行分类，不同的分类之间相互交叉和嵌套。按照应用领域来分，一般把新材料归为以下 13 大类。

1. 信息材料

1）集成电路及半导体材料。此类材料以硅材料为主体，新的化合物半导体材料及新一代高温半导体材料也是重要组成部分，还包括高纯化学试剂和特种电子气体。

2）光电子材料，包括激光材料、红外探测器材料、液晶显示材料、高亮度发光二极管材料和光纤材料等。

3）新型电子元器件材料，包括磁性材料、电子陶瓷材料、压电晶体管材料、信息传感材料和高性能封装材料等。

2. 能源材料

1）传统能源所需材料，如燃料电池材料、锂离子电池及高性能聚合物电池等新型材料，太阳能电池材料、核能材料。

2）新能源材料，主要包括专用薄膜，聚合物电解液，先进光电材料，碳纳米管，高温超导材料，低成本、低能耗民用工程材料，轻质、便宜和高效的绝缘材料，超高温合金，陶瓷和复合材料，抗辐射材料，低活性材料，抗腐蚀及抗压力腐蚀裂解材料，机械和抗等离子腐蚀材料。

3. 生物材料

高分子生物材料是生物医用材料中最活跃的领域：金属生物材料仍是临床应用最广泛的承力植入材料，医用钛及其合金，以及 Ni-Ti 形状记忆合金的研究与开发是一个热点。无机生物材料近年来越来越受到重视，主要包括药物控制释放材料、组织工程材料、仿生材料、纳米生物材料、生物活性材料、介入诊断和治疗材料、可降解和吸收生物材料、新型人造器官和人造血液等。

4. 汽车材料

汽车用材在整个材料市场中所占的比例很小，但是属于技术要求高、技术含量高、附加值高的三高产品，代表了行业的最高水平。汽车材料主要有高强度钢和超高强度钢，铝合金、镁合金、塑料和复合材料等汽车车身结构材料。

5. 纳米材料

纳米材料及技术将成为第五次推动社会经济各领域快速发展的主导技术，21 世纪前 20 年将是纳米材料与技术发展的关键时期。纳米材料在电子信息产业、生物医药产业、能源产业和环境保护等方面，对相关材料的制备和应用都将产生革命性的影响。

6. 超导材料

超导材料是 21 世纪具有战略意义的高新技术产品，广泛用于能源、医疗、交通、科学研究及国防军工等重大领域。超导材料的应用主要取决于材料本身性能及其制备技术的发展。2001 年我国第一条高温超导线材生产线正式投产。目前，低温超导材料已经达到实用水平，高温超导材料产业化技术也取得重大突破，高温超导带材和移动通信用高温超导滤波子系统将很快进入商业化阶段。

7. 稀土材料

1）稀土永磁材料，包括 NdFeB、SmCo 等，广泛应用于电机、电声、医疗设备、磁悬浮列车及军事工业等高技术领域。

2）储氢合金，主要用于动力电池和燃料电池。

3）稀土发光材料，有新型高效节能环保光源用稀土发光材料，高清晰度、数字化彩色电视机和计算机显示器用稀土发光材料，以及特种或极端条件下应用的稀土发光材料等。

4）稀土催化材料，发展重点是替代贵金属，降低催化剂的成本，提高抗中毒性能和稳定性能。

5）稀土在其他新材料中的应用，如稀土电子陶瓷、稀土无机颜料等。

8. 新型钢铁材料

新型钢铁材料发展的重点是高性能、长寿命钢铁材料，如高品质建材钢，航母、军舰用耐海水腐蚀钢，坦克、装甲车用高强度钢，矿山用高强度钢，核反应堆耐热、耐中子辐照专用钢，高铁用钢，风力发电用钢等。

9. 新型非铁金属合金材料

主要包括铝、镁、钛等轻金属合金以及粉末冶金材料、高纯金属材料等，如 Al-Li 合金、超轻高塑性 Mg-Li-X 系合金和新型医用钛合金等。

10. 新型建筑材料

主要包括新型墙体材料、化学建材、新型保温隔热材料和建筑装饰、装修材料等，如发展节能的低辐射（Low-E）和阳光控制低辐射（Sun-E）膜玻璃，节能、环保的新型房建材料，以及满足工程特殊需要的特种系列水泥等。

11. 新型化工材料

主要包括有机氟材料、有机硅材料、高性能纤维、纳米化工材料和无机功能材料等，作为新材料产业的重要组成部分，它们对国民经济和高新技术产业起着重要的支撑作用。

12. 生态环境材料

主要包括：环境相容材料，如纯天然材料（木材、石材等）、仿生物材料（人工骨、人工脏器等）、绿色包装材料（绿色包装袋、包装容器）和生态建材（无毒装饰材料等）。环境降解材料（生物降解塑料等），环境工程材料，如环境修复材料、环境净化材料（分子筛、离子筛材料）和环境替代材料（无磷洗衣粉助剂）等。

13. 军工材料

军工材料是武器装备的物质基础和技术先导，是决定武器装备性能的重要因素，也是拓展武器装备新功能和降低武器装备全寿命费用取得和保持武器装备竞争优势的原动力，是对多种新材料的筛选与集成利用，如铝合金、钛合金、树脂基复合材料、金属基复合材料、陶瓷基复合材料和碳基复合材料，以及聚苯硫醚（PPS）等。

第二节　机械控制系统概述

在科学技术飞速发展的今天，自动控制技术及理论已经成为现代化社会不可缺少的组成部分。其广泛地应用于机械、冶金、石油、化工、农业、电力电子、航空航天和核反应堆等各个学科领域。近年来，控制学科的应用范围还扩展到交通管理、生物医学、生态环境、经济管理、社会科学和其他许多社会生活领域，并促进了各学科之间的相互渗透。自动控制技术的应用不仅使生产过程实现自动化，提高了劳动生产率和产品质量，而且在人类征服大自然、探索新能源、发展空间技术和创造人类社会文明等方面都具有十分重要的意义。

自动控制理论是研究关于自动控制系统组成、分析和设计的一般性理论，是研究自动控制共同规律的技术科学。学习和研究自动控制理论是为了探索自动控制系统中变量的运动规律和改变这种运动规律的可能性和途径，为建立高性能的自动控制系统提供必要的理论根据。

自动控制理论的产生可以追溯到 18 世纪英国第一次技术革命，1765 年瓦特（James Watt）为控制蒸汽机速度设计的离心调节器，是自动控制领域的第一项重大成果。1868 年，英国物理学家麦克斯韦（J. C. Maxwell）通过对调速系统线性常微分方程的建立和分析，解释了瓦特速度控制系统中出现的不稳定问题，开辟了用数学方法研究控制系统的途径。此后，英国数学家劳斯（E. J. Routh）和德国数学家胡尔维茨（A. Hurwitz）分别在 1877 年和 1895 年独立地建立了直接根据代数方程的系数判别系统稳定性的准则。这些方法奠定了经典控制理论中时域分析法的基础。

1932 年，美国物理学家奈奎斯特（H. Nyquist）提出了一种相当简便的方法，根据对稳态正弦输入的开环响应，确定闭环的稳定性。自从 1948 年诺伯特·维纳出版了著名的《控制论》一书以来，控制论的思想和方法已经渗透到了几乎所有的自然科学和社会科学领域。

维纳把控制论看作是一门研究机器、生命社会中控制和通信的一般规律的科学，更具体地说，是研究动态系统在变化的环境条件下如何保持平衡状态或稳定状态的科学。第二次世界大战结束后，钱学森对于迅速发展起来的控制与制导工程技术，曾做过深入地观察与研究。钱学森曾对制导控制系统进行了研究，并形成一门新学科：工程控制论。工程控制论（Engineering Cybernetics）的问世，很快引起了世界科学界的关注。科学界认为，《工程控制论》是这一领域的奠基式的著作，是维纳控制论之后的又一个辉煌成就。《工程控制论》吸引了大批数学家和工程技术专家从事控制论的研究，形成了控制科学在 20 世纪 50 年代和 60 年代的研究高潮。庞特里亚金的极大值原理、卡尔曼的能控能观性定理和递推滤波器等，都是在这一时期产生的。

由于具有多输入和多输出的现代设备变得越来越复杂，所以需要大量方程来描述现代控制系统。而古典控制理论只涉及单输入、单输出系统，对于多输入、多输出系统就无能为力了。

20 世纪 60 年代，数字计算机的出现为复杂系统的时域分析提供了可能。因此，利用状态变量、基于时域分析的现代控制理论应运而生，从而适应了现代设备日益增加的复杂性。20 世纪 50 年代中期，空间技术的发展迫切要求解决更复杂的多变量系统、非线性系统的最优控制问题（如火箭和宇航器的导航、跟踪和着陆过程中的高精度、低消耗控制）。实践的需求推动了控制理论的进步，同时，计算机技术的发展也从计算手段上为控制理论发展提供了条件，适合于描述航天器的运动规律，又便于计算机求解的状态空间描述成为主要的模型形式。

从 1960 年到 1980 年，不论是确定性系统的最佳控制，还是随机系统的最佳控制，以及复杂系统的自适应控制，都得到了充分的研究。现代控制理论主要利用计算机作为系统建模分析、设计乃至控制的手段，适用于多变量、非线性、时变系统。现代控制理论在航空航天、制导与控制中创造了辉煌的成就，使人类迈向宇宙的梦想变为现实。

为了解决现代控制理论在工业生产过程应用中所遇到的被控对象精确状态空间模型不易建立、合适的最优性能指标难以构造、所得最优控制器往往过于复杂等问题，科学家们经过不懈努力，近几十年来不断提出一些新的控制方法和理论，例如，自适应控制、模糊控制、预测控制、容错控制、鲁棒控制、非线性控制和大系统和复杂系统控制等，大大地扩展了控制理论的研究范围。目前，控制理论还在向更纵深、更广阔的领域发展，无论在数学工具、理论基础还是在研究方法上都产生了实质性的飞跃。

第三节　计算机发展概述

计算机是网络信息技术中的硬件设备与多项科学技术的集合体，不是一门单一的学科。其应用不局限于某个行业，是人们生活和生产的"得力助手"。进入 21 世纪以来，人们日常生活和生产中，计算机科学和技术迅速发展，促使人们的生产生活发生了翻天覆地的变化。计算机科学技术不仅能够帮助企业顺利实现信息化管理，而且极大推动了社会经济的发展，弥补了人工不足，在数据处理上表现出优异的能力，提高了多个行业工作的精准度和准确率。

一、计算机科学与发展现状

前科学时期（春秋战国时期的算筹至 18 世纪的四则运算机、继电式计算机），计算机科学与技术面临很多困难和挑战，没有一个统一的公认范式，也没有一个系统理论。自 20 世纪 30 年代，美国人莫希利发明了世界上第一台电子计算机，计算机科学与发展正式进入常规发展时期。1945 年，通用计算机逐步实现，通过不断分析和探究，冯·诺依曼在数学家图灵程序内存思想的基础上，提出了完整的存储程序逻辑方案。目前，随着科学技术的不断发展，人们生产与生活中，计算机科学与技术发挥着很大作用，大大改善了人们的生活质量和生产数量，广泛应用于社会各个领域。尤其是信息时代，人们越来越重视计算机科学和技术的发展及合理利用计算机科学技术。计算机科学向着专业化和多功能化的方向发展，促进了各行各业的健康发展，为人们的生活提供了优质服务。

二、新时期计算机科学与发展的特点

1. 管理系统信息化不断完善

进入 21 世纪以来，信息化技术不断发展，计算机科学广泛应用于各领域。以往，计算机科学没有发展完善，管理系统信息化不足，且计算机管理系统信息化存在很多缺陷。导致企业生产经营活动错失良机，对企业发展具有很大影响，同时，管理缺乏实效性，企业内部管理效率低。随着计算机科学与计算机的不断发展，实现了各行各业的信息化管理目标，管理系统信息化不断完善，提升了各领域的工作效率，极大促进了企业的可持续发展。

2. 越来越广泛的应用

21 世纪是一个信息时代，人们日常生产、生活中逐渐渗透着计算机科学。政府机关利用信息平台，实现了为人民服务的核心宗旨，极大提升了政府机关的办事效率。教育领域，多媒体等现代信息技术的运用，丰富了课堂教学的内容和形式，激发了学生主动学习的积极性。课堂教学中，教师借助多媒体技术，通过多种形式，将课本上枯燥的知识生动呈现在学生面前，极大提升了课堂教学质量。借助计算机科学技术，企业实现了无纸化办公，减少了环境破坏，提升了工作效率。日常生活中，借助互联网平台，运用计算机科学，极大方便了人们的生活，人们可以足不出户购物和点餐，满足了人们对衣食住行的需求，促进了人类社会的进步和发展。

3. 价格更加低廉

以往，我国计算机信息科学与技术方面的设施价格昂贵，需要从国外引进先进技术，缺乏计算机信息技术的核心技术。目前，随着我国计算机科学与技术的不断发展，计算机科学与技术方面的设备价格不断下降，且已掌握了大部分核心技术，在各行业领域，计算机科学技术快速发展、广泛运用，从而推动了我国计算机科学的快速发展。

21 世纪以来，计算机科学广泛使用，计算机科学与计算机正向智能化、高性能和体验式方向发展。根据计算机发展趋势，计算机科学与计算机发展势必与超导技术、光学技术、微电子技术和电子仿生技术紧密结合。实际应用过程中，当分析大数据时，计算机可以通过认真分析各种数据和指令，利用独特的设计机制、并行技术等，进一步推动计算机科学向智能化方向发展。随着计算机的广泛使用，社会各领域要求不断提升计算机性能，越来越多的大数据和信息数据需要在计算机操作下进行。为了提升人们的生活水平，必须提升计算机科学技术水平。计算机技术创新中，为了满足时代需求，高性能处理系统的研究和开发是重点。当前社会中，计算机科学技术体验式的服务概念成为时代潮流，计算机科学技术应开展体验式服务，转变服务观念，促进计算机科学技术的不断发展。

第四节　传感器概述

传感器不仅应用于航天航空，还广泛应用于科技、生产和生活的方方面面。传感器是人类五种感觉器官眼（视觉）、耳（听觉）、鼻（嗅觉）、舌（味觉）、皮肤（触觉）的延伸，用于获取外界信息，是人类认识世界的"先行官"，它和通信技术及计算机技术一起，完成对信息的获取、传输和处理，形成了信息技术系统的"感官""神经"和"大脑"三大组成部分。

传感技术不仅是检测的基础，也是控制的基础，是现代信息技术的源头，又是信息社会得以存在和发展的物质和技术基础。传感器的出现及应用促进了科学技术的发展和社会的进步，丰富了人类的生活。传感器技术在现代科学技术中具有重要的地位和作用。常见的各类传感器外形，如图 10-1 所示。

a) 视觉传感器　　　　　　　b) 力传感器　　　　　　　c) 位移传感器

d) 压力传感器　　　　　　　e) 热敏电阻传感器　　　　　f) PN结温度传感器

g) 磁敏传感器

图 10-1　各类传感器外形

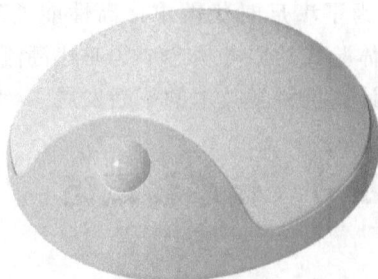

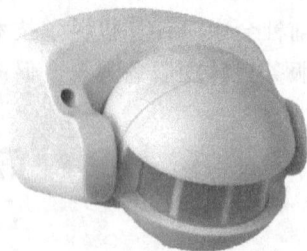

h) 红外传感器

i) 电化学气体传感器

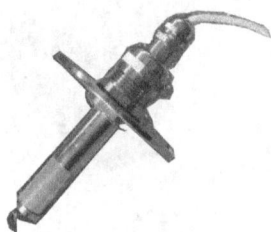

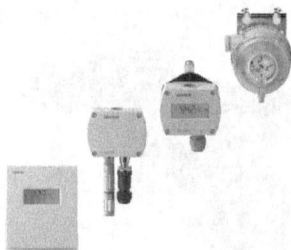

j) 湿敏传感器

图 10-1   各类传感器外形（续）

一、传感器的定义

根据 GB/T 7665—2005《传感器通用术语》，传感器（transducer/sensor）的定义为：能感受被测量并按照一定的规律转换成可用输出信号的器件或装置，通常由敏感元件和转换元件组成。

敏感元件指传感器中能直接感受或响应被测量的部分。转换元件指传感器中能将敏感元件感受或响应的被测量转换成适于传输或测量的电信号部分。当传感器输出为规定的标准信号时，则称为变送器。

这一定义包含了以下几方面的信息：

1）传感器是一种测量器件或装置，能完成检测任务。

2）它的输入量是被测量，可能是物理量，也可能是化学量或生物量等。

3）它的输出量是可用的电信号，如电压、电流、频率等，便于传输、转换、处理和显示等。

4）输出输入之间的对应关系应具有一定的规律，且应有一定的准确度，可以用确定的数学模型来描述。

注意，应将传感器和变送器的概念明确区分开来，当传感器的输出为"规定的标准信号"时，则称之为变送器。所谓的"规定的标准信号"，电流输出标准信号为 $4 \sim 20\text{mA}$ 或 $0 \sim 10\text{mA}$，电压输出标准信号为 $1 \sim 5\text{V}$、$0 \sim 5\text{V}$、$0 \sim 10\text{V}$ 或 $-10 \sim 10\text{V}$。

二、传感器的组成

根据传感器的定义可知，传感器的基本组成通常包括敏感元件和转换元件两部分，它们分别完成检测和转换两个基本功能。而仅由敏感元件和转换元件组成的传感器通常输出信号较弱，还需要转换电路将输出信号放大并转换为容易传输、处理、记录和显示的形式。因此，传感器一般由敏感元件、转换元件和转换电路三部分组成，如图 10-2 所示。

图 10-2　传感器的组成

图 10-2 中，各组成部分说明如下：

1）敏感元件直接感受被测量，并以确定的关系输出某一物理量。

2）转换元件将敏感元件输出的非电物理量转换成电参量。

3）转换电路将电参量转换成便于测量的电量。转换电路的类型又与转换元件类型有关，因此常把转换电路作为传感器的组成环节之一。

图 10-3 所示是一种压力传感器示意图。固定在弹簧管自由端的衔铁，位于电感线圈 A 和 B 对称位置，而两个电感线圈接入后面的转换电路中。当弹簧管内部压力变化时，产生的变形使弹簧管自由端发生位移。这里的弹簧管就是敏感元件，它将被测压力的变化转换为位移量的变化。电感线圈 A 和 B 是转换元件，它们将位移量变化转换成电感量变化，其后的转换电路将电感量转换成电压。

需要指出的是，并非所有传感器都能明显地区分敏感元件和转换元件这两个部分。例如，半导体气敏或湿敏传感器、热电偶、压电晶体和光电器件等，它们一般能将感受到的被测量直接转换为电信号输出，即敏感元件和转换元件的功能合二为一。

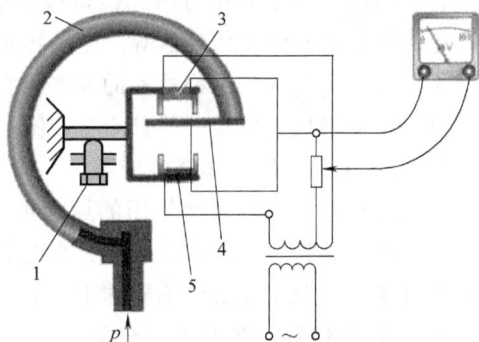

图 10-3　实际的传感器组成
1—调机械零点螺钉　2—弹簧管
3—电感线圈 A　4—衔铁　5—电感线圈 B

有些传感器，转换元件不止一个。在实际应用中，仅由一个转换元件构成的传感器是很少的，通常把具有不同性能的转换元件结合起来完成转换功能。

三、传感器的分类

从不同角度出发，有不同的传感器分类方法。一种被测量可以用不同类型的传感器来测量，而同一原理的传感器通常又可测量多种被测量，因此，对传感器的分类方法各不相同，目前尚没有统一的分类方法。

1. 按照传感器的工作机理分类

按照感知被测量（外界信息）所依据的基本效应的科学属性，可以将传感器分成物理传感器、化学传感器和生物传感器三大类。

物理传感器是利用某些元件的物理性质以及某些功能材料的特殊物理性能，诸如压电效应、磁致伸缩现象、离子、热电、光电和磁电等效应，把被测物理量转化成便于处理的能量形式信号的传感器。被测信号的微小变化被转换成电信号，其中起导电作用的是电子，相对后续开发难度较小。

在物理传感器中又可分为物性型传感器和结构型传感器。结构型传感器是基于物理学中场的定律构成的，包括动力场的运动定律、电磁场的电磁定律等。这类传感器的特点是，传感器的工作原理是以传感器中元件相对位置变化引起场的变化为基础，而不是以材料特性变化为基础。如电容传感器是利用静电场定律制成的结构型传感器，极板的形状、距离等的变化均能改变电容传感器的性能。物性型传感器是基于物质定律构成的，如胡克定律、欧姆定律等。物质定律是表示物质某种客观性质的法则。这种法则，大多数是以物质本身的常数形式给出的，这些常数的大小决定了传感器的主要性能。因此，物性型传感器的性能随材料的不同而不同。如压电式传感器就是利用材料的压电效应制成的物性型传感器，不同的压电材料，其压电效应是不同的。

化学传感器是利用敏感材料与物质间的电化学反应原理，把无机和有机化学成分、浓度等转换为电信号的传感器，如气体传感器、湿度传感器和离子传感器，其中起导电作用的是离子。离子的种类很多，故化学传感器变化极多，较为复杂，相对后续开发难度较大。生物传感器是利用生物活性物质，如分子、细胞甚至某些生物机体组织等对某些物质特性的选择能力构成的传感器，如葡萄糖和微电极结合形成的葡萄糖传感器、酶传感器和微生物传感器、组织传感器和免疫传感器等。生物传感器的研究历史较短，但发展非常迅速，随着半导体技术、微电子技术和生物技术的发展，它的性能将进一步完善，多功能、集成化和智能化的生物传感器将成为现实，前景十分广阔。

2. 按照传感器的工作原理分类

按照传感器对信号转换作用的原理可分为电阻式传感器、电感式传感器、电容式传感器、压电式传感器、磁电式传感器、光电式传感器、热电式传感器和波式传感器等。按照工作原理分类，有利于理解传感器的工作原理。

3. 按输入信息（被测量）分类

传感器按输入量（用途）分类有位移传感器、压力传感器、位置传感器、液面传感器、能耗传感器、速度传感器、温度传感器、振动传感器、湿敏传感器、磁敏传感器、气敏传感器和真空度传感器等。按被测量分类的方法体现了传感器的功能和用途，有利于用户有针对性地选择传感器。在许多情况下，往往将按照工作原理分类和按照被测量分类两种方法综合使用，如应变式压力传感器、压电式加速度传感器和光电码盘式转速传感器等。

4. 按应用范围分类

根据传感器的应用范围的不同，通常分为工业用、民用、科研用、医用和军用传感器等。按具体使用场合，还可分为汽车用、舰船用和航空航天用传感器等。如果根据使用目的的不同，还可分为计测用、监测用、检查用、控制用和分析用传感器等。

四、传感器的发展趋势

当前，传感器技术的发展趋势主要体现在三个方面：一是对于传感器本身的开发，进行基础研究，探索新理论，发现新现象，开发传感器的新材料和新工艺。二是与计算机共同构成的传感器系统，以实现传感器的集成化、智能化和多功能化。三是通过与其他学科的交叉融合，如实现无线网络化。

1. 发现新现象

传感器工作的基本原理是利用物理现象、化学反应和生物效应，所以发现新现象与新效应是发展传感器技术、研制新型传感器的重要理论基础。例如，抗体和抗原在电极表面相遇复合时，会引起电极电位的变化，利用这一现象可制出免疫传感器。另外利用约瑟夫逊效应可制成超精密的传感器，不仅能测量磁，对温度、电压和重力也能进行超精密的测量。

2. 开发新材料

新型传感器敏感元件材料是研制新型传感器的重要物质基础。例如，光导纤维能制成压力、流量、温度、位移等多种传感器。用高分子聚合物薄膜作为传感器敏感材料的研究，在国内外已经开展起来。如利用高分子聚合物随周围环境的相对湿度大小成比例地吸附和释放水分子的原理，制成的等离子聚合物聚苯乙烯薄膜湿度传感器，具有测湿范围宽、尺寸小、温度系数小和响应速度快的特点。

3. 提高传感器性能和扩大检测范围

检测技术的发展，必然要求传感器的性能如准确度、灵敏度和测量范围等不断提高。例如，用直线光栅测线位移时，测量范围在几米时，准确度可达几微米。利用超导材料约瑟夫逊效应的磁传感器可测 $10^{-9}Cs$ 的极弱磁场。利用核磁共振吸收效应的磁敏传感器，可将检测极限扩展到地磁强度的 10^{-2}。

4. 传感器的微型化和微功耗

现在各类控制仪器设备的功能越来越强大，对各个部件体积的要求则是越小越好，因此对传感器本身的体积要求也会更小。微型传感器的特征之一就是体积小，其敏感元件的尺寸一般为微米级，由微机械加工技术制作而成。利用微机械工艺技术制作的传感器具有体积小、质量轻、反应快、灵敏度高以及成本低等优点。目前形成产品的主要有微型压力传感器、微型陀螺仪和微型加速度传感器等，它们的体积是原来传统传感器的几十甚至几百分之一，质量也从千克级下降到几十克乃至几克。此外由于实际的工作环境的限制，如在野外现场或者远离电网的地方，只能依靠电池或太阳能等供电，开发微功耗的传感器和无源传感器是必然的发展方向，这样既可以节省能源，又可提高系统寿命。

5. 传感器的智能化

智能传感器是测量技术、半导体技术、计算技术、信息处理技术、微电子学和材料科学互相结合的综合密集型技术。智能传感器与一般传感器相比具有自补偿能力、自校准能力、自诊断能力、数值处理能力、双向通信能力、信息存储、记忆和数字量输出功能。它可充分利用计算机的计算和存储能力，对传感器的数据进行处理，并能对它内部行为进行调节，使采集的数据更佳。

6. 传感器的集成化和多功能化

传感器的集成化一般包含两方面含义：其一是将传感器与其后级的放大电路、运算电路、温度补偿电路等制成一个组件，实现一体化，与一般传感器相比，具有体积小、反应快、抗干扰、稳定性好的优点。其二是将同一类传感器集成在同一芯片上构成二维阵列式传感器。多功能化是指一器多能，即用一个传感器可以检测两个或两个以上的参数。例如，通过使用特殊的陶瓷将温度和湿度敏感元件集成在一起，制成温湿度传感器。多功能化不仅可以降低生产成本、减小体积，而且可以有效地提高传感器的稳定性、可靠性等性能指标。

7. 传感器的数字化与网络化

随着现代化的发展，传感器的功能已突破传统的功能，其输出也不再是单一的模拟信号，而是经过微处理器处理好的数字信号，有的甚至带有控制功能，这种传感器称为数字传感器。它有如下特点：

1）数字传感器将模拟信号转换成数字信号输出，提高了传感器输出信号抗干扰能力，特别适用于电磁干扰强、信号距离远的工作现场。

2）软件对传感器进行线性修正及性能补偿，减少系统误差。

3）一致性和互换性好。

传感器网络化是传感器领域发展的一项新兴技术，利用 TCP/IP 使工作现场测控数据能就近登录网络，并与网络上的节点直接进行通信，实现数据的实时发布与共享。传感器网络化的目标就是采用标准的网络协议，同时采用模块化结构将传感器和网络技术有机地结合起来。

8. 多传感器的集成与融合

由于单传感器不可避免存在不确定或偶然不确定性，缺乏全面性和鲁棒性，所以偶然的故障就会导致系统失效。多传感器集成与融合技术正是解决这些问题的良方。多个传感器不仅可以描述同一环境特征的多个冗余的信息，而且可以描述不同的环境特征。它的特点是冗余性、互补性、及时性和低成本性。

多传感器的集成与融合技术已经成为智能机器与系统领域的一个重要的研究方向，它涉及信息科学的多个领域，是新一代智能信息技术的核心基础之一。从 20 世纪 80 年代初以军事领域的研究为开端，多传感器的集成与融合技术迅速扩展到军事和非军事的各个应用领域，如自动目标识别、自主车辆导航、遥感、生产过程监控、机器人医疗应用等。

传感器和传感器技术是现代检测与控制系统的关键，其应用已深入到社会中各个领域的方方面面，传感器和传感器技术的研究和开发工作具有广阔的前景。

知识拓展　AI 技术发展简介

人工智能（Artificial Intelligence, AI）是指计算机像人一样拥有智力，其是一个融合计算机科学、统计学、脑神经学和社会科学的前沿综合学科，可以模拟人类实现识别、认知、分析和决策等多种功能。例如，当你说一句话时，机器能够将它识别成文字，并理解它的意思，之后进行分析和对话等。

自 1956 年美国达特茅斯（Dartmouth）会议提出了"人工智能"概念以来，其 60 多年的技术发展吸引着不少专业人士的关注,对它的研究也经历了三起三落。20 世纪 50 年代到 70 年代初,人们认为如果能赋予机器逻辑推理能力,机器就能具有智能,那时人工智能研究处于"推理期"。20 世纪 70 年代人们意识到人类之所以能够判断、决策,除了推理能力外,还需要知识,随之人工智能研究进入了"知识期",大量专家系统在此时诞生。随着研究向前进展,专家发现人类知识无穷无尽,且有些知识本身难以总结后交给计算机,于是一些学者产生了将知识学习能力赋予计算机本身的想法。

20 世纪 80 年代,机器学习真正成为一个独立的学科领域,相关技术层出不穷,深度学习模型以及增强学习型的"感知器"均在这个阶段被发明。随后由于早期的系统效果不理想,美国、英国相继缩减经费支持,人工智能进入低谷。

2010 年后,人工智能相继在语音识别、计算机视觉领域取得重大进展,随着围绕语音、图像等人工智能技术的创业公司大量涌现,人工智能从量变实现了质变,在全球不少国家和地区呈现出火热的趋势。Google、Facebook、IBM 以及百度、阿里、腾迅和科大讯飞等国内外实力较强的科技公司,积极推动人工智能商业应用落地,一些初创型企业也如雨后春笋般出现。2016 年起人工智能的发展逐渐克服技术能力的限制,走出实验室,落地成为产业,如图 10-4 所示。

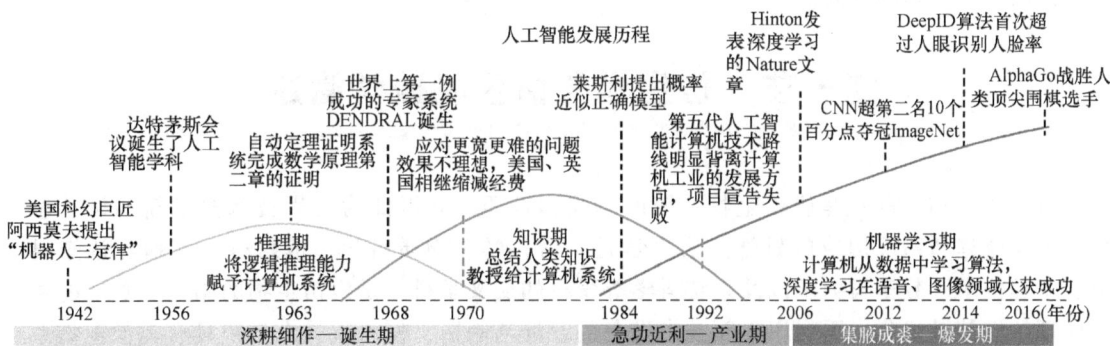

图 10-4　人工智能发展

当前,随着移动互联网、大数据、云计算等新一代信息技术的加速迭代演进,人类社会与物理世界的二元结构正在进阶到人类社会、信息空间和物理世界的三元结构,人与人、机器与机器、人与机器的交流互动越加频繁。人工智能发展所处的信息环境和数据基础发生了深刻变化,越加海量化的数据、持续提升的运算能力、不断优化的算法模型,结合多种场景的新应用已构成相对完整的闭环,成为推动新一代人工智能发展的四大要素。

第十一章

CHAPTER 11

仿生原理与创新设计 ◀

仿生与创新密切相关。通过研究自然界生物的结构特性、运动特性与力学特性，然后设计出模仿生物特性的新材料或新装置，是创新设计的重要内容，其创新成果也非常丰硕。本章主要讨论仿生机械学中的一些简单问题，涉及夹持问题的仿生机械手，步行问题的仿生步行机和仿天空中飞行的、地上爬的、水中游的一些仿生机器人的基本知识。其目的是为创新设计提供一个广阔的空间。

第一节　仿生学与仿生机械学简述

仿生学（Bionics）是研究生物系统的结构和性质，并以此为工程技术提供新的设计思想、工作原理和系统构成的科学。仿生学是生命科学、物质科学、信息科学、脑与认知科学、工程技术、数学与力学以及系统科学等学科的交叉学科，是模仿生物的结构和功能的基本原理，将其模式化，再运用于新技术设备的设计与制造，使人造技术系统具有类似生物系统特征的科学。仿生学与机械学相互交叉、渗透，形成了仿生机械学。仿生机械学主要是从机械学的角度出发，研究生物体的结构、运动与力学特性，然后设计出类生物体的机械装置的学科。当前，主要研究内容有拟人型机械手、步行机、假肢，模仿鸟类、昆虫和鱼类等生物的机械结构、运动学与动力学设计以及控制等问题。本节主要从机械仿生的角度，介绍仿生与创新设计的关系及创新思路。

一、仿生学简介

仿生学研究方法的突出特点就是广泛地运用类比、模拟和模型方法，理解生物系统的工作原理，不直接复制每一个细节，中心目的是实现特定功能。在仿生学研究中存在三个相关的方面，即生物原型、数学模型和硬件模型。前者是基础，后者是目的，而数学模型则是两者之间必不可少的桥梁。

仿生学的研究内容主要有：机械仿生、力学仿生、器官仿生、化学仿生和信息与控制仿生等。

（1）机械仿生　研究动物体的运动机理，模仿动物的地面走和跑、地下的行进、墙面上的行进、空中的飞和水中的游等运动，运用机械设计方法研制各种运动装置。机械仿生是本章的主要内容。

（2）力学仿生　研究并模仿生物体总体结构与精细结构的静力学性质，以及生物体各组成部分在体内相对运动和生物体在环境中运动的动力学性质。例如，模仿贝壳修造的大跨度薄壳建筑，模仿股骨结构建造的立柱，既消除了应力特别集中的区域，又可用最少的建材承受最大的载荷。军事上模仿海豚皮肤的沟槽结构，把人工海豚皮包敷在船舰外壳上，可减少航行湍流，提高航速。

（3）器官仿生　模仿动物的脑和神经系统的高级中枢的智能活动，生物体中的信息处理过程，感觉器官、细胞之间的通信，动物之间通信等，研制人工神经元电子模型和神经网络，高级智能机器人，电子蛙眼、鸽眼雷达系统以及模仿苍蝇嗅觉系统的高级灵敏小型气体分析仪等。例如，根据象鼻虫视动反应制成的自相关测速仪可测定飞机着陆速度。

（4）化学仿生　模仿光合作用、生物合成、生物发电和生物发光等。例如，利用生物体中酶的催化作用、生物膜的选择性、通透性、生物大分子，或其类似物的分解和合成，研制了一种类似的有机化合物，在田间捕虫笼中用千万分之一微克，便可诱杀一种雄蛾虫。

（5）信息与控制仿生　模仿动物体内的稳态调控、肢体运动控制、定向与导航等。例如，研究蝙蝠和海豚的超声波定位系统、蜜蜂的"天然罗盘"、鸟类和海龟等动物的星象导航、电磁导航和重力导航，可为无人驾驶的机械装置在运动过程中指明方向。

仿生学的研究内容很多，这里仅仅列举一些常见的仿生方式，详细内容可参阅有关仿生学方面的专著。

二、仿生机械学简介

随着机械仿生在仿生学中的快速发展，逐渐形成了一个专门研究仿生机械的学科，称为仿生机械学。它是20世纪60年代末期由生物力学、医学、机械工程、控制论和电子技术等学科相互渗透、结合而成的一门边缘学科。通过研究、模拟生物系统的信息处理、运动机能以及系统控制，并通过机械工程方法论将其实用化，从而应用于医学、国防、电子等相关领域，可产生巨大的经济效益。

仿生机械是模仿生物的形态、结构和控制原理，设计制造出的功能更集中、效率更高并具有生物特征的机械。仿生机械学研究的主要领域有生物力学、控制体和机器人。生物力学研究生命的力学现象和规律，包括生物体材料力学、生物体机械力学和生物体流体力学。控制体是指根据从生物了解到的知识建造的，用人脑控制的工程技术系统，如机电仿生手等。机器人则是用计算机控制的工程技术系统。

仿生机器人是仿生机械学中的一个最为典型的应用实例，其发展现状基本上代表了仿生机械学的发展水平。日本和美国在仿生机器人的研究领域起步早，发展快，取得了较好的成果。例如，日本东京大学在1972年研究出世界上第一个蛇形机器人，速度可达40cm/s。日本本田技术研究所于1996年研制出世界上第一台仿人步行机器人，可行走、转弯、上下楼梯和跨越一定高度的障碍。美国卡内基梅隆大学1999年研制的仿袋鼠机器人采用纤维合成物作为弓腿，被动跳跃时的能量仅损失20%~30%，最大奔跑速度超过1m/s。我国对仿生机器人的研究始于20世纪90年代，经过多年的研究，我国在仿生机器人方面也取得了很多成果，研制出了相关的机器人样机，而且有些仿生机器人在某些方面达到了国际先进水平。例如，北京理工大学于 2002 年研制出拟人机器人，具有自律性，可实现独立行走和太极拳等表演功能。北京航空航天大学和中国科学院自动化所于 2004 年研制出我国第一条具有实际用途的仿生机器鱼，其身长 1.23m，采用 GPS 导航，其最高时速可达 1.5m/s，能在水下持续工作 2~3h。南京航空航天大学 2004 年研制出我国第一架能在空中悬浮飞行的空中仿生机器人——扑翼飞行器。哈尔滨工业大学于 2001 年研制的仿人多指灵巧手，具有 12 个自由度和 96 个传感器，可完成战场探雷、排雷以及检修核工业设备等危险作业。

三、仿生机械学中的注意事项

按照仿生机械学研究内容，可归纳为功能仿生、结构仿生、材料仿生以及控制仿生等几个方面。长期以来，人类非常羡慕一些自然界中的生物所具有的非凡特性。鸟为什么能在空中飞，鱼为什么能在水中游，没有腿的蛇为什么能在地面运动，蚂蚁为什么能拖动大于身体自重 500 倍的物体，跳蚤为什么能跳过超过自身身高 700 倍的高度，蚯蚓为什么出污泥而不染等许许多多的问题令人们思考。把自然界生物体的特性引入人类生活成为了人们的追求目标，并逐渐形成了仿生机械学的内容。根据人类在历史上仿生的经验与教训，在运用仿生学的基本知识进行创新活动时，必须牢记以下几个问题：

1）仿生机械是建立在对模仿生物体的解剖基础上，了解其具体结构，用高速影像系统记录与分析其运动情况，然后运用机械学的设计与分析方法，完成仿生机械的设计，需要多学科知识的交叉与运用。

2）生物的结构与运动特性，只能给人们开展仿生创新活动以启示，不能采取照搬式的机械仿生。人类为了像鸟一样在天空翱翔，就在双臂上各捆绑一个翅膀，从高山上往下跳，结果发生惨剧，因为人的双臂肌肉没有进化到鸟翅肌肉的发达程度，不能克服人体自重。飞机的发明史经历了从机械式仿生到科学仿生的过程，蛙泳的动作也是科学仿生的结果。机械式的仿生是研究仿生学的大忌之一。

3）注重功能目标，力求结构简单。生物体的功能与实现这些功能的结构是经过千万年的进化逐渐形成的，追求结构仿生的完全一致性是不必要的。例如，人的每只手有 14 个关节，20 个自由度，如果完全仿人手结构，会造成结构复杂、控制也困难的局面。所以仿二指和三指的机械手在工程上应用较多。

4）仿生的结果具有多值性，要选择结构简单、工作可靠、成本低廉、使用寿命长、制造维护方便的仿生机构方案。

5）仿生设计的过程也是创新的过程，要注意形象思维与抽象思维的结合，注意打破定势思维并运用发散思维解决问题的能力。

第二节　步行与仿生机构的设计

运动是生物的最主要特性，而且往往表现着最优的状态。据调查，地球上近一半的地面不适合传统的轮式或履带式车辆行驶，而很多足式动物却可以在这些地面上行走自如。这给人们一个启示：有足运动具有其他地面运动方式所不具备的独特优越性能。

一、有足动物腿部结构分析

有足运动具有较好的机动性，其立足点是离散的，对不平地面有较强的适应能力，可以在可能到达的地面上最优地选择支撑点。有足运动方式可以通过松软地面（如沼泽、沙漠等）以及跨越较大的障碍（如沟、坎和台阶等）。其次，有足运动可以主动隔振，即允许机身运动轨迹与足运动轨迹解耦。尽管地面高低不平，机身运动仍可以做到相当平稳。第三，有足运动在不平地面和松软地面上的运动速度较高，而能耗较少。

在研究有足动物时，观察与分析腿的结构与步态非常重要。如人的膝关节运动时，小腿相对大腿是向后弯曲的。而鸟类的腿部运动则与人类相反，小腿相对大腿是向前弯曲的。这是在长期进化过程中，为满足各自的运动要求逐渐进化形成的。图 11-1 所示为人类与鸟类的两足步行状态示意图。

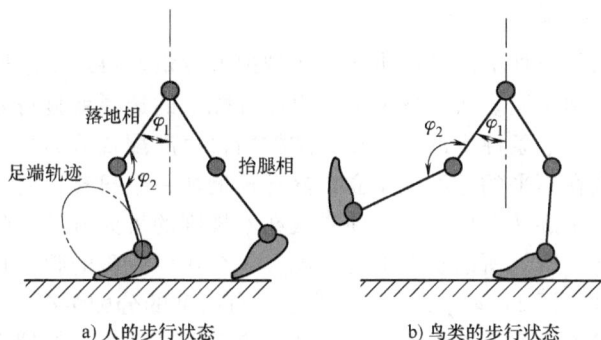

a) 人的步行状态　　　b) 鸟类的步行状态

图 11-1　两足步行状态分析

四足动物的前腿运动是小腿相对大腿向后弯曲，而后腿则是小腿相对大腿向前弯曲，图 11-2 所示为四足动物的腿部结构示意图，如马、牛、羊、犬类等许多动物都为此结构。四足动物在行走时一般三足着地，跑动时则三足着地、二足着地和单足着地交替进行，处于瞬态的平衡状态。两足动物和四足动物的腿部结构大多采用简单的开链结构，多足动物的腿部结构可以采用开链结构，也可以采用闭链

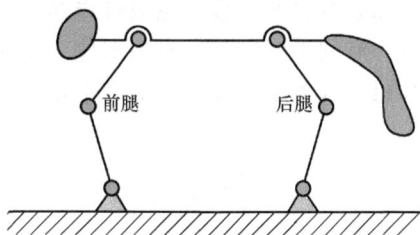

图 11-2　四足动物的腿部结构示意图

结构。图 11-3a 所示为多足动物腿部的一种结构示意图，图 11-3b 所示为仿四足动物的机器人机构示意图。

二、拟人型步行机器人

有足运动仿生可分为两足步行运动仿生和多足运动仿生，其中两足步行运动仿生具有更好的适应性，也最接近人类，故也称之为拟人型步行仿生机器人。拟人型步行机器人具有类似于人类的基本外貌特征和步行运动功能，其灵活性高，可在特定环境中自主运动，并与人进行一定程度的交流，更适合协同人类的生活和工作。与其他方式的机器人相比，拟人型步行机器人在机器人研究中占有特殊地位。

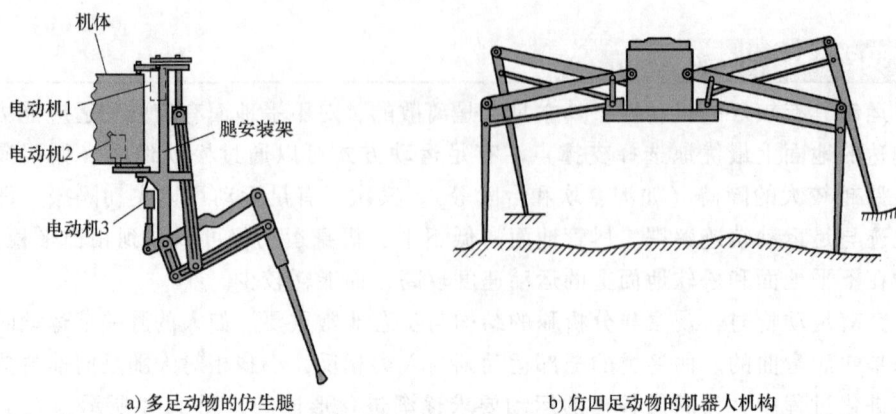

a) 多足动物的仿生腿　　　　　　　b) 仿四足动物的机器人机构

图 11-3　多足动物的仿生腿结构

1. 拟人型步行机器人的仿生机构

拟人型步行机器人是一种空间开链机构，实现拟人行走使得这个结构变得更加复杂，需要各个关节之间的配合和协调。所以各关节自由度分配上的选择就显得尤其重要。从仿生学的角度来看，关节转矩最小条件下的两足步行结构的自由度配置认为髋部和踝部各需要两个自由度，可以使机器人在不平的地面上站立，髋部再增加一个扭转自由度，可以改变行走的方向，踝关节处增加一个旋转自由度可以使脚板在不规则的表面着地，膝关节上的一个旋转自由度可以方便地上下台阶。所以从功能上考虑，一个比较完善的腿部自由度配置是每条腿上应该具备七个自由度。图 11-4 所示为腿部的七个自由度的分配情况。

从国内外研究的较为成熟的拟人型步行机器人来看，几乎所有的拟人型步行机器人腿部都选择了六个自由度的方式，如图 11-5 所示。由于踝关节缺少了一个旋转自由度，当机器人行走中进行转弯时，只能依靠大腿与上身连接处的旋转来实现，需要先决定转过的角度，并且需要更多的步数来完成行走转弯这个动作。但是这样的设计可以降低踝关节的设计复杂程度，有利于踝关节的机构布置，从而减小机构的空间体积，减轻下肢的质量。这是拟人型步行机器人下肢在设计中的一个矛盾，它将影响机器人行走的灵活程度和腿部结构的繁简。

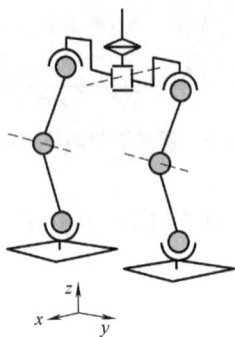

图 11-4　拟人机器人腿部的理想自由度

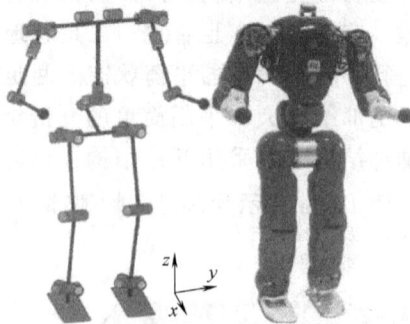

图 11-5　拟人机器人腿部六个自由度

2. 拟人型仿生步行机器人实例

相比于其他足式机器人，拟人型步行机器人具有很高的灵活性，具有自身独特的优势，无疑更适合为人类的生活和工作服务，同时不需要对环境进行大规模的改造，与其他方式的机器人相比具有更为广阔的应用前景。

图 11-6 所示为本田技研工业公司于 2001 年推出的样机 ASIMO，样机改型使其技术日臻完善。ASIMO（Advanced Step Innovative Mobility）实现了小型轻量化，使其更容易适应人类的生活空间，同时通过提高双脚步行技术使其更接近于人类的步行方式。图 11-7 所示为 ASIMO 机器人步行上楼梯。

图 11-6　步行机器人 ASIMO

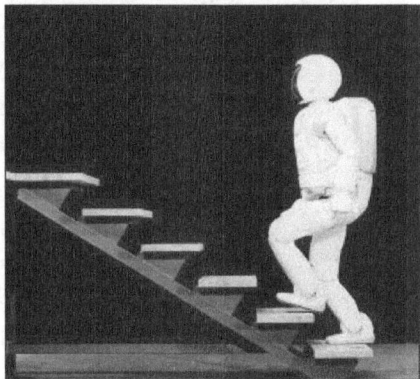

图 11-7　步行机器人 ASIMO 上楼梯

ASIMO 高 120cm，机器人的宽度和厚度也相应缩小，从而更便于在人群中步行。通过重新设计骨骼结构以及采用锰骨架等大幅减轻了质量。它可以实时预测以后的动作，并且据此事先移动重心来改变步调。过去由于不能进行预测运动控制，当从直行改为转弯时，必须先停止直行动作后才可以转弯。ASIMO 通过事先预测"下面转弯以后重心向外侧倾斜多少"等重心变化，可以使得从直行改为转弯时的步行动作变得连续流畅。此外，由于能够生成步行方式，因此可以改变步行速度以及脚的落地位置和转弯角度。另外，还可以轻易地模仿螃蟹的行走模式、原地转弯以及具有节奏感的上下楼梯动作。在进一步配备语音以及视觉识别功能和提高自律性后，可以成为在人类生活中发挥作用的机器人。

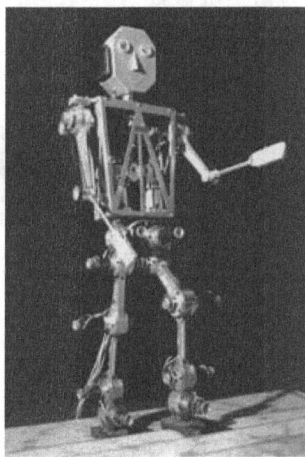

图 11-8　"先行者"
拟人型机器人

我国在拟人型机器人方面也做了大量研究工作，国防科技大学研制成功我国第一台拟人型机器人——先行者（图 11-8），实现了机器人技术的重大突破。先行者有人一样的身躯、头颅、眼睛、双臂和双足，有一定的语言功能，可以动态步行。图 11-9 所示为最新研制的一些拟人型机器人。拟人型机器人是多门基础学科、多项高科技技术的集成，代表了机器人的尖端技术。因此，拟人型机器人是当代科技的研究热点之一。拟人型机器人不仅是一个国家高科技综合水平的重要标志，也在人类生产、生活中有着广泛的用途。

三、多足仿生步行机器人

1. 多足仿生步行机器人的机构

多足仿生一般是指四足、六足、八足的仿生步行机器人机构，常用的是四足和六足仿生步行机器人。四足步行机器人在行走时，一般要保证三足着地，且其重心水平投影必须在三

图 11-9 多种拟人型机器人

足着地点形成的三角形平面内部才能使机体稳定，故行走速度较慢，在对速度要求不高的场合，才会应用，如海底行走的钻井平台的四足行走机构。多足步行仿生是指模仿具有四足以上的动物运动情况。多足仿生步行机器人机构设计是系统设计的基础。在进行多足步行机器人机构设计之前，对生物原型的观察与测量是设计的基础环节和必要环节。如通过对昆虫的运动进行的观察与分析实验，一方面了解昆虫躯体的组成、各部分的结构形式以及腿部关节的结构参数。另一方面研究昆虫站立、行走姿态，确定昆虫在不同地形的步态、位姿以及位姿不同时的受力状况。图 11-10a 所示为研究弓背蚁运动状况的观察实验图片，图 11-10b 所示为仿生机械蚁。

图 11-10 弓背蚁

通过对步行机器人足数与性能定性评价，同时也考虑到机械结构简单性和控制系统简单性，及对蚂蚁、蟑螂等昆虫的观察分析，发现昆虫具有出色的行走能力和负载能力，因此六足步行机器人得到了广泛的应用，可以保证高速稳定行走的能力和较大的负载能力。步行机器人腿的配置采用正向对称分布。四足仿生机器人如图 11-11a 所示，六足仿蟹步行机器人如图 11-11b 所示。

六足步行机器人常见的步行方式是三角步态。三角步态中，六足机器人身体一侧的前足、后足与另一侧的中足共同组成支撑相或摆动相，处于同相三条腿的动作完全一致，即三条腿支撑，三条腿抬起换步。抬起的每个腿从躯体上看是开链结构，而同时着地的三条腿或六条腿与躯体构成并联多闭链、多自由度机构。如图 11-12 所示六足步行机器人中，在正常行走条件下，各支撑腿与地面接触存在摩擦不打滑，可以简化为点接触，相当于机构学上的

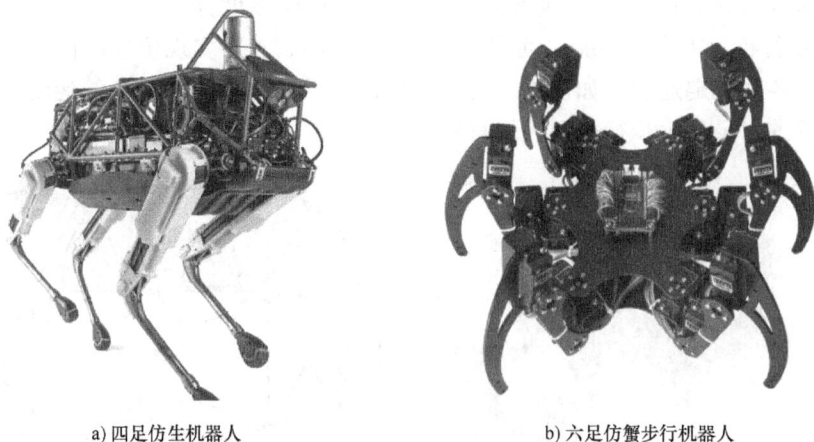

a) 四足仿生机器人　　　　　　　　　　b) 六足仿蟹步行机器人

图 11-11　多足步行机器人模型

三自由度球面副,再加上踝关节、膝关节及髋关节(各关节为单自由度,相当于转动副),每条腿都有六个单自由度运动副。

　　六足步行机器人的行走方式,从机构学角度看就是三分支并联机构、六分支并联机构及串联开链机构之间不断变化的复合型机构。同时也说明,无论该步行机器人采取的步态及地面状况如何,躯体在一定范围内均可灵活地实现任意的位置和姿态。

图 11-12　六足步行机器人

　　2. 多足步行仿生机器人实例

　　自 20 世纪 80 年代麻省理工学院研制出第一批可以像动物一样跑和跳的机器人开始,各国都积极进行多足仿生步行机器人的研究,模仿对象有蜘蛛、蟋蟀、蟹、蟑螂、蚂蚁等。目前,多足仿生步行机器人已应用于多个领域,特别是在军事侦察领域得到广泛应用。

　　2000 年,新西兰 Canterbury 大学研制出了六足步行机器人 Hamlet,如图 11-13 所示。机器人每条腿有三个转动关节,每个关节使用 10W 直流伺服电动机,通过减速比为 1:246 的行星轮减速器输出双向 4.5N·m 转矩,在第二和第三关节处,采用联轴器和锥齿轮使电动机与腿部轴线平行。每条腿足端都装有三维力传感器,通过传感器信号改变身体姿态。机器人总质量为 13kg,站立时高度为 400mm,能以 0.2m/s 的平均速度在复杂地形中自主行走,并具有越障能力。

　　2001 年,德国国家信息科技研究中心研制了八足步行机器人 Scorpion,如图 11-14 所示。此机器人可以完成全方位、平稳快速的行走,而且可以在行走时改变身体姿态和行走速度,已经成功地实现了沙地和多岩石不规则地面行走。我国在步行机器人领域的研究水平与世界发达国家还存在一定差距,北京理工大学仿生机器人研究小组,在对各类昆虫进行观察实验的基础上,采用功能仿生和结构仿生的方式,研制出一种尺寸较小、机动灵活的六足仿生步行机器人。其仿生步行机器人整体外形尺寸为 0.8m×0.6m×0.4m,六足仿生步行机器人巡航前进速度为 0.2m/s，最高速度为 0.3m/s，可攀爬坡度为 45°的斜坡，持续作业时间为 2h，仿生步行机器人自重 10kg，可携带有效载荷 3kg。它可实现仿生步行机器人在小扰动作业条件下的各种规定运动，如前进、转向、加速、攀登、越障和停止等运动。图 11-15 所示为一种简单的六足仿生步行机器人示意图。

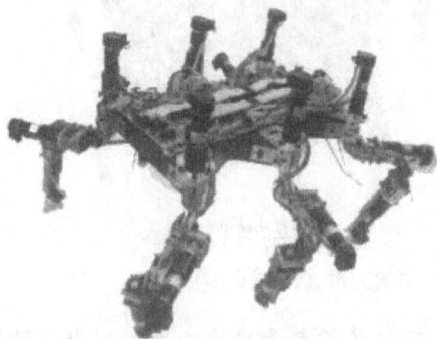

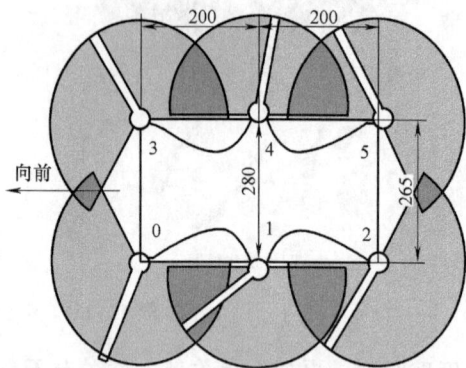

图 11-13　新西兰六足步行机器人 Hamlet

图 11-14　八足步行机器人 Scorpion

图 11-15　六足仿生步行机器人

多足步行机器人在设计过程中，除去腿结构的设计之外，步态相位的设计也很重要。也就是说，动物在运动过程中，哪条腿先动，哪条腿后动，哪条腿最后动，要把腿的运动次序和步幅大小弄清楚，当然还要弄清楚其重心随腿运动的摆动情况，这样的观察对仿生设计是非常必要的。

第三节　爬行与仿生机构的设计

仿生爬行机器人与传统的轮式驱动的机器人不同，采用类似生物的爬行机构进行运动。这种运动方式使得机器人可以具有更好的附着能力和越障能力，在军事侦察及民用高层建筑外墙壁清洁等领域都具有非常广泛的应用前景。由于这类爬行机器人在机构、驱动和控制方面的特殊要求，使得实际制做出的仿生爬行机器人很难达到预先的设计效果，目前爬行机器人所具有的一系列潜在优越性能还没有完全得到实际体现。

爬行机构的特点是多自由度、多关节的协同动作。由于关节自由度多，动力学模型复杂，实现稳定的爬行运动比较困难，所以爬行仿生机构在工程中的应用很少。在长期的进化和生存竞争中，许多动物，如壁虎、蜘蛛、蛇等，具有了优异的在光滑或粗糙的各种表面上自如运动的能力，仿生爬行机器人正是希望能通过仿生设计使机器人获得这种能力。

爬行机器人可分为爬壁机器人和蛇形机器人。

1. 爬壁机器人

爬壁机器人必须具有两个基本功能：壁面吸附功能和移动功能。目前，爬壁机器人的吸附方式主要有三种：真空吸附、磁吸附和推力吸附。移动功能则大多以轮式、履带式和足式三种机构来实现。由于每种吸附方式和移动机构都具有各自的优缺点，因此，爬壁机器人的设计要根据具体的作业要求来制订。

（1）足-掌机构　为了使仿生爬行机器人具有近似于爬行动物的运动特性，爬壁机器人对足-掌机构都有特殊的要求。

爬壁机器人对足机构的要求可归纳为以下几方面。

1）足机构具有足够的刚度和承载能力。

2）足机构具有足够大的工作空间。

3）足机构足端的直线位移便于控制。

在足机构的端点连接吸掌以后，对掌机构的要求有：

1）掌的姿态可以调节控制，以便在地壁过渡行走时适应壁面法线方向。

2）调节掌机构的驱动装置，尽可能安装到机器人机体上。

3）爬壁机器人在壁面上移动时，处于支撑状态的掌与足端应没有限制转动的强迫约束。

图 11-16 所示为复合足-掌机构的结构。缩放式腿机构上的 A、B 两点的直线移动由两台主电动机（图中未示出）通过齿轮减速，经丝杠 10、螺母 11 转换实现。与螺母 11 一体的

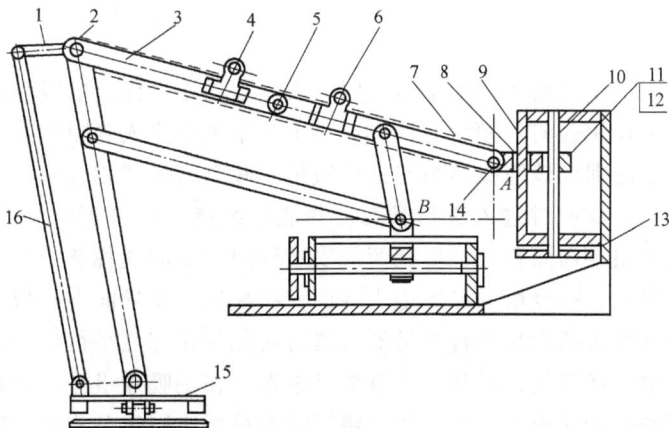

图 11-16　复合足-掌机构结构图

1—连杆　2、14—带轮　3—杆　4、6—压带轮　5—张紧轮　7—同步带　8—直线轴承
9—导柱　10—丝杠　11—螺母　12—滑块　13—机体　15—掌组件　16—连杆

滑块 12 的导向，由导柱 9 和直线轴承 8 实现。掌组件 15 的姿态调整由 A 处的另一台电动机（图中未示出）带动带轮 14、同步带 7 和带轮 2，使与带轮 2 固连的连杆 1 摆动，通过连杆 16 实现。压带轮 4 和 6 与张紧轮 5 起到使同步带张紧的作用。由于带轮 2 和 14 的直径相同，杆 3 的两端铰链点与同步带的两个切点构成一平行四边形，它与掌组件上的另一个平行四边形一起，保证机器人在平地（或平壁）上运动时掌姿态的自行保持。

(2) 吸附机构　如图 11-17 所示的吸附机构由吸盘及真空发生器组成，吸盘安装在吸盘支撑板上，如图 11-18 所示，吸盘支撑板和柔性驱动器之间通过连杆和弹簧相连，而真空发生器的出气口连接吸盘上端的进气口。随着机器人的运动，当一组吸盘完全接触工作表面到达吸附状态时，对应的电磁阀打开，与之相连的真空发生器工作产生真空，吸盘吸附在工作表面上。反之，随着机器人前进，当一组吸盘即将要离开平面时，对应的电磁阀关闭，则吸盘的吸附力逐渐降到零，可以脱离工作表面。设计时，任何时刻都至少要保证有三个吸盘同时吸附在工作表面上，以产生足够的吸附力，防止机器人从墙壁上滑下或倾翻。

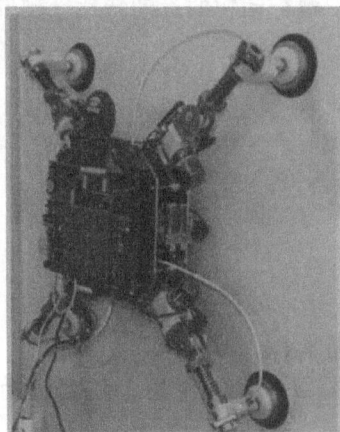

图 11-17　爬壁机器人吸附机构

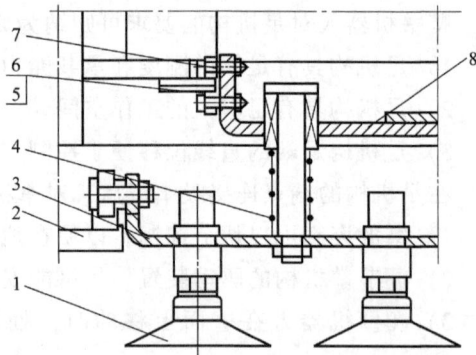

图 11-18　吸盘组导向和提升装置

1—吸盘　2—吸盘提升装置　3—弹簧支撑板　4—弹簧
5—导轮　6—链条连接板　7—连杆　8—吸盘支撑板

机器人在墙上或一定坡度的坡面上爬行时，吸附在工作平面上的吸盘连杆相当于一柔性悬臂梁，由于受重力作用会向下倾斜，这样，当下一组吸盘进入吸附状态时，吸盘连杆在工作面法线方向，将不能保证该组吸盘组与已经吸附的吸盘组保持相互平行的姿态，因此必须保证吸盘组在垂直于工作面时进入吸附状态，并能够维持垂直（近似）姿态直到吸盘组脱离，因此需设计吸盘组导向装置。在框架两侧安装纵向的导向支撑板（导轨），链条连接板的两端安装有三个导轮，吸盘组的导轮进入导向支撑板后，在导向支撑板、链条及直线轴承的作用下，保证吸附状态的吸盘连杆在机器人爬行时能保持相互平行姿态。为了避免吸盘在前轮下方进入吸附时卷褶漏气，设计了吸盘提升装置。在一吸盘组进入吸附状态前，吸盘支撑板上的滚轮作用在提升轨道上，提升轨道将吸盘支撑板连同吸盘相对于链条连接板提升一段距离，到达吸附位置时，在弹簧作用下将吸盘弹回，吸盘组进入吸附状态。

2. 仿生蛇形机器人

仿生蛇形机器人又称机器蛇，具有结构合理、控制灵活、性能可靠和可扩展性强等优点，在许多领域有着广泛的应用前景，如在有辐射、有粉尘、有毒环境下及战场上执行侦察任务；在地震、塌方及火灾后的废墟中寻找伤员；在狭小和危险环境中探测和疏通管道。

图 11-19 所示为常见蛇形机器人示意图。传统机器人的运动方式无外乎轮式、履带式、足式三种，而机器蛇堪称是世界上第一种靠自己"肌肉"前进的蛇形机器人。它像真蛇一样有一条"脊椎骨"，其实这是一串模块化的脊椎单元，它们像拼插玩具一样紧紧地咬合在一起。每个脊椎单元上有三条独立的"肌肉"，这些"肌肉"由镍钛合金丝制成。镍钛合金具有形状记忆的特殊本领：当有电流通过时，它的

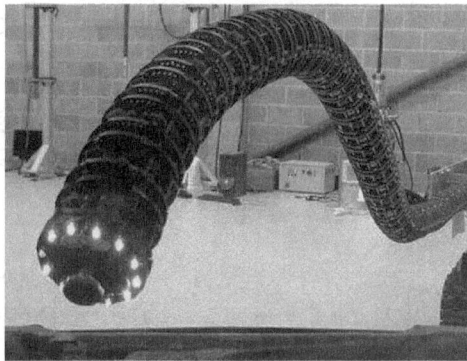

图 11-19 蛇形机器人

晶体结构会收缩，断电后又能恢复到以前的形状。机器蛇通过内置的程序控制通过不同金属丝电流的开关和强弱，从而操纵每条"肌肉"活动的方向与力量，指挥机器蛇向预定目标前进。

二、爬行仿生机器人实例

图 11-20 所示为 Strider 爬壁机器人，具有四个自由度。结构上由左右两足、两腿、腰部和四个转动关节组成，其中三个关节 J1、J3 和 J4 在空间上平行放置，可实现抬腿跨步动作，完成直线行走和交叉面跨越功能。

Strider 的每条腿各有一个电动机，通过微型电磁铁来实现两个关节运动的转换。每个电动机独立控制两个旋转关节，关节间的运动切换通过一个电磁铁来完成。从图 11-20 所示可以看出，Strider 的左腿电动机通过锥齿轮传动分别实现腿绕关节 J1 或 J2 旋转，完成抬左脚或平面旋转动作。Strider 的右腿电动机通过带传动分别实现腿绕关节 J3 或 J4 旋转，完成抬右脚或跨步动作。以左脚为例，通过电磁铁控制摩擦片离合，实现摩擦片与抬脚制动板或腿支侧板贴合，控制抬脚锥齿轮的转动与停止，完成左腿两种运动的切换。抬脚锥齿轮转动则驱动关节 J2，否则驱动 J1 旋转。该机构左右脚结构对称，运动原理相似，不同之处在于左脚 J1 和 J2 关节通过锥齿轮连接，而右脚的 J3 和 J4 关节通过带轮连接。

Strider 的两足分别由吸盘、气路、电磁阀、压力传感器和微型真空泵组成，通过微型真空泵为吸盘提供吸力，利用压力传感器检测 Strider 单足吸附时的压力，以保证爬壁机器人可靠吸附。利用电磁阀控制气路的切换，实现吸盘的吸附与释放。每个吸盘端面上沿移动方向前后各装了一个接触传感器，用于调整足部吸盘的姿态，以保证与壁面的平行。

蛇形机器人是一种新型的仿生机器人，与传统的轮式或两足步行式机器人不同的是，它实现了像蛇一样的"无肢运动"，是机器人运动方式的一个突破，因而被国际机器人业界称为"最富于现实感的机器人"。

2001 年，我国研制成功第一台蛇形机器人，如图 11-21 所示。这条长 1.2m、直径 0.6m、重 1.8kg 的机器蛇，能像生物蛇一样扭动身躯，在地上或草丛中蜿蜒运动，可前进、后退、拐弯和加速，其最大运动速度可达 20m/min。头部是机器蛇的控制中心，安装有视频监视器，在其运动过程中可将前方景象传输到后方计算机中，科研人员则可根据同步传输的

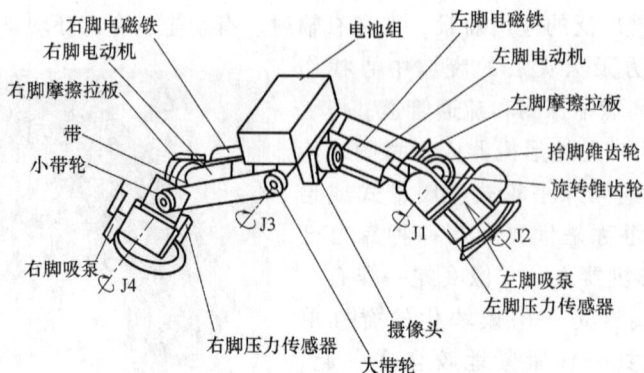

图 11-20 Strider 机构示意图

图像观察运动前方的情景，向机器蛇发出各种遥控指令。当这条机器蛇披上"蛇皮"外衣后，还能像真蛇一样在水中游泳。

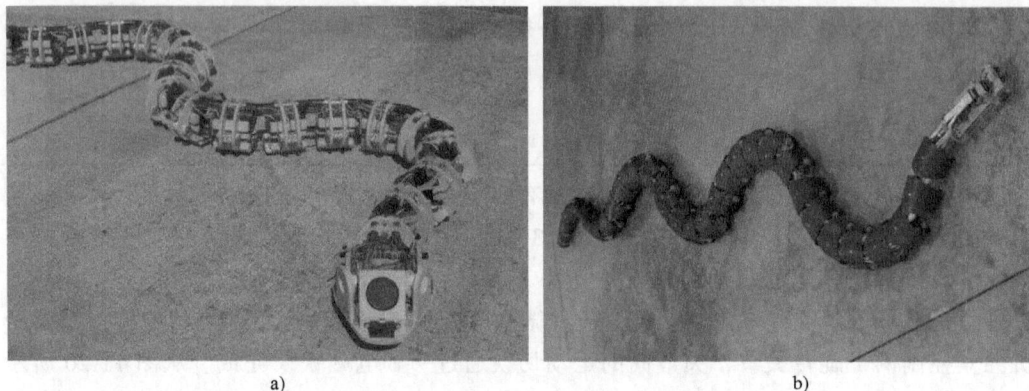

a)   b)

图 11-21 国防科技大学的蛇形机器人

第四节 飞行与仿生机构的设计

自古以来人们就梦想着在天空自由翱翔。对鸟的生理结构和飞行原理等方面所做的研究和获得的灵感，使人类乘着飞机上了天。昆虫与鸟相比，具有更大的机动灵活性。对昆虫生理结构和飞行机理的研究，将仿制出具有更大飞行灵活性和自由度的新型飞行器——仿生飞行机器人。仿生飞行机器人通常具有小尺寸、便于携带、行动灵活和隐蔽性好等特点。最近几年，在昆虫空气动力学和电子机械技术快速发展的基础上，各国纷纷开始研究拍翅飞行的仿生飞行机器人，仿苍蝇和蚊子的微型机器人已经问世，使得仿生飞行机器人成为研究活跃的机器人前沿领域。

一、飞行仿生机器人的翅膀

昆虫是整个动物界最早获得飞行能力的动物。昆虫飞行的能力和飞行技巧的多样性，主要来源于它们翅膀的多样性和微妙复杂的翅膀运动模式。昆虫可以快速改变运动方向，保持完美的高度控制。它们能够垂直起飞或着陆，盘旋几秒钟，向后运动，甚至可以上下翻滚飞行，同时消耗很少的能量。

1. 静电制动的仿生扑翼

（1）扑翼结构　飞行昆虫的特征如外部骨骼、弹性关节、变形胸腔以及伸缩肌肉等为人们设计微型飞行器提供了借鉴思路。

图 11-22 所示为昆虫胸腔的横截面。从图 11-22 中可看出，通过肌肉的收缩与伸长使得胸腔发生变形，从而带动两侧的翅膀上下扑动，其中弹性胸腔机构的变形对产生无摩擦的高速扑翼运动起着重要的作用。大多数昆虫的扑翼运动由神经所产生的脉冲信号来控制，而一些小型昆虫如苍蝇、蜜蜂等，扑翼频率要远高于神经的脉冲频率，这时候扑翼频率主要是由肌肉弹性关节以及胸腔所组成的运动机构的自然频率决定。

对于尺寸在毫米级的微扑翼飞行器，其扑翼机构可以采用静电驱动、压电驱动以及电磁驱动等方式。在常规的宏观机电系统中，电磁能量向机械能量转换的制动器——电磁马达的应用最为普遍。与电磁能量转换相比，静电型换能机构由于能量密度低而很少实际应用。但是，随着尺寸的微小化，静电换能显示出其优越性。静电驱动工作原理简单、易实现、功耗小、易集成化，随着半导体微细加工技术的发展，特别是牺牲层刻蚀技术的开发，为静电制动器的研究提供了可能的技术背景，使静电制动在微型制动器的研究开发中占据了突出的位置。

（2）结构设计　基于以上原因，所设计的微扑翼驱动机构采用静电制动方式。整个驱动机构的形式仿照昆虫的胸腔式结构，其结构简图如图 11-23 所示。系统的主体由上下平行的两块极板组成，其中一块固定在基体上，另一块可移动板与两边的连杆相连接，并通过连杆带动两边的翅膀上下扑动。整个机构没有轴承和转轴之类的运动部件，各支点和连接处（A、B、C 等处）均采用柔性铰链连接，柔性铰链可采用聚酰亚胺树脂，用沉积、涂布等微加工方法实现。因为柔性铰链的弹性模量很小，加上适当的结构设计，可以保证它只具有很小的运动阻力。当在上下极板间加上交变电压时，机翼就会在交变电场的作用下上下扑动。令激励电压的频率等于驱动机构的自然频率，此时驱动机构会有更大的扑翼幅值。当给极板两边加以不同的电压时，两边的机翼就会产生不同的扑翼幅值，因而引起两边的升力及推力大小不同，使得整个飞行器转向。

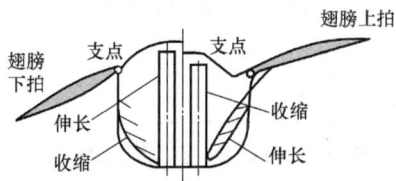

图 11-22　昆虫胸腔的横截面

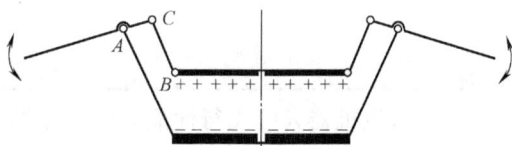

图 11-23　两自由度胸腔式扑翼驱动机构简图

2. 简化的仿生扑翼

（1）仿生扑翼机构　仿生飞行机器人以模仿昆虫拍翅运动为主，因此研究和理解昆虫飞行的运动机理和空气动力学特性，是进行仿生飞行机器人研究的重要基础。昆虫的种类很多，扑翼形式复杂多样。在研究中，将昆虫复杂的扑翼运动分解为平扇与翻转两个基本动作。如图 11-24 所示，平扇运动和翻转运动协调运动可以实现昆虫的自由飞行。

由于翅膀处于高频振动状态，为了减小惯性力影响，同时为了最终应用于扑翼式微型飞行器，运动件的质量应尽可能小，两个转动之间应存在尽量小的质量耦合，而且机构的复杂程度也应受到限制。

（2）仿生扑翼机构设计　仿生扑翼机构的设计主要可以分为两部分。首先是两组曲柄摇杆机构将曲柄输入的旋转运动转换为两个摇杆的摆动运动输出，如图 11-25 所示。

这两组曲柄摇杆机构的尺寸参数均相同，只是曲柄 O_1A 与 O_1A' 存在一固定的相位差 θ，所以两个摇杆的摆动输出并不同步，角度差 ψ 在不同转角位置时会有不同的取值。电动机旋转时，摇杆 O_2B 会

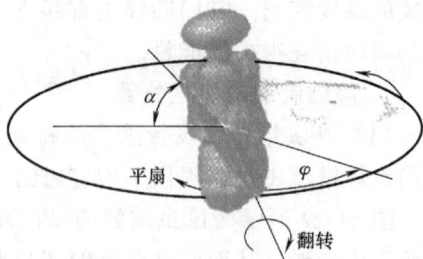

图 11-24　扑翼机构分析

先到达摇杆运动空间的极限位置，随后摇杆 O_2B 才到达与其相对应的极限位置。在这一过程中，ψ 会逐渐减小到零，然后又会反方向逐渐增大，利用这一特性将两个摆动输出再传递到下面的差动轮系。

差动轮系原理如图 11-26 所示，当两个摆动输入角 ψ 不变时，行星轮随着行星轮支架绕轴 O_3 转动，自身不转动。当两个摆动输入角 ψ 变化或者反向运动时，行星轮会绕自身轴线 O_4 转动。

因此，将翅膀固定在行星轮上，当曲柄连续转动，两个摇杆摆动输出的 ψ 近似不变时，翅膀保持 α 不变而做平扇运动。当两个摇杆在极限位置处反向运动时，翅膀则完成反扇转换过程中的翻转运动。于是，通过设计不同的扑翼机构参数就可以实现不同 ψ 及 α 的扑翼形式。

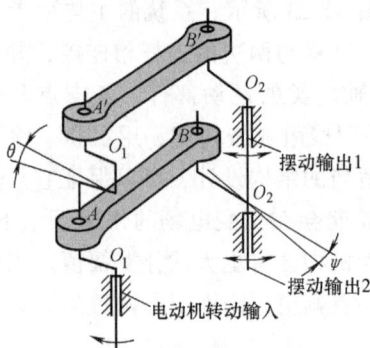

图 11-25　并联曲柄摇杆机构

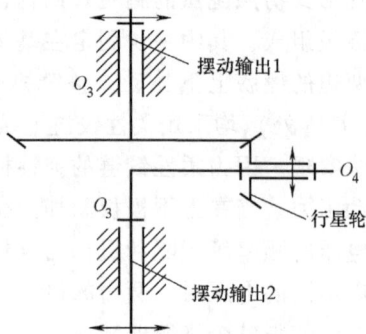

图 11-26　差动轮系原理

二、飞行仿生机器人实例（拍翅微飞行器）

飞行仿生机器人的飞行性能和物理特性是：雷诺数极小，表面积与体积之比很大，总质量严格受限。从结构特点、飞行力学、负载特性、能量供给和敏捷性等方面，飞行仿生机器人与蜻蜓、蜜蜂或蜂鸟有些相似，与传统的飞机有本质区别。

加利福尼亚技术研究所与美国加州大学洛杉矶分校等共同进行了拍翅微飞行器（MAV）的研究。该系统总重 6.5g，由电动机、传动系统、动力源、MEMS 翅膀、碳纤维机身和尾部稳定器等组成，头部装有可视成像仪，采用微麦克风阵列识别声音方向，该系统不包含通信系统。在体积为 30cm×30cm×60cm，风速为 1~10m/s 的风洞中进行飞行实验时，以电容为动力源的拍翅微飞行器，拍打频率为 32Hz，飞行速度可达 250m/min，最长自由飞行时间可达 9s，但拍打时间不到 1min，就需给电容充电。而以 Nicd N-50 电池作为动力源，并增加了 DC-DC 转换器的拍翅微飞行器，在自由飞行实验时，最长自由飞行时间为 18s。

日本东京大学很早开始昆虫飞行机理和微飞行机器人的研究。他们以计算流体和实验流体为主，通过理论和实验研究对翅膀的运动机理有了初步认识，并以蚊子为基础，进行不同翅膀结构的微飞行装置研究，研制成了由静电驱动的微拍翅飞行机构，如图 11-27 所示。在平板和基底（硅片）之间加上电压，平板向基底运动，这时多晶硅翅膀就产生弯曲。当电压变化的频率与机械振动频率一致时，产生共振，振动幅度加大。

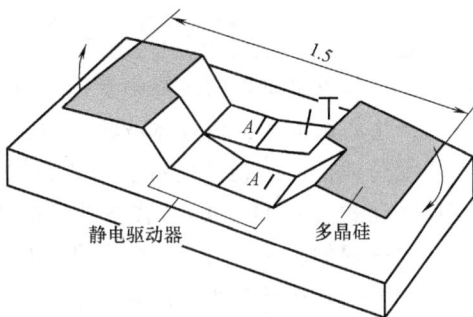

图 11-27　微拍翅飞行机构

设计和制造具有非定常空气动力学特性的高效仿昆翅，是仿生微飞行机器人研究中最富于挑战性的一个研究难题。翅膀必须轻而坚固，能够在高频振动下不会断裂，且为整个仿生飞行机器人提供足够的升力和推进力。仿昆翅的研究包括翅膀结构和形状设计、翅膀传动机构设计、机构和翅膀材料的选择以及与制造有关的工艺问题。

对鸟的研究和获得的灵感，使得人类乘着飞机上了天。而对昆虫的研究，将仿制出具有更大飞行灵活性和自由度的飞行仿生机器人。期待在不久的将来，飞行仿生机器人可以自由地在空中翱翔。图 11-28a 所示为仿生蝴蝶，图 11-28b 所示为仿生机械鸟。

a)

b)

图 11-28　仿生飞行机械

第五节　游动与仿生机构的设计

鱼类经过亿万年的自然选择与进化，形成了非凡的水中运动能力，既可以在持久游速下保持低能耗、高效率，也可以在拉力游速或爆发游速下实现高机动性。正是这种在水中运动的完美性，吸引了世界各国科研工作者对模仿鱼类游动方式的游动仿生机器人技术进行研究与开发。目前已研制出的水下仿生机器人中，根据其所模仿水下生物的运动方式，可分为仿鱼类的游动仿生机器人、仿多足爬行动物水下机器人和仿蠕虫水下机器人。本节主要对游动仿生机器人进行介绍。

一、游动仿生机器人机构原理

在对鱼类推进机理的研究中发现，鱼类在其自身的神经信号控制下，可以指挥其体内的推进肌产生收缩动作，使身体波状摆动，从而实现其在水中的自由游动。

根据鱼类推进运动的特征，可以划分为两种基本推进模式：身体波动式（图11-29a）和尾鳍摆动式（图11-29b）。在波动式推进中，鱼类游动时整个身体（或几乎整个身体）都参与了大振幅的波动。由于在整个身体长度上至少提供了一个完整的波长，所以使横向力相抵消，使横向的运动趋势降低到最小。波动式推进的推进效率主要与波的传播速度有关，波的传播速度越大，推进效率就越高。与尾鳍摆动式推进方式比较而言，身体波动式推进效率较低，主要适用于狭缝中的穿行。尾鳍摆动式推进方式是效率最高的推进模式，海洋中游动速度最快的鱼类都采用尾鳍摆动式推进模式。在运动过程中尾鳍摆动，而身体仅有小的摆动或波动，甚至保持很大的刚度。

仿生机器鱼就是参照鱼类游动的推进机理，利用机械、电子元器件或智能材料来实现水下推进功能的运动装置。

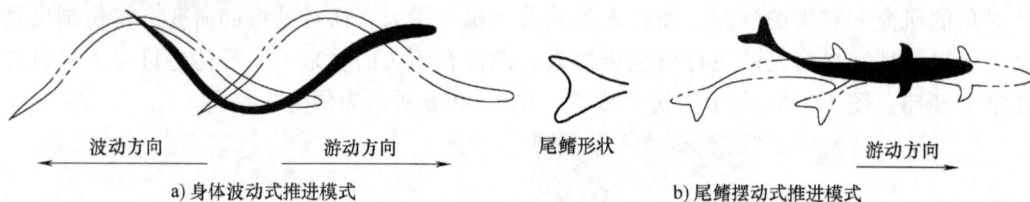

波动方向　　　　游动方向　　　　尾鳍形状　　　　　　游动方向
a) 身体波动式推进模式　　　　　　　　　　b) 尾鳍摆动式推进模式

图11-29　鱼类的推进模式

二、游动仿生机器人实例

应用仿生学原理，模拟鱼类的身体结构和运动形式来设计游动仿生机器人，已成为水下机器人研究领域新的发展方向。

1. 仿生金枪鱼和仿生梭鱼

美国麻省理工学院的 Triantfyllou 等通过长时间观察鱼类的游动研究发现，在自行驱动的鱼类体后部有射流形成，这些喷射的涡流产生推力从而使得鱼儿游动。根据射流推进理论，1994 年成功研制了世界上真正意义上的游动仿生机器人——仿生金枪鱼（RoboTuna）和仿生梭鱼（RoboPike）。

RoboTuna 是一条长约 4ft（1ft = 0.3048m）、由 2843 个零件组成的、具有高级推进系统的金枪鱼。它模仿蓝鳍金枪鱼制造，如图 11-30 所示。RoboTuna 具有关节式铝合金脊柱、真空聚苯乙烯肋骨、网状泡沫组织，并用聚氨基甲酸酯弹性纤维纱表皮包裹，它装有多台 2 马力（1 马力 = 735.499W）的无刷直流伺服电动机。RoboTuna 在多处理器控制下，通过摆动躯体和尾巴，能像真鱼一样游动，速度可达 7.2km/h，RoboTuna 的摆动式尾巴有助于机器鱼的驱动，推进效率达 91%。

麻省理工学院的仿生梭鱼如图 11-31 所示，由玻璃纤维制成，上面覆一层钢丝网，最外面是一层为合成弹力纤维，尾部由弹簧状的锥形玻璃纤维线圈制成，使机器梭鱼既坚固又灵活。它的硬件系统主要包括：头部、胸鳍、尾鳍、背鳍、主体伺服系统、胸鳍伺服系统、尾部和尾鳍伺服系统以及电池等。采用一台伺服电动机为其提供动力，来驱动各关节以实现躯体摆动。

2. 仿生黑色鲈鱼机器鱼

日本 N.Kato 等根据黑色鲈鱼的胸鳍动作原理，从水下运动装置的机动性能出发，分析了胸鳍动作状态与游动姿态的关系。N.Kato 分析发现了鱼在水平面以及垂直平面上的盘旋及转向运动与鱼的胸鳍动作之间的关系，根据鱼在前进、后退运动等情况下的胸鳍的动作，于1996年研制了实验样机，如图 11-32 所示，该样机用 PC 机来控制以实现类似于鱼类的运动。

3. 仿生水下机器人仿生-I号

在国内，哈尔滨工程大学于 2003 年设计了仿生水下机器人仿生-I号，如图 11-33 所示，其外形和游动方式仿制蓝鳍金枪鱼。仿生-I号在水池实验中的最大摆动频率为 13Hz，通过调整尾鳍的摆动，仿生-I号具有纵向速度和转向控制能力。

图 11-30 机器鱼 RoboTuna

图 11-31 机器鱼 RoboPike

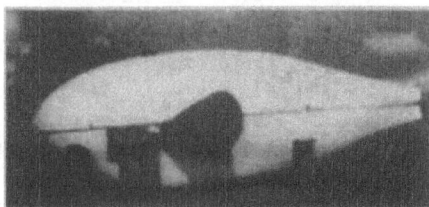

图 11-32 仿黑色鲈鱼机器鱼

图 11-33 仿生水下机器人原理样机仿生-I号

仿生水下机器人仿生-I号，长 2.4m，最大直径 0.62m，负载能力 70kg，潜深 10m，配有月牙形尾鳍和一对联动胸鳍。尾部为具有三个节点的摆动机构，约占总长的 1/3，采用蜗杆传动，其中前两个节点通过齿轮联动，控制尾柄的摆动，并通过包裹在外面的蒙皮形成整个鱼体的流线型，最后一个节点则用来控制尾鳍的运动。该结构所产生的运动与金枪鱼的游动方式相似。机器人采用大展弦比的月牙形尾鳍，通过尾鳍的摆动提供前进的动力和转向的力矩。胸鳍则可以控制机器人的深度。躯体中部的背鳍和胸鳍可起到减摇作用。该机器人在加装光纤陀螺、深度计和定位系统后，可实现转向、深度和速度的闭环控制。为防止电动机反向对尾部传动机构冲击过大，设定电动机不能反向，因此尾鳍在一个摆动周期内一定会摆动到两个极限位置。

4. SPC II 型仿生机器鱼

2004 年 12 月，北京航空航天大学机器人研究所和中国科学院自动化研究所成功地研制出了 SPC II 型仿生机器鱼，如图 11-34 所示。这条机器鱼主要由动力推进系统、图像采集和图像信号无线传输系统、计算机指挥控制平台三部分组成。计算机编制的程序经过信号放大器来控制六个步进电动机，六个步进电动机又分别与遥控器发射机的六个控制电位器相连，来控制发射机的信号发射，两个接收机则安置在鱼的头部。机器鱼同时装有卫星定位系统，如果启动该系统，机器鱼还可以自行按设定航线行进。机器鱼的壳体仿照鲨鱼的外形，主要制造材料为玻璃钢和纤维板。该机器鱼体长 1.23m，总重 40kg，最大下潜深度为 5m，体表是复合材料，它的最高速度可达 1.5m/s，能够在水下连续工作 2~3h。这种具有我国自主知识产权的仿生水下机器鱼，稳定性强，行动灵活，自动导航控制，在水下考古、摄影、测绘、养殖、捕捞以及水下小型运载等方面，具有广泛的应用前景。图 11-35 所示为仿生机械鱼的后剖视图，尾鳍、背鳍和胸鳍均可以摆动。

图 11-34　SPC Ⅱ型仿生机器鱼

图 11-35　仿生机械鱼

知识拓展　仿生机械手实例

人类与动物相比，除了拥有理性的思维能力、准确的语言表达能力外，拥有一双灵巧的手也是人类的骄傲。正因如此，让机器人也拥有一双灵巧的手成了科研人员的工作目标。如今，机器人的手具有了灵巧的指、腕、肘和肩胛关节，能灵活自如地伸缩摆动，手腕也会转动弯曲，通过手指上的传感器还能感觉出抓握的物体的质量，可以说已经具备了人手的许多功能。

图 11-36 所示为机械手抓取球状物体示意图。每个手指有三个关节，三个正在抓取的手指共九个自由度，由计算机、电动机控制其运动，各关节装有关节角度传感器，指端配有三维力传感器，采用两级分布式计算机实时控制。该机械手配置在机器人手臂上充当灵巧末端执行器，扩大了机器人的作业范围，可完成复杂的装配、搬运等操作。例如，可以用来抓取鸡蛋，既不会使鸡蛋掉下，也不

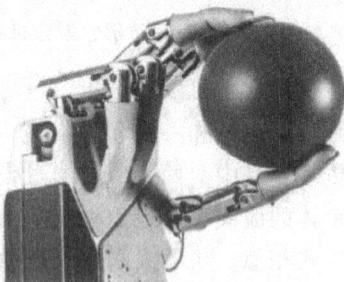

图 11-36　机械手抓取球体

会捏碎鸡蛋。在实际应用中，许多时候并不需要复杂的多节人工指，而只需要能从各种不同的角度触及并搬动物体的钳形指。1966 年，美国海军就是用装有钳形人工指的机器人科沃把因飞机失事掉入西班牙近海的一颗氢弹从 750m 深的海底捞上来。

从仿生学的角度出发，探讨生物体灵巧运动的机理、生物体的运动特性，除了与生物体所具有的形状、特征有关外，还与它们内部特有的骨骼—肌肉系统以及控制它们的神经系统密切相关。为实现骨骼—肌肉的部分功能而研制的制动装置称为人工肌肉制动器。为更好地模拟生物体的运动功能或将其应用在机器人上，已研制出了多种人工肌肉。一类称为机械化

学物质的高分子物质（如高分子凝胶），它在电刺激下能反复伸缩将化学能直接转化为动能，产生机械动作；形状记忆合金（SMA）受温度影响会像肌肉那样伸缩，并根据通过合金丝中电流总量的大小调节刚度。另一类大量开发应用的人工肌肉是气动人工肌肉。1975年日本 Bridgestone 公司推出一种人工肌肉产品，如图 11-37a 所示，它有两层，里层是橡胶管，外层是纤维编织网套。两端用金属夹箍固定。夹箍内有气路，由此传导压缩空气。管内压力上升时，肌肉沿径向膨胀，并沿轴向收缩，于是产生收缩力。此外，1984 年一种具有高度柔顺性的、采用气动人工肌肉的制动器问世，其结构原理如图 11-37b 所示。

1988 年，日本东芝会社开发出一种尺寸更小的、供微型机器人和多指、多关节机械手使用的微型气动人工肌肉，如图 11-38 所示。它的长度通常为数厘米，外径为数毫米，管壁采用硅橡胶并添加芳族聚酰胺增强纤维，管内有三个相互隔离的空腔，可分别送入压缩空气形成压力室。增强纤维编织线的走向，使肌肉具有明显的各向异性力学特征。通过选择这种微型人工肌肉编织纤维的螺旋角，调节其内压匹配可以实现任意方向的弯曲、曲率、伸长量和绕轴线扭转的三个自由度的运动控制。目前用微型人工肌肉制成的七自由度操作手试验样机已问世。还有一种三指 11 关节手与人手尺寸相近，质量仅 600g。全部制动器容纳在手掌空间中，结构十分紧凑。

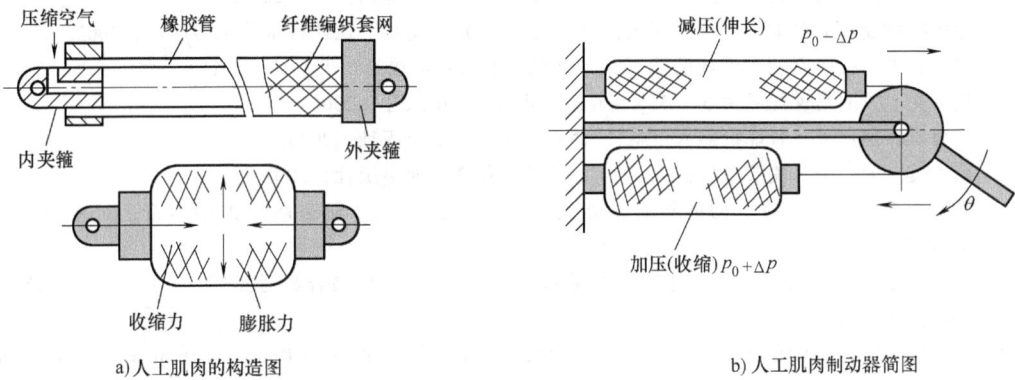

a) 人工肌肉的构造图   b) 人工肌肉制动器简图

图 11-37 人工肌肉简图

加拿大 Mac Donald Dettwiler& Associates 公司在 1987 年发布了一种名为 ROMAC（Robotic Muscle Actuator）的人工肌肉制动器专利（图 11-39），它更像一个可变形气囊，由压缩空气驱动，也能进行位置和力的独立控制。它在功率质量比和响应速度上比 Rubber-Actuator 更高、更快，滞回更低，而最大收缩率高达 50%。图 11-39 所示为 ROMAC 在伸长和收缩时的形状。

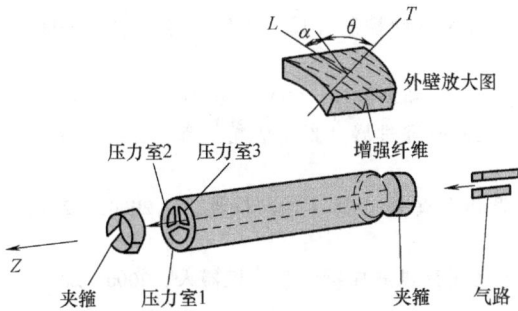

图 11-38 微型气动人工肌肉结构简图

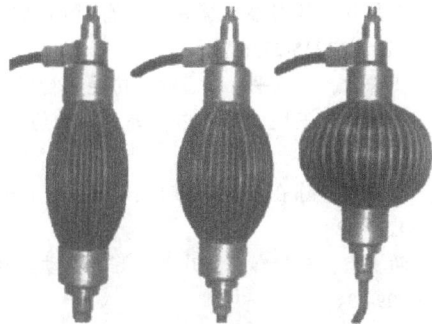

图 11-39 ROMAC 简图

参 考 文 献

[1] 吕仲文. 机械创新设计 [M]. 北京：机械工业出版社，2019.

[2] 张春林，李志香，赵自强. 机械创新设计 [M]. 4 版. 北京：机械工业出版社，2021.

[3] 刘静，杜静. 机械原理 [M]. 3 版. 北京：机械工业出版社，2019.

[4] 罗贞礼. 新材料产业发展分析及策略研究 [M]. 北京：科学出版社，2013.

[5] 林海鹏. 机械控制工程基础 [M]. 北京：中国电力出版社，2012.

[6] 王芳. 计算机科学与计算机发展趋势研究 [J]. 建筑工程技术与设计，2015（8）：2345-2347.

[7] 范会娟. 传感器原理及应用 [M]. 北京：机械工业出版社，2017.

[8] 陈海波. 与领导干部谈 AI：人工智能推动第四次工业革命 [M]. 北京：中共中央党校出版社，2020.

[9] 邓志东. 智能机器人发展简史 [J]. 人工智能，2018，03：7-11.

[10] 张春林. 机械原理 [M]. 2 版. 北京：机械工业出版社，2016.

[11] 张春林. 机械工程概论 [M]. 北京：北京理工大学出版社，2002.

[12] 孙桓，等. 机械原理 [M]. 北京：高等教育出版社，2006.

[13] 张美麟. 机械创新设计 [M]. 北京：化学工业出版社，2005.

[14] 孔凌嘉，等. 机械设计 [M]. 北京：北京理工大学出版社，2006.

[15] 吴宗泽. 机械结构设计准则与实例 [M]. 北京：机械工业出版社，2006.

[16] 中国机械设计大典编委会. 中国机械设计大典 [M]. 南昌：江西科学技术出版社，2002.

[17] 张策，等. 机械原理与机械设计 [M]. 2 版. 北京：机械工业出版社，2014.

[18] 杨清亮. 发明是这样诞生的 [M]. 北京：机械工业出版社，2006.

[19] 方建军，何广平. 智能机器人 [M]. 北京：化学工业出版社，2004.

[20] 殷际英，何广平. 关节型机器人 [M]. 北京：化学工业出版社，2003.

[21] 贾明，等. 仿生扑翼机构的设计及运动学分析 [J]. 北京航空航天大学学报，2006，9（32）：1087-1090.

[22] 侯宇，方宗德，刘岚，等. 仿生微扑翼机构的设计与机电耦合特性研究 [J]. 中国机械工程，2005，16（7）：570-573.

[23] PARAKKAL G，ZHU R，KAPOOR S G，et al. Modeling of Turning Process Cutting Forces for Grooved Tools [J]. International Journal of Machine Tools Manufac ture，2002，42（2）：179-191.

[24] 肖立，佟仕忠，丁启敏，等. 爬壁机器人的现状与发展 [J]. 自动化博览，2005，1：81-84.

[25] 孙锦山，杨庆华，阮健. 气动多吸盘爬壁机器人 [J]. 液压与气动，2005，8：56-57.

[26] 孟宪超，王祖温，包钢. 一种多吸盘爬壁机器人原型的研制 [J]. 机械设计，2003，20（8）：30-31.

[27] 张培锋，王洪光，房立金. 一种新型爬壁机器人机构及运动学研究 [J]. 机器人，2002，29（1）：13-14.

[28] 叶长龙，马书根，李斌. 具有万向机构的蛇形机器人运动控制 [J]. 中国机械工程，2004，15（24）：2235-2236.

[29] 王姝歆，颜景平，张志胜. 仿昆飞行机器人的研究 [J]. 机械设计，2003，20（6）：1-3.

[30] 成巍，苏玉民，秦再白，等. 一种仿生水下机器人的研究进展 [J]. 船舶工程，2004，26（1）：5-8.

[31] 刘军考，陈在礼，陈维山，等. 水下机器人新型仿鱼鳍推进器 [J]. 机器人，2000，22（5）：427-432.

[32] 蒋玉杰，李景春，俞叶平，等. 泳动型水下机器人的研究进展探析 [J]. 机器人，2006，28（2）：229-234.

[33] 曾妮，杭观荣，曹国辉，等. 仿生水下机器人研究现状及其发展趋势 [J]. 机械工程师，2006，4：18-21.